岩波文庫

34-024-1

ザ・フェデラリスト

A.ハミルトン
J.ジェイ著
J.マディソン
斎藤眞
中野勝郎編訳

岩波書店

訳者まえがき

『ザ・フェデラリスト』、日本ではあまりなじみのない書名かもしれないが、アメリカ政治思想史上では、まずは第一にあげられる古典になっている。もっとも、私たちが通常古典として理解している書物とは少々その趣を異にする。

通常古典というと、一人の思想家が書斎で思索し執筆して、一つのまとまった書物として刊行したものが想定されよう。しかし『ザ・フェデラリスト』は、一人ではなく三人(アレグザンダー・ハミルトン、ジョン・ジェイ、ジェイムズ・マディソン)が、思想家ではなく政治家が、書斎の中ではなく政治活動の中で、当初は書物としてではなく、新聞紙上に次々に発表した全八五篇のいわば論文集である。しかも、巻末の解説で説明するように、一七八七年夏起草された連邦憲法案を擁護し、その反対論を論駁し、世論に訴えて憲法案の承認を確保しようという具体的、直接的政治目的をもって執筆された。その意味で現実政治上の文書であり、党派的文書ですらある。

そうした文書が、なぜ古典的な位置を占め、繰り返し出版され、広く読まれているのであろうか。一つには、当然のことながら、連邦憲法制定をめぐる当事者による重要文献として参照されてきた。それと関連して、一七八七年起草の連邦憲法はその後いくたの修正を受けながらも今日まで存続し、その基本的枠組みを維持しており、その点『ザ・フェデラリスト』は連邦憲法の同時代的解釈書として読まれてきた。しかし、より重要なことは、同書が、およそ政治の根底にある権力の必要性と権力の危険性との緊張を鋭く把握し、権力と自由との均衡をいかに確保するかを説いた書として、賛否は一応別として、時代をこえて読者に迫るものをもっていたことであろう。

この権力と自由との緊張と調和は、地理的・空間的権力分立である連邦制によっても表現されている。イギリスから独立した一三の植民地は、当初は独立国家の連合を形成していたが、連邦憲法により国家連合でもなく単一国家でもなく、その中間ともいうべき連邦国家を形成することになった。この連邦制を指して、トクヴィルがかつて「近代政治学における偉大な発見ともいうべき、全く新しい理論」と記したことは有名である。『ザ・フェデラリスト』は、その表題も示唆するように、この連邦制の解明、擁護にほかならない。そして今日、一方で各国家内での地方分権化が課題とされ、他方で諸国家間の連合化、連邦化の志向が認められる。連邦制はもはや特殊アメリカ的な枠をこえ世界的な問題ともなりつつあるといえよう。その点、本書は、アメリカ政治思想史上の古典としてのみならず、私たち自身の政治への関わり、現在の問題についての参考としても読まれうるといえよう。『ザ・フェデラリスト』は、元来全八五篇よりなる膨大な論文集である。本書では、たとえば教場などでも手軽に利用されることを望み、政治の古典としてよく引用され引照される各篇、また現代政治理解にも示唆を与えると思われる各篇、計三一篇を選び、できるだけ平易な日本語文に訳出することを試みたが、未だ思わぬ誤り、不備な点があることを恐れるものである。なお、訳出各篇の中で、斎藤の担当篇は、一、三、四、一〇、二三、二五、三七、三九、四七、四八、五一、七〇、七一、七八の一四篇、中野の担当篇は、九、一一、一四、一五、二七、二八、三三、三八、四五、四六、五二、五三、六〇、六二、六三、六四、八五の一七篇となっている。訳語、表現などについて一応調整を試みたが、訳文はそれぞれの責任においてなされている。斎藤の担当篇については、斎藤眞・武則忠見訳『ザ・フェデラリスト』(福村出版) の斎藤担当篇を土台とし、改訳したものであることをお断りしておきたい。

最後に、本書の出版にあたっては、有賀弘氏に多大のお世話になったこと、特にいくつかの篇について、その初校を丹念に検討し、多くの批判と示唆とを与えて下さったことに深く感謝するものである。また、岩波書店の編集担当者である塩尻親雄氏には、筆者の怠慢の故に大変なご迷惑をおかけし、同氏の表現によれば「脱兎のごとく」仕上げなければならなくなったことをお詫びするとともに、そのご助力に心よりお礼申し上げたい。

一九九九年一月

斎藤　眞

凡　例

一、本書の邦訳にあたっては、現在 *The Federalist* の最も権威ある版とされているクック編版を基にしたが、広く使用されているロシター編版、モダン・ライブラリ版、ペンギン叢書版なども参照した。

二、本書は、原書 *The Federalist* 全八五篇の中から、広く引用され、重要と思われる三一篇を訳出したものである。訳出した各篇については、その全訳である。なお、省略した各篇については簡単な内容紹介を篇順に記載した。

三、*The Federalist* 各篇は本来すべて Publius なる匿名で発表され、その後刊行された諸版でも匿名のままのものが多い。しかし、今日では各篇ごとの筆者名がほぼ判明しており、本書利用の便も考え、各篇ごとに筆者名を記すことにした。ただ、マディソンが筆者と思われるが、ハミルトンの可能性もあるか、またはハミルトンが筆を加えたと思われる篇では、マディソンの名の下に〔ハミルトン〕と付記してある。

四、各篇の題名は、当初新聞掲載のものには付けられていない。その後、書物として編纂されたものでは、編者により付けた版もあり、付けていない版もある。本書では、読者の便利も考え、一七八八年発行のマクリーン版など諸版を参照して、題名を適宜付けてある。

五、一八世紀後半アメリカ社会の政治状況にあっては、解説において説明するように、意識的あるいは無意識的に、同じ用語が異なった意味内容をもって使用されている。それらの用語の中で、本書で頻繁に使用されている用語については、一応次のごとく訳語をあてている。

(1) Union の訳語としては、その文脈により、連合、連邦、連邦制、あるいはユニオンをあてた。

(2) The United States of America は、連邦憲法上の場合は、アメリカ合衆国(ことに憲法制定直後の状況では合州国の方が適切とも思われるが、慣行にしたがった)であるが、連邦憲法発効・連邦政府成立(一七八九年四月)以前、連合規約の下では、アメリカ連合諸邦ないし諸邦連合としてある。

(3) State は、原則として、連邦憲法上の場合は州、連合規約の場合は邦としてある。

(4) federal はその文脈によって、連合、または連邦としてある。

(5) national government は、州や地方に対し中央を意味するときは、中央政府ないし全国的政府として、特に国家性を強調しているときには国家的政府としてある。
(6) Congress は、連合規約以前は大陸会議、連合規約の下では連合会議と訳し、連邦憲法の下ではいうまでもなく連邦議会である。
(7) Federal Convention は、一七八七年夏、連邦憲法案を起草した会議であるが、制度的には連合規約修正のため招集された会議である。しかし、その内容を示す意味で、適宜憲法会議、連邦憲法会議などとしてある。
六、原則として、原文で特に大文字を使用している単語は太字(ゴチック体)とし、斜体文字(イタリック)には原則として傍点を付し、時に長文の場合には省略している。
七、原文中の挿入は( )で括り、訳者による補足は〔 〕で括った。
八、原注は(1)(2)とし、訳注は〔1〕〔2〕とした。
九、「訳者まえがき」「アメリカ合衆国憲法〔案〕」「解説」は斎藤が担当し、省略した各篇の要旨紹介、参考文献は中野が担当した。
一〇、原文中、他の書籍よりの引用文については、邦訳のあるものは原則として参照したが、本書訳文の用語との関係で訳文を変えていることもある。ことに、原語が英語以外のもので、原著者がその英訳本を使用している場合には、邦訳本と本書の訳語とに違いが出てくることを予めお断りしておきたい。

目　次

第一篇　序論——論述の目的と性格

ハミルトン

ニューヨーク邦の皆さんへ。

諸君は、現存する連合政府がいかに役に立たないものであるかを痛いほど経験してきたが、今ここに、アメリカ合衆国の新憲法案について審議するよう求められている。この問題はいうまでもなく実に重要であり、その結果には、ほかならぬわが**連邦**《ユニオン》の存立そのもの、これを構成している諸部分の安全と福祉、多くの点で世界の関心を引いているこの帝国〔アメリカ〕の命運がかかっている。はたして人間の社会は熟慮と選択とを通じてよき政府を確立することができるのかどうか、あるいは人間の社会はその政治構造の決定を偶然と暴力とに永久に委ねざるをえないものなのか、という重大問題の決定が、このアメリカの人びとの行動と実例とにかかっていることは、すでにしばしば指摘されているとおりである。もしその指摘が正しいとすれば、今日われわれの当面している危機こそ、まさしくその決定をなすべき時が到来していることを示すものであろう。その意味において、もしわれわれが誤った選択をするならば、それは人類全般の不幸とみなされてしかるべきであろう。

このように考えると、憂国の至情に人類愛も加わり、およそ思慮深く善意な人たちとしては、今日の事態に対する憂慮を、ますます深くせざるをえないであろう。もしもわれわれの選択が、公共の善とは関係のない考慮によって歪曲されることなく、われわれの真の利益に対する公正な判断をもってなされるならば幸いである。しかし、それは非常に望ましいこととはいえ、それほど期待できることではない。というのも、今われわれが審議すべき憲法案は、あまりに多くの個々の利害に影響を及ぼし、あまりに多くの地方的諸制度を変えることになるので、その論議の過程において、憲法案の真価とは無関係なさまざまの問題、真理の発見にはほとんど益のないさまざまの見解・感情・偏見といったものがからんでこずにはすまないからである。

新しい憲法案が直面しなければならない強大な障害の中でも、次の二つは、ただちに指摘されえよう。すなわち、その一つは、各邦におけるある種の人びとが、邦組織の中で現在彼らが占めている公職に伴う権限とか、報酬とか、威信とかを減少させるおそれのあるような改革に対しては、すべてこれに抵抗することをもって、彼ら自身の明白な利益とみなしているという事実である。その二つは、よこしまな野心をもつまた別の種類の人びとの存在であって、彼らが、あるいは祖国の混乱に乗じて自己の勢力の増大をはかり、あるいはこの帝国〔アメリカ〕を単一政府の下の連邦とするより、いくつかの地域的連合に分割して自己の栄達をはかろうとしているという事実である。

しかし、こうしたたぐいの議論を長く続けることは私の本意ではない。どんなグループの人びとの反対論であれ、（単に彼らの立場が反対側にあるから、彼らの人格も疑わざるをえないとして）それをいちがいに利害に曇らされた、下心のある見解だとしてしまうのは、誠実を欠くものであることは、私も十分心得ている。公平に見るならば、そのような人びとでさえも、正しいと信ずる意図によって動いていることもあることを承認せざるをえないし、また現に存在している反対論、今後現れてくる反対論の多くが、たとえ尊敬しうるとはいわないまでも、少なくともやましいところのない動機、すなわち、いわば先入主的な猜疑心や恐怖心によって誤らされたまじめな思い違いに基づくこともあることは、これを疑いえないのである。実際、人びとの判断に誤った偏向を与える原因は非常に数多く、しかも強力なものであるから、社会にとって第一級の重要性をもつ問題に関しても、賢明で善良な人びとが、正しい立場をとる側にもいるが、また誤った立場をとる側にもいるということを認めなければならない。こうした事情を考慮するならば、いかなる論争においても自分は正しいものと固く信じている人も、節度の必要を悟らざるをえないであろう。さらにこの点において慎重さを必要とするもう一つの理由として、真理を擁護しているものの方が、相手方にくらべて、より純粋な主義主張に基づいているとは必ずしも言い切れないという反省もあげておこう。野心・物欲・個人的怨恨・党派的対立、その他これらよりましとはいえないさまざまの動機、これらのものは、正しいほうの立場を支持している人びとに対しても、それに反対の人びとに対するのと同様に、影響を及ぼしているのが通常である。もしも、節度への配慮がいささかもないとしたならば、政治的党派に伴うのを常とするあの不寛容の精神ほど無分別なものはありえないことになろう。まことに、政治においても、宗教におけると同様、およそ火刑と銃剣とによって改宗をせまるなどは、愚劣きわまることであり、いずれの場合にも、異端が迫害によって改宗することなど、まずはありえないのである。

さて、しかし、このような節度の精神がいかに必要であるとしても、現実には、いざ全国的な重大問題が論議されるとなると、従来と同様のことが今回もまた起こるであろうことは、十分予測されるところである。すなわち、憤怒と悪意との激情が、奔流のようにあふれ出ようとしている。相対立する党派の行動から判断して、彼らが、互いに自己の意見の正当さを確証しようと欲し、声高な熱弁と激しい攻撃の言葉とによって、その支持者の数を増やそうと努めるであろうことを、認めざるをえない。かくして、一方では、政府の活動力と実効性とを高めんとする賢明な熱意ですら、実は専制権力を好む、自由の諸原理に反する考え方の所産なのであるとの汚名を着せられることもあろう。また他方では、人民の諸権利に対する危険を過度に憂慮する態度も、それは通常は心情における誤りというより頭脳における誤りなのだが、見せかけだとか、芝居だとか、公共の善を犠牲にした陳腐な人気取り策にすぎないとかいって非難されることもあろう。そして一方では、熱烈な愛には嫉妬が伴うのが常であり、自由への高貴な熱意も偏狭な不信の精神に侵されがちなものだということが忘れられることになろう。他方では、政府の活力は自由の保障のために不可欠であること、確かな慎重な判断に従えば両者の利害は本来分離しえないものであること、強固にして効率的な政府を熱望する一見厳しい外見よりも、むしろ人民の諸権利を標榜するもっともらしい仮面のかげに、かえって危険な野心が潜んでいることが、同じく忘れられることになろう。歴史の教えるところでは、後者〔人民の友といった仮面〕のほうが、前者〔強力な政府権力〕よりも、専制主義を導入するのにより確実な道であった。そして共和国の自由を転覆するにいたった人びとの大多数は、その政治的経歴を人民への追従から始めている。すなわち、煽動者たることから始まり、専制者として終わっているのである。

さて以上の議論において、わが同胞諸君、私としては、諸君が諸君自身の福祉にとってきわめて重要な決定をなすに際して、どの立場からするものであれ、真理の証明に基づかないただの印象によって影響されることがないように、注意を喚起してきたしだいである。しかしながら、おそらく諸君は同時に、私の議論全体を見て、それが新しい憲法案に対して好意ある動機から出ていることを見てとられたことであろう。しかり、わが同胞諸君、率直にいうが、私は、慎重に考慮した結果、この憲法案を採択することが諸君の利益に合致するものであるという見解をはっきりともつにいたったのである。これが諸君の自由、諸君の尊厳、そして諸君の幸福のための最もたしかな方途であると私は確信している。私はその気もない遠慮をしようとは思わない。私がすでに決心してしまっているときにさらに熟考するふりをして、諸君を瞞着《まんちゃく》しようとも思わない。率直に諸君に対し私の所信を示し、そしてその基礎となっている理由を、諸君の前にはばかることなくのべてゆくことにしたい。意図がよいものであることを自覚している者は、曖昧さを潔しとしない。しかし、この点についての告白をこれ以上繰り返すことはしまい。私の真意は、胸中深くしまっておこう。だが、私の主張はすべての人に対し開かれ、したがって、すべての人によって審判されうるようになっている。これらの主張を、少なくとも真理の名を汚すことのない精神をもって、私はのべるつもりである。

私は、これ以後の一連の論稿において、以下のような重要な問題について、議論を展開するつもりである。――諸君の政治的繁栄にとって連邦《ユニオン》が有効であること。この連邦を維持してゆくためには、現在の諸邦連合では不十分であること。この目的を達成するためには、少なくとも現在提案されているものと同程度に強力な政府が必要であること。提案されている連邦憲法案が共和政治の真の原理に適合していること。この連邦憲法案が諸君自身の憲法〔ニューヨーク邦憲法〕と類似していること。そして最後に、この連邦憲法案を採択することによって、共和政治の保持が、そして自由、財産がさらに保障されるであろうこと――。

この論述をすすめるにあたり、私は今後現れ、諸君の関心を引くにちがいない反対論に対して、すべて十分に満足のゆく回答を与えるよう努力するつもりである。

連邦の有効性を証明する議論を提供するなど、余計なことだと考えられるかもしれない。連邦の必要性など、当然に各邦の人びとの大部分の心情に深くきざみこまれていることであり、反対者などいないはずであると考えられるかもしれない。しかし、事実すでに、新しい憲法案に反対の人びとの間では一三の邦を一つの全体的組織に包含するのは広すぎるので無理であるとか、別々の地域からなるいくつかの連合に全体を分けることが必要であるとか、密かに語られているのを耳にしている(1)。こうした議論がしだいに広まり、ついにはこれを公然と承認し、支持する信奉者をもつにいたるであろうことは十分考えられる。だがこの問題を広い視野から検討できる人びとにとっては、この新しい憲法案を採用するか、それとも連邦《ユニオン》を解体するか、という二者択一しかないということは、明白なのである。それゆえに、まずこの連邦の利点、この連邦の解消によって各邦がこうむるであろう一定の害悪、および起こりうる危険について検討することから始めるのが適切であろうと思う。したがって、それが私の次回の論説の主題となろう。

一七八七年一〇月二七日

(1) 新しい憲法案に反対する最近の諸出版物において展開されている議論は、結局のところ、これと同じ考えなのである。

第二篇　アメリカの一体性について　ジェイ

アメリカが自然的、言語的、政治的、文化的な一体性をもつことを強調している。また、ジェイは、憲法会議が開催されるにいたった経緯をのべるとともに、その会議に集まった人びとの努力を称え、同会議の憲法案を採択するように訴えている。

第三篇　対外関係と連邦の効用

ジェイ

ニューヨーク邦の皆さんへ。

事新しく言うまでもないが、どこの国民であれ(もしアメリカ人のように、聡明で情勢によく通じているならば)、みずからの利益について、誤った見解をいだき、しかもそれを長年に及んで固持しつづけるなどということは、めったにあるものではない。その点からも、およそ全般的で全国的な事柄については十分な権限を与えられた一つの連邦政府の下で、固く団結しつづけてゆくことの重要性について、アメリカ人が長く一致して高い評価を持ちつづけてきたことに対して、おのずと尊敬の念を払わざるをえない。

連邦の重要性についてのこうした評価がなぜ生まれてきたのかの理由を、注意深く考え調べるにしたがい、ますますその理由が納得のゆくものであり、明確なものであると、私は確信せざるをえない。

およそ賢明にして自由な国民として関心を払うべき問題は数多くあるが、なかでも自分たちの安全をいかにして保障するかという問題が第一の問題であるべきであろう。国民の安全は、いうまでもなく、種々多様な状況と関連しており、あれこれ配慮すべき点を含んでいる。したがって、何が安全かを正確かつ包括的に定義しようとする者にとっては、それだけ広く解釈の余地があるわけである。

ここでは、外国の軍隊および圧力からくる危険、および国内的原因に基づく同様の危険に対して対外的平和と国内の平穏とを保持するための安全保障に関するものに限って、安全の問題を考えることにしたい。前者、すなわち外国からの危険がものの順序としては先なので、それからまず論ずるのが妥当であろう。そこで、まず、一つの効果的な全国的政府の下の誠実な連邦こそ、外からの敵対行為に対しては、最善の安全保障であるという意見が、正しいかどうかを検討することから始めたい。

これまで世界で起こった、あるいは今後起こりうる戦争の数は、その戦争を挑発し、あるいは誘発する原因——その原因が真実のものであれ、虚構のものであれ——の数と重さとに比例するものであることは、指摘できよう。この指摘が正しいならば、統一されたアメリカに対する場合にも、不統一のアメリカに対するのと同じくらい、戦争の正当な原因がありうるのかどうかを調べてみるのも一案であろう。というのは、もし統一アメリカの場合には、戦争の原因が最小限度になろうということであれば、そのときには、この点からして、連邦こそ、アメリカ人と他国との平和状態を保持してゆくのに最適であるという結論になるからである。

戦争の正当な原因は、多くの場合は、条約違反からか、あるいは直接的暴力行為から生じてくる。アメリカは、すでに六カ国に及ぶ外国と条約を結んでいる。そして、プロシアを除いては、そのいずれもが、すべて海洋国家であり、したがってアメリカを悩まし、侵害する可能性をもっている。アメリカは、ポルトガル、スペイン、イギリスとは広汎な通商取引があり、さらに後者二国についていえば、国境を接した隣国関係にあることに留意しなければならない〔1〕。

アメリカがこれらすべての国に対して国際法を遵守することは、アメリカの平和にとってきわめて重要である。その点、一三の相互に独立した諸邦によってや、三ないし四の別々の諸邦連合によってよりは、一つの統一した全国的政府の下でのほうが、国際法はより完全に正確に遵守されるであろうことは明らかのように、私には思われる。

というのも、ひとたび、一つの強力な全国的政府が樹立されたならば、全国を通じて最優秀の人びとがこの政府に奉仕することに同意するであろうし、また一般にそうした人びとがこの政府を運営するように任命されることになろう。たしかに、町村や郡、その他の狭い地域は、邦内の下院、上院、裁判所、行政部にはしかるべき人士を送ることができようが、全国的政府の下での役職に人を推薦するには、手腕その他の資格の点でもっと一般的な広汎な名声が必要とされよう。ことに全国的政府の場合には、その選択の範囲がきわめて広いし、現在いくつかの邦政府の場合に見られるような適格な人材を欠くということは決して起こらないであろう。したがって、全国的政府の行政、議会の論議、裁判所の判決は、各邦のそれよりは、より賢明で、一貫しており、正当なものとなろうし、したがって、われわれアメリカ人にとってより安全であると同様、他国民にとってもより満足すべきものとなろう。

全国的政府の下では、国際法も条約や条約の個々の条項も、統一した解釈が加えられ、その統一見解の下で実施されることになるであろう。これに対し、一三の邦や、三ないし四の邦連合の下では、同一の論点や問題点についての判断が必ずしも一致しないし、また一貫していないであろう。それは、異なった独立の政府によって任命された独立の裁判所や判事が当然相互に異なっていることに基づくのみならず、彼らに影響を与え左右するそれぞれの地方の法律や利害関係が異なっていることに基づくのである。この点、憲法会議が、そのような問題を、一つの全国的政府によって任命され、そこにのみ責任を負う裁判所の管轄と判断とに委ねた英知は、まさに賞賛に値する。

一つや二つの邦では、政権の座にある党派が、当面の利害得失の思惑に左右されて、

〔対外的な〕信義や正義からはずれることも、とかく起こりがちである。しかしこうした誘惑は、他の邦にまで及ぶものではなく、したがって全国的政府に対してはほとんど、あるいはまったく影響をもたず、その結果、そうした誘惑は実を結ばず、信義と正義とが保持されるということになる。現に、イギリスとの平和条約の場合が、この説明を十分に裏書きしている。〔2〕

たとえある邦の政権の座にあるものがそのような誘惑に抵抗しようとしたとしても、そのような誘惑はその邦に特有の事情から生ずるかもしれないし、また事実、通常そうした事情から生ずるものであり、それだけにその邦の住民多数に影響のあるものであるし、政権の座にあるものは、たとえ不正が企てられるのを防いだり、侵犯者を罰したいと思っても、必ずしもそうできるとは限らないのである。しかし、これに反し、全国的政府は、こうした地方的事情によって左右されることがないので、みずからそうした不正をなすこともないし、また他人が不正を行なうのを防ぎ、罰する力も意欲も、これを欠くというようなことはないであろう。

以上のようなしだいで、条約や国際法に対する故意または偶然の侵犯が、戦争の正当な原因になるという限りでは、一つの全国的政府の下にあるほうが、数多い地方的な政府の下にある場合よりも、そうした侵犯は起こりにくく、その点では前者、すなわち全国的政府は、人びとの安全に最も貢献するということになる。

直接的な、不法な武力行為から生ずる戦争の正当な原因についても、一つの全国的政府の場合のほうが、他の場合よりは、はるかに広く安全保障を提供しうることは、これまた等しくあきらかのように思われる。

というのは、そのような侵犯は、全体よりも部分、つまり連邦よりも一、二の邦の感情や利益によって生ずることが多いからである。それ自体弱い政府であることにもよろうが、インディアンとの戦争で、現在の連合政府からの攻撃によって起こったものはひとつとしてなかった。これに反し、個々の邦の不当な行動によってインディアンの敵愾心《てきがいしん》が挑発された例はいくつかある。その場合個々の邦は、攻撃を抑制し、あるいは攻撃する者を罰する力をもたないか、あるいは意志がないかして、結局多数の無辜《むこ》の住民の虐殺を招く結果になってしまっている。

スペインやイギリスの領土は、いくつかの邦と境界を接しているが、他の邦とは接していないので、紛争の原因となるのは、直接的にはもっぱら境界の接している邦に限られることになる。もし突然の衝動の下に、また明白な利害得失をすばやく感知して、スペインやイギリスに対して直接的武力行使によって戦争を引き起こすものがかりにあるとすれば、それはこれらの境界を接している邦であろう。この点、全国的政府ほどそうした危険性を効果的に取り除きうるものはない。全国的政府の英知と思慮とは、直接利害関係をもつ当事者を左右する感情によって損なわれることがないからである。

しかも、全国的政府の下では戦争の正当な原因の生ずる危険性が少ないというだけではなく、全国的政府ならば、そうした戦争になるような原因をうまく調整し、平和裡に解決することもできよう。そもそも全国的政府の方が節度があり冷静であり、その点でも、紛争の当事者である邦よりも、慎重に行動する能力をもっていよう。人間と同様各邦も、その自負心のゆえに、自分の行動をおのずと正当化したくなり、自分の過ちや侵害を認め、訂正し、あるいは補償することには反対しがちなものである。そのような場合、全国的政府はそうした地方的自負心にとらわれることなく、直面している難局から脱却するための最善の方法を、慎重かつ公平に考慮、決定することができよう。

さらに、強力な統一国家が、自己の過ちを認め、釈明し、補償する場合には、それは満足ゆくものとして相手方に認容されるが、思慮も力もない一邦や諸邦連合によってなされた場合には、不満足なものとして拒否されるであろうことも、周知のごとくである。

たとえば、一六八五年、〔イタリアの都市国家〕ゼノアがフランスのルイ一四世の機嫌を損ね、彼をなんとかなだめようとしたことがあった。それに対し、ルイ一四世は、ゼノアがその最高執政官《ドージュ》を四人の元老院議員とともに、フランスに派遣し、ルイ一四世の許しを乞い、彼の条件を受け入れるよう要求した。ゼノアとしては、平和のために、その要求に従うことを余儀なくされたのである。しかし、ルイ一四世といえども、〔一小都市国家ではなく〕スペインやイギリス、その他の強国に対して、はたしてこのような屈辱的行為を要求したり、あるいは受け入れたりするようなことが考えられようか。

一七八七年一一月三日

〔1〕当時イギリスはカナダを領有し、スペインはフロリダ地方、ミシシッピ川以西を領有し、それぞれアメリカと国境を接していた。

〔2〕独立戦争は、一七八三年締結の米英間の平和条約で終了するが、その平和条約の条項中、たとえば戦争中にアメリカ諸邦に没収された親英派の財産の返還を規定したものなどは、これを守らず実施しない邦があった。

第四篇　対外関係と連邦の効用　続き

ジェイ

ニューヨーク邦の皆さんへ。

第三篇において、私は、他国が戦争に訴える正当な原因をもち、その結果生ずるかもしれない危険性に対しては、連邦によってこそ最もよくアメリカ人の安全が保障されるゆえんをいくつかあげてきた。それらの理由の示すところにより、多数の邦政府の下にあるか、あるいはいくつかの小さな邦連合政府の下にあるよりは、一つの全国的政府の下にあるほうが、戦争の正当な原因が発生しにくいばかりではなく、かりに発生しても、それに対して臨機応変に対応しやすいことが明らかにされた。

しかし、外国の軍事力による危険性に対するアメリカ人の安全は、単にアメリカ人が他国に戦争の正当な原因を与えぬよう自重するということにだけ依存しているのではない。それは他国の敵意や軽侮を招くことのないような立場にアメリカが立ち、またその立場を守り続けることにも依存しているのである。というのは、いまさら論述するまでもなく、戦争には正当な理由とともに、虚構の理由もあるからである。

人間性にとってなんとも不名誉なこととはいえ、一般に国家は、戦争によって何か得るところがあると予期できるときには、いつでも戦争に訴えるものであることは、これまた真実である。いや、絶対専制君主などは、たとえ国家としては何ら得るところがないときにでも、軍事的栄光へのあこがれ、私怨に基づく復讐、野心、あるいは自分の一族郎党の勢力を支え拡げるために結ばれた私的な約束、といったごく個人的な目的のために、戦争を引き起こすこともまれではない。こうした君主個人の心情に基づくにすぎないさまざまな動機に動かされて、正義の点でも、国民の声や利益の点でも、およそ容認しがたい戦争に、君主が突入してしまうことも珍しくない。これらの戦争への誘因は、われわれとしても十分注意しなければならないものとはいえ、やはり絶対専制君主制の下においてのほうがいっそう起こりやすいものであるが、それとは別に、君主と同様しばしば国民をも動かす戦争への誘因もある。しかも、そのなかには、よく検討してみるならば、アメリカのおかれている他国との関係や状況からも生じうる誘因もあることがわかろう。

たとえば、フランスに対しても、イギリスに対しても、われわれは、漁業の面で競争関係にあり、フランスやイギリスの市場に、彼らより、より低廉な価格で魚を提供することができる。彼らのほうで、自国の漁業には助成金を与え、外国の魚介類には関税を課するなど、これを防ぐべくいかに努めても、そうなのである。

フランス、イギリス、さらにほとんどの他のヨーロッパ諸国に対して、われわれは、海運業、通商業の面で競争関係にある。ヨーロッパのどの国であれ、アメリカの海運業、通商業が繁栄することを喜ぶものがあるなどと、もしわれわれが考えるとすれば、それは思い違いというものである。というのは、アメリカの通商業は、ヨーロッパの通商業をある程度減少せしめることなしには、増大しえないのであり、したがって、アメリカの通商業を振興するどころか抑制することこそ、ヨーロッパ諸国の利益であり、かつまたその政策にほかならないからである。

中国やインドと貿易することも、ヨーロッパ諸国が過去において、それらの市場をいわば独占することによって得ていた利益の分け前にアメリカがあずかることになり、かつ、いままでわれわれがヨーロッパ諸国を通して購買してきた商品を、アメリカの海運通商業が供給することになる点で、ヨーロッパ諸国と利害の衝突をきたすことになる。

アメリカ自体の船舶によってアメリカ自体の通商を拡大することは、このアメリカ大陸に、あるいはこの近辺に領土を所有しているどの諸国にとっても、好ましいことであるはずがない。というのは、近隣にあるという利点や、アメリカの商人や船乗りのやる気や手腕に加うるに、アメリカ生産品が低廉かつ優秀であることが、これら近辺の他国領土で、アメリカに大いに有利に働くことになろうが、これはそれらの領土の母国政府の思惑や政策と、当然衝突することになろうからである。

一方においてスペインは、ミシシッピ川の航行からわれわれを締めだすことを得策であると考え、他方においてイギリスは、セント・ローレンス川からわれわれを締めだそうとしている。また、両国とも、両国とアメリカとの間にある他の水域を相互の交通運輸のために使用することを認めようとしていない。

もしそのほうが賢明であるというならば、まだ他の例を加えて詳しくのべることができるが、すでにこれらの事例から容易に察しうるように、他国民の胸中ひそかに、アメリカに対する猜疑心や不安感がしだいに入り込んでいるかもしれないのである。したがって、われわれが、結合をかため、陸に海にその勢力を広めてゆくことを、他国が等閑視するなどと期待してはならないのである。

アメリカの人びとは、戦争への誘因が、こうした現在の状況から、また現在それほど明確でない他の状況から生ずるかもしれず、そのような誘因は現実に戦争に訴える時期と機会とを与えられさえすれば、戦争の原因をもっともらしく色づけ、正当化する口実には事欠かないことに、十分気がついている。したがって、アメリカ人は、戦争を招来することなく、戦争を抑制する状態に、自らを長くおいておくためには、連邦と一つの有効な全国的政府とが必要であると、賢明にも考えているわけである。そうした状態とは、可能な限りの最良の防衛体制のことであり、したがってまた当然に、それはわが国の政府、軍備、資源に依存している。

全体の安全は全体の利益であり、単数のであれ、複数のであれ、多数のであれ、政府なしには確保されえないものゆえ、一つのよき政府の方が、他のいかなる数の政府よりも、安全保障という目的に関しては、適していると思われるゆえんを検討してみたい。

一つの全国的政府ならば、連邦のどの地方に居住するものであれ、才能ある人物の能力と経験とを集めてこれを利用することができる。全国的政府ならば、統一された政策原理に立って行動しうる。すなわち、連邦の各部分、各構成員を調整し結集し保護し、その先見と慎重さとが生み出す利点を各部分にも及ぼすことができる。条約の締結に際しては、全国的政府ならば、全体の利益を考慮し、また全体の利益との関連において、地方的利害も考慮することができる。全国的政府は、国家の資源と軍事力をいかなる特定の地方の防衛のためにも動員することができるが、各邦政府や複数の連合政府の場合には、全体としての調和のとれた統一的な組織がないため、それほど容易かつ迅速には果たしえないであろう。全国的政府の下では、民兵は一つの統一された訓練計画の下におかれ、民兵の士官は行政首長〔大統領〕のしかるべき指揮下に配属されるため、かつて〔独立戦争のときに〕そうであったように、一つの統一された軍隊として組織され、したがって、二三の独立した軍隊、あるいは三ないし四の別々の独立した軍隊に分割されているときより、はるかに有効になる。

もしイングランドの民兵はイングランド政府に服従し、スコットランドの民兵はスコットランド政府に服従し、ウェールズの民兵はウェールズに服従するということであれば、ブリテン〔イギリス〕の民兵とはいったい何なのか。外敵の侵略があったと仮定してみよう。これら三つの政府は(かりに互いに同意したとしても)、それぞれの軍隊をもって、単一のグレイト・ブリテン政府がなしうるように、外敵に対して適切に行動しうるであろうか。イギリス艦隊の強力なことについてはよく聞かされるところである。もし、われわれが賢明であるならば、アメリカ艦隊も世の注目を引くにいたるときがくるかもしれない。しかし、もし一つの全国的政府〔イギリス政府〕がイギリスの海運業をよく統制して、船員の養成に資するところがなかったならば、また、もし一つの全国的政府が、全国の施設や資源を動員して艦隊の建設にあたってこなかったならば、イギリス艦隊の優秀さも雷名も決して今日ほどもてはやされることはなかったであろう。イングランドはその独自の海運業と艦隊とを保有し、スコットランドもその海運業と艦隊とを保有し、ウェールズもその海運業と艦隊とを保有し、アイルランドもその海運業と艦隊とを保有し、グレイト・ブリテンを構成するこの四つの部分が四つの独立した政府の下にあるということを仮定してみるならば、それら四つの部分のそれぞれは、たちまち他国に比し下位に転落してしまうことは目に見えている。

これらの事実を、アメリカの場合にあてはめてみよう。アメリカが一三の政府に、あるいはお望みなら、三ないし四の独立した政府に分割されたままの状態にあるとしてみよう。いったいこれらの政府がどんな軍隊を募集し維持できるであろうか。そもそも艦隊を保有することなど望みうるであろうか。もし、ある政府が攻撃された場合、他の政府はその救援に馳せ参じ、その防衛のためにみずからの血を流しみずからの金を投ずるであろうか。何か特別の約束につられて中立を保つようにされたり、あるいは平和を愛好するあまり、隣邦のためにあえて現在の平穏と安全とを賭けることを肯《がえ》んじないという危険性がないであろうか。しかも、おそらく彼らはその隣邦とは嫉視反目し、隣邦の地位が低下するのをむしろよしとしているのである。このような行動はもとより賢明とはいえないが、やはり当然起こりそうなことといえよう。事実、ギリシア諸国の歴史、また他の諸国の歴史はこうした事例にみちみちている。過去においてかくもしばしば起こったことが、同じような状況の下で再び起こらないとはかぎらない。

しかし、一歩譲って、侵略を受けた邦あるいは連合を、他の諸邦あるいは連合があえて救援しようとするものとしてみよう。その場合、いかにして、いつ、いかなる割合で、援軍ならびに救援資金が調達されることになろうか。いったいだれがこの連合軍を指揮し、またその指揮官はどの政府から命令を受け取るべきであろうか。だれが講和条件を決定し、また議論のまとまらない場合には、だれが諸政府間の審判者となり、皆を納得させるのであろうか。そのような状況の下では、各種の困難や不便がつきまとわざるをえないであろう。それに対し、一つの全国的政府の場合には、全体の共通利益に留意し、全体の力と資源とを結集して動員することができるので、これらの面倒にわずらわされることなく、国民の安全にはるかに適切に貢献することができよう。

しかし、一つの全国的政府の下に固く結合していようと、いくつかの連合に分裂していようと、いかなる状況にあれ、諸外国はわれわれのおかれている状況を的確にとらえ、その状況に対応してわれわれに対して行動することはまちがいない。アメリカの全国的政府が有効によく運営され、わが通商が適切に規制され、わが民兵が適切に組織、訓練され、資源と財政が思慮深く管理され、わが公債が保証され、わが国民が自由であり、満足しており、団結している、と諸外国が見るならば、諸外国はわが国民の反感を買うようなことはせず、むしろわが国民の友情をかちえようと努めることになろう。これに反して、もしわれわれが有効な政府をもたず（各邦の指導者の便宜に従って、その為政が正しかったり、誤ったりしているとか）、あるいはアメリカが三ないし四の独立した、おそらくは相互に対立する共和国ないし連合体に分裂し、一つはイギリスに、他はフランスに、第三のものはスペインに傾くということになり、これら三国によって互いに敵対するようにあやつられるということにでもなれば、アメリカはいかにもあわれむべき存在として、諸国の目に写ることであろう。もしそうなれば、アメリカは、諸外国の軽侮の的となるのみならず、武力の的ともなりかねないであろう。そして、およそ一国民あるいは一家族が分裂するときには、それは必ずや彼ら自身の不利となるということを、アメリカは高価な経験によって直ぐにも悟らされることになろう。

一七八七年一一月七日

第五篇　前篇のつづき　ジェイ

アメリカが一つの連邦ではなく、いくつかの諸邦連合に分裂した場合、いかに外国からの脅威にさらされることになるのかについて、諸外国の例を引きながら予想される事態が描かれている。

第六篇　諸邦間の戦争の危険性　ハミルトン

連邦が解体するならば、邦と邦との関係は、ヨーロッパにおける主権国家間の関係と異ならないと論じる。そして、隣接している主権国家同士は、それが君主政体であれ共和政体であれ、和平を持続させる傾向は弱いとのべる。かれは、その理由を、人間の本性がもつ欠点に求めている。そして、ハミルトンは、ここで、共和政および通商は人間の精神を平和志向に変えるという憲法反対派の議論を論駁しようとしている。

第七篇　諸邦間の対立の具体的な争点　ハミルトン

連邦が解体した場合に起こる諸邦間の対立の争点として、土地の領有権、通商規制、戦時公債の償還など具体的な事例を示している。さらに、各邦が相互に、あるいは、外国と錯綜する同盟を結ぶ結果、アメリカが「ヨーロッパにみられるような政治と戦争の迷宮」に入り込んでしまう危険性が説かれている。

第八篇　諸邦間の戦争と常備軍の問題　ハミルトン

諸邦間の戦争は、常備軍のないアメリカでは民兵によって戦われることになり、そのため、ヨーロッパ以上に凄惨な結果が生じると論じる。ただし、外敵がつねに存在するために、各邦は、自由よりも安全を優先させるようになり、民兵に代えて常備軍を設けることになるという。それに対し、アメリカがユニオンを維持するならば、隣接する主権国家をもたない海洋国として、イギリスと同じような利点をもち、外敵に備えた強力な軍隊は不必要になると説く。

第九篇　連邦共和国の利点――モンテスキューの連邦共和国論

ハミルトン

ニューヨーク邦の皆さんへ。

強固な連邦は、国内の内紛や暴動にたいする防壁として、各邦の治安と自由にとってこのうえない重要なものとなるであろう。ギリシアとイタリアの小共和国の歴史は、それらがたえず分裂へと掻きたてられ、頻発する革命により、専制と無秩序という両極端のあいだをたえまなく行きつ戻りつしていたことに、戦慄と嫌悪の感情をおぼえずには読むことができない。たとえ、それらの共和国にときとして平穏が訪れようとも、それは、まもなくおこる激しい嵐とくらべるならば、つかの間の凪《なぎ》にすぎない。たとえ、それらの共和国に時として訪れる幸運の時期を目にしても、その喜ばしい光景は、ほどなく、煽動や党派対立という荒波に壊滅されてしまうのだという思いから生じる悲しみの混じった気持ちとともに、それを眺めることになるのだ。たとえ、栄光の曙光が薄闇からさし込み、一瞬のはかないまばゆさでわれわれを眩惑させようとも、その光の筋は、同時に、多くの天才と高貴な才能とを産みだし、祝福されてきた地においてすら、嘆かわしいことに、統治の悪弊が方向を誤らせ、それらの才能の輝きを曇らせるにいたったことを、われわれに諭しているのである。

専制の擁護者たちは、これらの共和国の歴史の魅力を損なう無秩序から、共和政体に対してだけではなく、政治的自由の根幹をなす諸原理に対してまで、反対する根拠をひきだしている。かれらは、自由な統治などおよそ社会の秩序とはなじまないと痛罵し、自由な統治の友と支持者とにたいして、悪意に満ちた当てつけに耽っている。人類にとり幸福なことに、自由の基礎のうえにそびえ立った偉大な構造は、長年にわたって全盛をきわめ、いくつかの輝かしい見本によって、それらの気を滅入らせるような詭弁に反駁してきたのである。そして、アメリカもまた、荘厳さにおいてひけをとらない建造物の広大にして堅固な基礎を築き、専制の擁護者たちの誤りを示す永遠の標識となるであろうことを、私は信じている。

しかしながら、専制の擁護者たちが描く共和政体の像は、かれらが描きとろうとした原像とあまりにも似た複製であることも否定しえない。もし、それより完全な共和政体の模範を考案することが不可能であるとわかっていたのならば、自由に深くつうじた友たちは、共和政体の大義を擁護しえないものとして放棄することを余儀なくされたであろう。けれども、政治の学は、ほかの学問と同じように、大いなる進歩を遂げてきている。古典古代にはまったく知られていなかったり、不完全にしか知られていなかったさまざまな原理の有効性は、今日では、十分に理解されている。権力を政府の別々の部門に均斉よく配分すること——立法上の均衡と抑制の導入、非行のないかぎり在職しうる判事によって構成される裁判制度、人民自身に選出された議員から構成される立法部の代表制——これらは、まったく新しく発見されたものであり、近代になって大きく進歩し、完成したものである。いずれも、共和政体の長所を維持し、その欠点を軽減もしくは除去する手段であり、しかも、有力な手段である。このよく知られた共和政的統治制度の改善に資する諸条件に、新奇にみえるかもしれないが、わたしは、さらにひとつの原則をあえてつけ加えたい。新しい憲法への反対論の一つの根拠ともなっているその原則とは、**軌道の拡大**ということである。単一の邦においても、あるいは、いくつかの小さな邦が統合されたひとつの大きな連邦においても、軌道にそって統治制度は回転しているのであるが、ここで考察している問題に直接関係するのは、大きな連邦の場合であり、単一の邦にその原則を適用したらどうなるかについて検討するのも有益であろうから、それについては、別の機会にとりあげよう〔第一〇篇および第一四篇〕。

さて、対外的な国力と防衛を強化するだけではなく、内紛を鎮圧し、各邦内の平安を守るためにも、連邦が有効であるという見解は、とくに新しいというわけではない。連邦は、これまで、さまざまな国および時代において試みられており、政治をめぐる問題についてもっとも定評のある著作家たちの承認も得てきている。提案されている憲法案に反対する人びとは、共和政体に欠かせないのは小さな領土であるというモンテスキューの議論を熱心に引用し、普及させている。しかし、かれらは、この先哲が、その著作のほかの箇所で表明している見解には通じていないようだし、かれらが同意している原則のもたらす結果については、従順に耳を傾けているようにもみえない。

モンテスキューが共和国には小さな領土がふさわしいというとき、かれが考えていた基準は、概してアメリカ諸邦のいずれの規模よりもはるかに小さい。ヴァジニアも、マサチュセッツも、ペンシルヴェニアも、ニューヨークも、ノースカロライナもジョージアも、モンテスキューの論拠となり、かれの記述があてはまる基準とはとても比較することができない。したがって、もし、真理を判断する基準として、この点についてのかれの意見を採用するとすれば、われわれに残された選択肢は、ただちに君主政の軍隊に庇護を求めるか、それとも、嫉妬、衝突、騒乱にみちた無数の小共和国へと分裂するかのいずれかである。そのような共和国が、たえまのない不調和をもたらす悲惨な温床であり、世界中の憐れみと軽蔑のみじめな対象であることはいうまでもない。この問題について別の見方を示しているる著者たちのなかには、このディレンマに気づいていたからなのか、大胆にも、大きな邦の分割を望ましいこととして示唆するものもいる。このような馬鹿げた政策、絶望的なやり方は、つまらない役職を多数つくることによって、個人的な陰謀のおよぶ狭い交際以上に影響力を拡大する資格をもたない輩にはうってつけの答えとなるかもしれないが、アメリカの人びとの偉大さや幸福は増大させえないであろう。

軌道の拡大の原則そのものの検討は、すでにのべたように別の箇所〔第一〇篇・第一四篇〕でふれることとし、ここでは、しばしば小さな領土という点を強調して引用されている著者〔モンテスキュー〕の真意は、連合の多くの**加盟する邦**の**規模**を小さくすることを強調しているのであって、別に加盟邦すべてがひとつの連合政体のもとに包含されることに反対しているのではないことを指摘すれば十分であろう。そして、これこそ、現在われわれが関心をもっている議論の本当の争点なのである。

モンテスキューの提言は、諸邦全体の連邦《ユニオン》に反対してなどおらず、民主政のおよぶ範囲を拡大し、君主政の利点と共和主義の利点とを調和させるための方法として**連合共和国**《コンフェデレイト》を好意的に捉えている。

（かれは次のごとくのべる。[1]）「もし、人間が、共和政体のもつ対内的な利点のすべてと君主政体のもつ対外的な力とを兼ね備えているようなある種の国制を考えつかなかったならば、人間は、結局、**あるひとりの人物**の統治のもとに常に生きざるをえないでいたということは十分に考えられる。わたしがのべているのは、**連合共和国**のことである〔1〕」。

「この政体の形式は一種の合議体であって、そこでの合議により、いくつかの小さな邦《ステイト》は、形成するつもりのより大きな国家《ステイト》の構成員となることに同意する。それは、あたらしい社会を構成する複数の社会の集合体のようなものであって、それらの社会が連合体の安全を確保できる力をもつようになるまで、あたらしい加盟邦を増やすことによって拡大しうる」。

「外からの武力に対抗できるこのような共和国は、内部の腐敗を招くことなく自立できる。このような社会の形態は、あらゆる不都合を防ぐのである」。

「たとえ、あるひとりの人物が、主権を簒奪《さんだつ》しようと試みたとしても、連合諸邦《ステイト》のすべてにおいて、同じような権力と信用とを手に入れるとは考えられない。もし、かれの影響力がある邦であまりにも大きくなれば、それは残りの諸邦を警戒させるであろう。もし、かれが一部を制圧したとしても、なお自由でありつづけている諸邦は、かれがいまだ簒奪しきれていない武力によってかれに抵抗し、かれが簒奪した権力を確立しないうちに、かれを打倒するであろう」。

「連合構成邦のひとつに民衆の反乱が起こったとしても、ほかの諸邦はそれを鎮圧できる。連合のどこかで権力の濫用がいつの間にかはじまったとしても、健全な状態にある残りの諸邦によって匡正《きょうせい》される。邦の一部は滅ぼされるかもしれないが、滅ぼされない部分もある。連合は解体するかもしれないが、連合加盟諸邦は、それぞれの主権を維持する」。「この政体は小共和国から成りたっているので、それは、それぞれの共和国の内政上の幸福を享受し、対外関係については、連合によって、大きな君主政国の利点をすべてもっている」。

わたしは、これらの興味深い文章をこのように詳しく引用したほうがよいと考えていた。というのは、引用した文章は、連邦《ユニオン》を支持する主たる論拠をみごとに要約しているからであり、また、この著作のほかの部分が不用意に適用されたときに生じる誤った印象を適切に一掃するはずだからである。同時に、これらの文章は、連邦が国内の内紛や暴動を鎮圧する傾向をもつことを明らかにするという、この論説のより直接的な目的にかなっている。

諸邦の連、合《コンフェデレーション》と諸邦の統、合《コンソリデーション》のあいだに、明快なというよりはむしろ曖昧な区別が一般に行なわれてきている。連合の本質的な特徴は、その権力がおよぶのは集合体としての邦に限定されており、各邦を構成する個々人にまではおよばない点にあると考えられている。全国大の会議は、各邦の内政上のいかなる問題にもかかわるべきではないと説かれる。連合構成邦のあいだの完全に平等な投票権が、連合政体を特徴づける指標として挙げられもする。これらの議論は、概して独断的であり、原理によっても先例によっても裏づけられない。連合政体が、統合との区別を強調することがその本質的な属性であるとみなしている仕方で運用されがちであるのは事実である。しかし、連合政体の多くにおいては、運用に際して数々の例外があり、先例に照らし合わせると、これらの例外ゆえに、この問題にかんする絶対的な法則を見いだしえない。また、強く主張されているこの連合政体の原理が流通しているかぎり、それは、その政体の癒《いや》しがたい無秩序と脆弱《ぜいじゃく》さの原因でありつづけるということは、この考察のなかで明らかになるだろう。

連合共和国の定義は、「複数社会の集合体」もしくは二つ以上のステイトが単一のステイトへと結合したものといえば十分ではないだろうか。連邦権力の範囲、限定、および対象などは裁量に属するささいな問題である。連邦加盟州のそれぞれの組織体が廃止されないかぎり、また、その組織体が地方ごとの諸目的にかんする国制上の必要から存在しつづけるかぎり、たとえ、それが連邦の中央権力に完全に服するべきであるとしても、連合共和国は、実際上も理論上も、やはり、諸ステイトの集合体であり、ひとつの連合形態なのである。連邦憲法案は、各ステイトの政府の廃止をなんら当然視していないのであり、むしろ、上院への直接代表を認めることによって各州を国家主権の構成要素としているし、さらには、一定の専有的で重要な主権部分を各州に残している。こうした点は、およそその用語の合理的などの意味からしても、連邦政体《フェデラル》の理念とぴったりと合致している。

二三の**都市国家**すなわち共和国からできあがったリュキア連合において、もっとも大きな都市は**連合会議《コモンカウンシル》**において三票を、中規模と小規模のものは、それぞれ、二票と一票を与えられた。**連合会議**は、それぞれの都市の判事と執政官とをすべて任命した。これは、たしかに、都市国家の内政への巧妙な干渉である。というのは、もし、都市国家の管轄権に割りあてられる専属の権限があるとしたら、それは自分たちの役人の任命権にほかならないからである。にもかかわらず、モンテスキューは、この連合体に言及して、「もしわたしが、すぐれた連合共和国の例を挙げなければならないとすれば、それはリュキア連合であろう」とのべている。かくして、主張されているような区別は、この啓蒙の文人の考慮には含まれていなかったことがわかるし、誤った理論から導きだされた新奇な説であると結論づけざるをえない。

一七八七年一一月二一日

（1）　*Spirit of Laws*, Vol. I, Book IX, Chap. I.

〔1〕　野田良之他訳『法の精神』上（岩波文庫、一九八九年）第九編第一章、二五一―二五五頁を参照して訳してある。

第一〇篇　派閥の弊害と連邦制による匡正

マディソン

ニューヨーク邦の皆さんへ。

よく構成された連邦制は数多くの利点をもたらすものであるが、なかでも正確な説明に値するのは、そうした連邦制が派閥〔1〕の暴威を打破し、これを抑制する性向をもつという利点である。人民による政治を支持するものも、それが派閥の暴威という危険な悪に傾きやすいことを考えると、その性格や将来について深い危惧の念をもたざるをえなくなる。したがって、彼が信奉する人民による政治の原理を損なうことなしに、その害悪に対しては適当にこれを匡正できる何らかの案があるならば、その案を当然評価することになろう。〔派閥のために〕公けの会議に不安定・不正・混乱がもちこまれてきたが、それは事実いたるところで人民による政治を消滅させる致命的な病弊となってきたのである。というのも、それらの病弊は、自由の敵が長広舌をふるうときに、いつも好んで用いる格好な話題となっているからである。アメリカ諸邦の憲法が、古典古代や近代の人民による政治のモデルを改良したその功は、どれほど称賛しても称賛しすぎることはない。しかし、各邦憲法が、派閥の暴威の危険性をも所期のごとく有効に除きえたと主張するのは、不当なえこひいきというものであろう。現に、諸邦政府があまりにも不安定であること、公共の善が党派間の争いのため無視されていること、諸方策が正義の原則と少数派の権利の尊重とによってではなくて、圧倒的多数派の利害とその優越的な力とにより、決定されることがあまりに多いことなどについての不満の声が、あらゆるところで、思慮深く有徳な市民たちからも、公私両面にわたる信念と自由との支持者たちからも、聞こえてきている。これらの不満が根拠のないものであることを切に願うのではあるが、しかし既知の事実が示すところからして、それらがある程度まで事実であることはやはり否定しえないのである。現状を公平に見るならば、われわれが現在その下で苦しんでいる病弊のいくつかは、なるほどその責を諸邦の政府の運営に帰するのは誤っているということもわかる。しかし同時に、われわれの当面している多くの重大な不幸、ことに、ますます広がり、かつ勢いを強めている政治への不信、私的権利が脅かされつつあるという危惧の声、これらはいまやアメリカ大陸全土よりあがっているが、これを諸邦政府の病弊以外の理由だけで説明するのは無理だということもわかるであろう。これらの事実は、すべてとまではいえないにせよ、主として派閥的感情が各邦の政治に不安定と不正とをもたらした結果にほかならないのである。

私は、派閥という言葉を、全体中の多数であれ少数であれ、一定数の市民が、他の市民の権利に反する、あるいは共同社会の永続的・全般的利益に反するような感情または利益といった、ある共通の動機により結合し行動する場合、その市民たちをさすもの、と理解している。

派閥の弊害を匡正する方法には二通りある。その一つは、その原因を除去することであり、他はその効果を抑制することである。

派閥の原因を除去する方法にも二通りある。その一つは、派閥の存在にとって不可欠な自由そのものを破壊してしまうことであり、他はすべての市民に同一の見解、同一の感情、そして同一の利害を与えることである。

第一の方法については、それが病弊そのものよりももっと悪いとしか、真実なところ言いようがない。派閥にとって自由とは火にとって空気のごときものなのであり、それなくしてはただちに息絶えてしまう栄養物のごときものである。とはいえ、政治生活にとって不可欠な自由を、それが派閥を育成するからといって廃棄してしまうことは、動物の生活にとって不可欠な空気を、それが火に破壊的な力を付与するからといって一掃してしまうことを願うのに劣らず愚かなことであろう。

第二の手段は、第一のそれが愚かなことであるごとく、実行不可能なことである。およそ人間の理性が誤りうるものであり、人間がその理性を自由に行使しうるものである限り、相異なった意見が生ずるのは当然であろう。人間の理性とその自愛心との間につながりがある限り、その意見と感情とは互いに影響し合う。意見には感情がつきまといやすいものである。人間の才能が多種多様なものであるところから財産権が生じるのであるが、それと同様、人間の才能が多様であることにこそまた人間の利害関係が同一たりえない基本的な原因がある。そして、こうした人間の多様な才能を保護することこそ、何よりも政府の目的なのである。財産を獲得する多種多様な才能のどれをも等しく保護する結果、その程度と種類とを異《こと》にするさまざまの財産の所有がただちに生ずる。これらの事情が個々の財産所有者の感情や見解に影響を及ぼすのであるが、その結果として、社会はさまざまの利益群と党派とに分裂することになる。

派閥の発生する潜在的原因は、このように人間本性のなかに求められるのであり、それが政治社会の条件が異なるに応じて、異なる度合いをもって現れてくることはよく見られるとおりである。つまり、人びとを党派に分かつのは、宗教について、政府について、あるいはまた実際的なものに限らず、思弁的な他の多くの問題について、互いに異なった見解を熱心に支持することにもよろう。あるいは優越と権力とを求めて野望に燃えているさまざまな指導者たちへの献身、また、その人の運命が人間の熱情を呼び起こすような種類の人たちへの献身によることもあろう。こうした熱情や献身が、人間相互の敵意を燃え上がらせ、ついには人びとを共通の善のために協力させるよりは、彼らをして、互いに抑圧し合う方向へと傾かせるのである。この相互敵視へと陥りやすい人間の性向はきわめて強力なので、とくに重大な原因が見当たらないところでも、些細な、実際には意味をなさないような相違ですら、人びとをして敵意に満ちた感情に燃えたたせ、深刻な党争に駆り立てるのに十分なのである。しかしながら、派閥の生ずる、もっとも普遍的で永続的な要因は、財産の種類が多様であり、それが不平等に配分されていることにある。財産を持つものと持たないものが、これまでもつねに、社会の明確に異なった利益群を形成してきた。債権者である人びとと債務者である人びともまた、相対立している。土地所有者の利益、製造業者の利益、商人の利益、それに金融業者の利益は、その他多くの群小利益群とともに、文明諸国に必然的に生ずるものであり、人びとを相異なる感情と見解とによって動く相異なる階層へと分かつのである。そしてこれら種々の相反する諸利益群を調整することこそ、近代立法の主要な任務を構成するのであるが、そのことが同時に、通常必要な政府の活動の中へ党派的な派閥的な感情を導き入れることにもなる。

だれも自己のかかわる訴訟事件で裁判官たることを許されない。彼の利益が彼の判断を偏らせることはたしかであり、さらには彼の誠実さを腐敗させることもありえないことでにないからである。集団の場合にも、個人の場合と同様、否、さらに重大な理由から、同時に裁判官であり、当事者であることは不適当である。だが、最も重要な立法行為のほとんどが、個々人の利益に関係するものではないとしても、複数の市民集団の権利に関係する多くの判決ということになるのではなかろうか。さまざまな階層に属する立法者たちは、結局は彼らがみずから決定を下す訴訟事件の当事者であり、弁護人であるということになるのではなかろうか。法は私的な債務について提案されるものではない。私的な債務については、債権者が一方の当事者であり、債務者が他方の当事者であり、さらに裁判官が両者の均衡を保持しなければならない。だが、立法の場合には、当事者自身が裁判官なのであり、また裁判官とならざるをえないのである。そして、最も多数を占める当事者が、いいかえれば最も強力な派閥が、支配するものと予期せざるをえないのである。外国の製造品の輸入を制限することによって、国内の製造業は奨励されるべきであろうか、また奨励されるとすればどの程度までか、という問題に対して、土地所有者層と製造業者層とではそれぞれ異なった決定を下すであろうし、かつおそらくいずれの側も、もっぱら正義と公共の善との観点から決定を下すということはまずないであろう。さまざまな種類の財産に対する課税率という問題は、最も厳格な不偏不党性が必要であるように思われる。だが、課税の問題ほど、優勢な党派が正義の原則を蹂躙する機会と誘惑とをもつ立法はおそらくないであろう。数において劣る人びとに対し、彼らが一シリング課税するごとに、彼ら自身のふところでは一シリングが節約されることになるわけである。

賢明な為政者ならばこれら両立しがたい諸利益群を調整し、諸利益群すべてを公共の善に貢献せしめることができるであろう、などと主張しても、それは意味がない。賢明な為政者がつねに決定の座にあるとは限らないからである。それに多くの場合、このような調整には、遠謀深慮が必要とされるが、そのような見解が、一党派が他者の権利や公共の善を無視して重んずる自分の直接的利益をこえて、考慮されるなどということはまずありそうにもないからである。

以上のべてきたことの結論としては、派閥の原因そのものは除去しえないものであり、したがって〔派閥の暴威に対する〕対策はただその効果を抑制する方法の中に求められるべきだということになる。

もしある派閥が全成員の過半数以下で構成されている場合には、派閥の暴威に対する匡正は共和政原理によってなしえよう。つまり、多数のものが通常の多数決で派閥の邪悪な見解を敗北させることができる。少数者よりなる派閥といえども、時には行政を遅滞させることもあろうし、社会を震撼させることもあろう。だが、この〔共和政〕憲法形体の下では、その暴威をふるうことも、それを仮面の下に隠し通すことも不可能なのである。これに反し、人民による政治の下で多数者が一つの派閥を構成するときには、派閥が、公共の善と他の市民の権利のいずれをも、自己の支配的な感情や利益の犠牲とすることが可能になる。それゆえに、人民による政治の精神と形体とを保持しつつ、このような派閥の危険性から公共の善と私的な権利との安全をはかることが、われわれの探究すべき重要な課題となる。さらにつけ加えるならば、それは、人民による政治形体がきわめて長い間こうむってきた非難からそれを救いだし、人類にそれを尊重し採用することを推奨しうるためにも、是非必要なことなのである。

では、どのような方策によって、この目的は達成されうるのであろうか。明らかに次の二つのうち一つによってのみ可能である。すなわち、まず、同一の感情あるいは利益が、多数派のうちに同一時に存在することを防がなければならない。あるいは、多数派がかかる同一の感情あるいは利益をすでにもっている場合には、彼らが、その多数性と地方的状況とを利用して、圧制の陰謀を一致して実行することができないようにしなければならない。かりにも衝動と機会とが一致するようなことになれば、それを適当に抑圧するものとしては、道徳的な動機も、あるいは宗教的な動機も頼りにならないことをわれわれはよく知っている。そうした動機は個々人の不正や暴力に対してもそれを抑制できないが、ことに一致団結する多数派に対しては、効果がない。つまりその効果が必要となる度合いに応じて、逆にその効果を減ずるのである。

このような見地からすれば、直接民主政《ピュア・デモクラシー》、つまり少数の市民から構成されており、その全市民がみずから集会し、みずから統治する社会を意味する直接民主政は、派閥のもたらす弊害に対してこれを匡正することはできないのである。というのは、〔直接民主政では〕ある共通の感情あるいは利益が、ほとんどあらゆる場合に全員の過半数のものの共鳴するところとなろうからである。また、相互の意思の疎通と行動の一致とが、その政治形体そのものから容易に可能となるからである。したがってまた、弱小の党派や気に入らない個人は、これを切り捨ててしまうという誘惑を抑えるようなものは何もないからである。それゆえに、直接民主政諸国家は、これまでつねに混乱と激論との光景を繰りひろげてきたのであり、個人の安全や財産権とは両立しがたいものとなり、また一般的にその生命は短く、しかもその死滅に際しては暴力をともなうものとなってきたのである。この種の〔直接〕民主政治形体を支持する理論好きな政治家は、人間をその政治的諸権利において完全に平等なものとすれば、ただちにその財産・思想・感情においても完全に平等なものとなり、かつ相互に同一化されるであろうと考える誤りを犯してきたわけである。

共和政国家という言葉で、私は代表という制度をもつ統治構造をさしているのであるが、このような共和国こそ一つの新しい展望を開き、われわれが探し求めていた匡正策を約束するものなのである。まず、共和政が直接民主政と異なる点を検討してみよう。そうすれば、〔いま検討されている〕連邦制の下で実現すべき匡正策の性質と効果とが正しく理解されることになろう。

〔直接〕民主政国家と共和政国家との間の二大相違点は、第一に、共和政国家においては一般市民によって選出された少数の市民の手に政治が委ねられることであり、第二に、共和政国家がより多数の市民と、より広大な領域とを包含しうることである。

この第一の相違点の結果として、〔共和政においては〕一方では世論が、選ばれた一団の市民たちの手を経ることによって洗練され、かつその視野が広げられるのである。その一団の市民たちは、その賢明さのゆえに、自国の真の利益を最もよく認識し、また、その愛国心と正義心とのゆえに、一時的なあるいは偏狭な思惑によって自国の真の利益を犠牲にするようなことが、きわめて少ないとみられる。このような制度の下では、人民の代表によって表明された公衆の声のほうが、民意表明を目的として集合した人民自身によって表明される場合よりも、よりいっそう公共の善に合致することになろう。しかしまた他方では、結果が逆になることも考えておかなければならない。すなわち、派閥的な気分の強い人びと、地方的偏見をもつ人びと、悪意ある企みをもつ人びとが陰謀、買収、その他の手段に訴えて、まず人民の投票を獲得し、ついでその人民の利益を裏切ることがあるかもしれない。それゆえ、次に起こる問題は、小さな共和国と大きな共和国のいずれが公共の福祉の適当な保護者を選出するのに有利であるかということであるが、二つの明白な理由からして大きな共和国のほうが有利なことは明らかである。

第一に、共和国が小さい場合でも、少数者の陰謀を防ぐためには代表者の数をある程度まで増やさなければならないし、共和国が大きい場合でも、代表者が多すぎるために起こる混乱を防ぐためには、その数をある程度にとどめておかなければならないという点に注目したい。このことからして、大小二つの共和国の代表者の数は選挙民の数には比例しないのであり、割合からいえば、小さい共和国のほうの代表者数が多いことになる。したがって、代表にふさわしい人格をそなえた人の割合が、大きい共和国においても小さい共和国においても同じであるとするならば、大きい共和国のほうが選択の余地が大きく、したがって妥当な選択がなされる可能性も大きいということになろう。

次に、各代表者は、小さい共和国よりも大きい共和国においてのほうが、より多数の市民によって選出されることになるから、下らない候補者が選挙にはつきものの悪質な手段に訴えて当選するなどということは、より困難になるであろうし、また人びとの投票もより自由に行われるから、とくに注目すべき実績のある人物や、とくに知名度の高い定評ある人物に投票が集中することになろう。

ただ、他の多くの場合と同じく、この場合にもどちらに行き過ぎても不都合な点があり、その中間があることを認めなければならない。つまり、選挙民の数をあまりにも多くした場合には、地方事情や群小諸利益についてはほとんど通じていない代表者が選ばれることになるであろうし、選挙民の数をあまりにも少なくした場合には、選ばれた代表者がこれらのものとあまりにも密着しすぎ、重大な全国的問題を理解したり、処理したりするには適任でないということになろう。この連邦憲法は、この点でも適切な組合わせを備えている。重大な総体的利益は連邦議会に、地方的、特殊的利益は各州議会に託されることになっているからである。

第二の相違点は、共和政においては〔直接〕民主政におけるよりも、より多数の市民と、より広大な領域とをその範囲内に含みうるという点である。〔直接〕民主政におけるよりも共和政のほうが党派的結合の危険性を少なくできるのは、主としてこの事情に基づく。社会が小さくなればなるほど、そこに含まれる党派や利害の数も少なくなり、党派や利益が少なくなればなるほど、多数派が同一党派として形成されることが多くなってくる。また多数派を形成している個人の数が少なくなればなるほど、また彼らがおかれている領域が小さくなればなるほど、彼らが一致協力して、他を抑圧する計画を実行しやすくなる。しかし、領域を拡大し、党派や利益群をさらに多様化させれば、全体中の多数者が、他の市民の権利を侵害しようとする共通の動機をもつ可能性を少なくすることになろう。あるいは、かりにそのような共通の動機が存在するとしても、それを共有する人びとすべてが、自身の強力さを自覚し、互いに団結して行動することはより困難になるであろう。これらの困難に加えて、不正な不名誉な目的が企てられても、一致協力することが必要な人びとの数が増すにつれて、彼らの間の意思の疎通が相互の不信によって阻まれることも無視できない。

それゆえに、派閥の効果を抑制するうえで、共和政国家が民主政国家に対してもっている利点は、そのまま大きな共和国が小さな共和国に対してもつ利点でもあり、それはまた同時に連邦がその構成分子である各州に対してもつ利点でもある。良識ある見解と高潔な精神とのゆえに、地方的偏見や不正な企みを超克しているような代表者をもつほうが有利ではなかろうか。その点、連邦の代表者たちのほうが、こうした必要とされている才能を所有しているであろうことは、否定されないであろう。ある一つの党派が、他の残りの党派を数で圧倒し抑圧する結果になるのを防ぐためには、党派の数を多くすることによって、より大きな安全性が確保されるという利点はないであろうか。連邦に包含され党派の多様性が増大すれば、それだけこの利点も増大することになろう。要するに、不正な利益をめざす多数派が一致協力してそのひそかな願望を達成するのを防ぐためには、より大きな障害をおくことが没立つ。つまり、ここでも再び、連邦の広大性が、きわめて明確な利点となっているのである。

ある特定の州の内部で、派閥の指導者の影響が火をつけることもあるかもしれないが、それが他の州にも及んで広く大火を招くということはありえないであろう。ある宗派が連邦の一地方で政治上の党派にまで堕落することはありえよう。しかし、連邦の全域にわたって多様な宗派が分散している結果、全国的議会が宗派的要因に左右される危険性はまずありえない。紙幣増発・債務廃棄・財産均分化への激しい要求や、その他の不当で邪《よこ》しまな企ても、特定の州をこえて連邦全体へ波及するようなことはまずないであろう。これと同じような意味合いで、州の内部においてもそのような弊害が特定の郡や地区を汚染することはあっても、州全体に及ぶことは少ないであろう。

かくして、広汎な地域と適切な構造とを備えた連邦こそ、共和政体にともないがちな病弊を処置する共和政的な匡正策にほかならないのである。われわれが共和政主義者であることに喜びと誇りとを覚える限り、まさしくわれわれはまた連邦主義者としての精神を育み、その特質を支えることに熱意を示さなければならないのである。

一七八七年一一月二二日

〔1〕 faction は、一応派閥と訳すが、その意味は政党内部の派閥の意味ではなく、党派に近い。事実、faction と party とはほとんど同義異語として使用されている。

第一一篇　連邦共和国と海洋国家

ハミルトン

ニューヨーク邦の皆さんへ。

通商の観点からみた連邦《ユニオン》の重要性は、異論をさしはさむ余地がほとんどなく、実際、この問題についてなんらかの知識をもっている人びとのあいだではほぼ全般的な同意をとりつけている論点のひとつである。この重要性は、州相互間の通商についても妥当する。

アメリカの商業的性格を際立たせている冒険的精神が、すでに、ヨーロッパのいくつかの海運国に不安感をかきたてているとみて十分にさしつかえないだけの兆候がある。これらの国々は、自国の海上交通の支柱であり、制海権の基礎でもある海運業に、わが国があまりにも大きく割り込むことを懸念しているようにみえる。とりわけ、アメリカ大陸に植民地をもっている国々は、わが国のもつ潜在的可能性について、苦痛にみちた憂慮をもって見守っている。これらの国々からみれば、アメリカ諸邦は強力な海軍を創設するのに不可欠な環境が準備万端整っているだけではなく、それに向けてのあらゆる手段を確保しようとしているために、隣接している自分たちの植民地が脅かされるという危険を感じとっているのである。当然のことながら、このような印象は、われわれのあいだの分裂を助長するとともに、われわれの所有する船舶による活発な交易をできるだけ阻害する政策につながるであろう。この政策は、わが国がこれらの国々の海運業に割り込むことを阻止し、わが国との貿易の利益を独占し、わが国が危険な大国へと急上昇する翼を切り取っておくという三重の目的にかなっている。この政策について縷々《るる》説明することが許されるならば、事実を示しながら、その政策運用について、大臣たちの閣議にまでたどって説明することもさしてむずかしくはない。

われわれが結合しているかぎり、われわれは、アメリカの繁栄にたいしてかくも非友好的である政策に、さまざまな方法で対抗しうるであろう。禁輸措置をすべての州にわたって同時に実施することにより、アメリカ市場での免除特権をもとめて、諸外国が互いに競争するようしむけることもできるだろう。三〇〇万人——急速に増えつづけ、しかもその大半は、もっぱら農業に従事し、今後も地元の環境からしてそうでありつづける人口——を擁する市場が製造業国家にたいしてもっている重要性や、製造業国家の交易と海運にとり、自国船による直接貿易と、アメリカへの生産品とアメリカからの帰り荷とを他国船によって間接的に輸送することとのあいだにある違いの大きさを認識しうる人びとにとって、この主張は空想的であるとはみなされないであろう。たとえば、われわれがアメリカに単一の政府をもっていて、すべての港湾から(現在通商条約を締結していない)グレイト・ブリテンを閉めだすことができると仮定してみよう。この手段はイギリスの政策にどのような作用をおよぼすであろうか。それにより、われわれは、イギリス王国の領土内で最大限に収益を見込める広汎な通商特権を得るために、成功をほぼ確信して交渉に当たれるのではないだろうか。このような問いがこれまで幾度となく出されたとき、得られた答えは、もっともらしくはあるけれども確実で満足すべき内容ではなかった。その答えとは、われわれの港湾からイギリス船を閉めだしてもイギリスの貿易体制にはなんの変化も生じないだろうというものである。なぜなら、イギリスは、われわれの市場に供給したい商品の直接的な買い手もしくは支払い手をオランダにすることによって、そこを経由してアメリカ貿易を行なえるからだという。しかし、イギリス船によるアメリカ貿易という旨味《うまみ》を失えば、イギリスの海運業は実質的な損害を被らないだろうか。対米貿易の利益の大部分は、オランダが請け負った代理業と冒した危険とにたいする補償として、差し押さえられてしまうのではないだろうか。輸送面の条件を考えるだけでも、かなりの手数料が差し引かれるのではないだろうか。そのような回りくどい交易は、アメリカ市場におけるイギリス製品の価格を高騰させるとともに、イギリス貿易のなかでもこの利益の多い対米貿易部門を他国の手に委ねることによって、ほかの国々に有利な競争を行なわせることにならないだろうか。

これらの疑問が示唆する点を慎重に吟味すれば、確信をもって次のようにいえるであろう。いまのべた事情から生じるイギリスの実際の不利益は、イギリス国民の大半がアメリカ貿易に積極的であることや西インド諸島からの強い要請とあいまって、イギリスの現在の貿易体制を緩和させるであろうし、われわれの貿易のなかでもっとも実りの多い西インド諸島やその他の市場においてわれわれを恩恵に与《あずか》らせることになるだろう。イギリス政府から得られるそのような利点は、アメリカ市場におけるイギリス商品への免税措置でも取らなければ期待できない類のものであって、アメリカ貿易から完全には排除されたくないと考えているイギリス以外の諸国の政策に、それへの対応を迫るであろう。

ヨーロッパ諸国のわれわれにたいする政策に影響をおよぼす材料についてさらに考えれば、連邦海軍の創設があげられるであろう。効率的な政府のもとで連邦が継続すれば、遠からず海軍を創設する力をわれわれは備えることになろう。その海軍は、大海軍をもつ列強には対抗できなくても、天秤の上にある二つの対立する当事国のいずれかに身を投じるならば、少なくとも確たる地歩を占めうるであろう。このことは、とりわけ、西インド諸島での戦闘の場合にあてはまる。どちらかの陣営を強化するために、数隻の軍艦が適切な時期に派遣されるだけで、勝敗の分かれ目となる場面では、会戦の命運を左右するに足ることが多い。そこでは、われわれは死命を制する位置を占めている。この判断に加えて、西インド諸島で軍事作戦を遂行するうえでのわが国による兵站《へいたん》の効力を考えるならば、われわれが、通商上の特権を得るために、そのように有利な立場を利用して交渉に臨みうることは容易に理解できるであろう。とすれば、われわれが友好的態度をとるか、あるいは、中立を保つことは引き合うはずである。連邦《ユニオン》を着実に維持することによって、やがてわれわれが、アメリカにおけるヨーロッパの仲裁者になり、世界のこの地域におけるヨーロッパ各国の競争を、われわれの利益の命ずるままに調停することができる日を待ち望んでもかまわないであろう。

しかし、この望ましい状態とは裏腹に、アメリカ内の対立は、互いを牽制させ、自然が親切にもわれわれの手の届くところに与えてくれている魅力的な利点をすべて無効にしてしまうことがわかるだろう。そのような微力な状態では、その対立が戦争へといたれば、われわれの通商は、あらゆる国によって傍若無人な干渉の餌食《えじき》となるだろう。それらの国々は、われわれをなんら恐れていないから、なんのためらいもうしろめたさもなく、手あたりしだいにわれわれの財産にたいする略奪を繰り返すことによって、彼らの欲望を満たそうとするであろう。中立権は、適切な武力によって守られている場合にのみ尊重されるのであって、弱体なために侮《あなど》られている国家は、中立という特権すらも失う。

単一の活力ある全国的政府のもとでは、わが国の自然的力と資源とは共通の利益に向けられ、われわれの発展を抑制しようとしてヨーロッパ諸国の警戒心が団結するのをすべて水泡に帰させるであろう。また、アメリカが全国的政府のもとにある状況では、ヨーロッパ諸国の団結は、成功などとうていおぼつかないため、それを企てる動機すらなくなってしまうであろう。かくして、心理的かつ物理的必然からみちびきだされる当然の帰結は、通商の発展、航路の拡大、および船舶の増加であろう。われわれは、自然のもつこの抗《あらが》いがたい不変の進路を押しとどめようとしたり、曲げようとしたりする偏狭な政治屋たちの愚かな奸策を無視してもかまわない。

けれども、不統一の状態では、ヨーロッパの団結が実現し、成功裡に作用するかもしれない。われわれのあいだに蔓延《まんえん》した脆弱《ぜいじゃく》さを利用して、海洋諸国は、われわれの政治体としての存在の条件を定めることができるであろう。また、これらの諸国はみな、わが国の商船に関心をもち、さらには、それらの商船が自国の商品の運搬船になるのを食い止めようとしているので、かれらは団結して、われわれの海運業を壊滅させ、われわれを**自主権のない通商**に封じ込めるというようなやり方で、わが国の海運業を妨害するにちがいない。そうなると、われわれは、商品についた最初の価格に満足し、交易の売り上げを強奪されるのを黙認するよう強いられ、あげくに、敵対国や侵略国の富を増やしてしまうのである。アメリカの商人と海運業者のなみはずれた才能をあらわし、それ自体国富の無尽蔵の鉱脈でもある比類のない起業精神は、窒息させられ、失われてしまうであろう。さらには、英知をもってすれば世界の賞賛と羨望の的ともなりうるわが国に、貧困と恥辱とが広がるであろう。

アメリカの権利に属するもので、アメリカの交易に大いに資する権利がある。わたしがいわんとしているのは、漁業権と西部の諸大湖およびミシシッピ川の航行権のことだ。現在の連合の解体は、これらの権利が今後も存続するのかという微妙な問題を孕んでおり、それに関心をもっている強力な列強の連合は、まちがいなくわが国が不利になるように決着をつけるであろう。ミシシッピ川にかんするスペインの意向については論じるまでもない。フランスとイギリスは、漁業権をめぐってわが国に関心を向けており、自国の航海権にとって深甚な影響をもつものとしてそれを捉えている。もちろん、かれらがこのまま漁業をめぐる主導権争いに無関心でいつづけることはありそうもない。経験の教えるところでは、われわれが漁業権をわが国の交易において枢要な海運部門の一部としてきたことは明らかであるし、この漁業権のおかげで両国の市場でその国産物よりも安値で売ることができる。両国が競争の場からそのような手強い相手をなんとかして追いだそうとするのは、きわめて当然であろう。

交易におけるこの海運部門がもたらす利益を部分的であるとみなすべきではない。航海を行なっている国ならば、いずれも程度の差こそあれ好条件のもとで海運業に参入するであろうし、より大きな商業資本があるならば、その可能性はますます高くなるであろう。海運業は、いまでも水夫の養成所となっているが、各国の航海規則が今後さらに共通になるようであれば、それは、万国共通の資源となるであろう。海軍の建設にとっても、海運業は不可欠であるにちがいない。

海軍というこの大きな国家目的にとって、連邦はさまざまな点で寄与するであろう。あらゆる組織は、その形成と維持に向けて投入される手段の量と範囲とに比例して発展し活性化する。合衆国はすべての必要資源を保有しているので、それが海軍をもつというのは、一部の資源しかもたない単一の邦や部分的な邦連合が海軍をもつ場合にくらべて、はるかに現実的な目標である。実際、アメリカ連合を構成する各地域は、喫緊の課題である海軍の建設に必要な固有の利点をそれぞれもっている。南部の多くの邦は、タール、ピッチ、テレピン油などの船舶用資材のいくつかを豊富に提供する。艦船建設に供せられる南部の木材もまた、堅固で耐久性にすぐれた木地をもっている。海軍の艦船の就役期間が長いということは、もし、それが主として南部の木材で建造されるのならば、海軍力という観点からも国家財政という観点からもきわめて効果が大きいであろう。南部および中部のいくつかの邦は、大量でしかも良質の鉄を産出している。水兵の多くは、北部の人口密集地から得られるにちがいない。海外貿易もしくは海運貿易が海軍の保護を必要とする点について、とりたてて説明をする必要はないであろうし、それらの貿易が海軍の発展に資する点についても同様である。両者は、ある種の相互作用によって、互いに便益を得、互いに促進しあう。

各州間の規制のない交易は、国内で互いの需要を満たすためばかりでなく、海外市場へ輸出するためにも、それぞれの生産物を取り引きすることによって、各州の交易を発展させるであろう。各地域の商品が自由に流通することにより、あらゆる地域の通商活動はふたたび活気があふれ、これまで以上の衝動と活力を帯びるであろう。それぞれの地域の産物が多様であるため、通商はより広い視野にたって行なわれる。不作や凶作により、ある州の農産物が出荷できなくなっても、ほかの州の農産物が代替わりできる。輸出用製品の価格だけではなくその種類の豊富さも、海外貿易を活発にするのである。交易上の競争や市場の変動を考えるならば、海外貿易は、一定額で少数の商品を商うよりも、同じ価格で多くの商品を扱う方が、はるかによい条件で遂行されうる。ある商品は、大きな需要が見込まれる時期があるだろうが、ほかの時期には売れないかもしれない。これにたいし、商品が多様である場合は、同じ時期にすべての商品が売れなくなるということはめったにおこらない。このため、商人の活動がなにか支障を来すとか停滞してしまう危険性は少ないであろう。投機的な商人ならば、ただちに、以上の考察のもつ説得力を了解するであろうし、合衆国の総計された収支が、連邦となっていないか、もしくは部分連合のうちにある一三の邦の収支を足した場合よりも、はるかに希望のもてる数字になるはずであると認めるにちがいない。

おそらく、この主張にたいして、各邦が結合していようといまいと、それらのあいだには密接な交易が存在しつづけるのであり、したがって、同じ目的を達成するのだという反論が試みられるであろう。しかしながら、この交易は、本論集のなかでこれまでくわしく説いてきたようなさまざまの理由により、足かせをはめられ、妨げられ、狭められるのである。通商上の利害の一体性は、政治的利害の一体性と同じように、政府の一体性のみがもたらしうる。

この件に関し、このほかにも、刮目《かつもく》に値するとともに希望に満ちた見解がまだまだあるが、それらは、あまりにも遠い未来へとわれわれを誘うことになろうし、新聞紙上の論説としては適当ではない話題も含むことになる。わたしは、われわれをとりまく情勢が、そして、われわれの利害が、アメリカの対外的地位にかかわる体制において頂点をめざすようわれわれを促し、急き立てていることに、手短にふれておかなければならない。世界は、地理的のみならず政治的にも、それぞれ固有の利害をもった四つの地域に分けられる。そのうちの三つの地域にとっては不幸なことに、ヨーロッパは、軍事力と外交交渉、強制と欺瞞により、程度の差こそあれ、それらの地域に支配を拡大しており、アフリカ、アジア、アメリカは、つぎつぎとその支配を経験してきた。ヨーロッパは長いあいだ優越的地位を保っているために、みずからを世界の女王として鼻にかけ、ほかの人類を自分のために創造されたものと考えがちである。学殖豊かな哲学者として称賛されている人びとですら、はっきりと、ヨーロッパ人の方が身体的に優性であるとみなしたり、アメリカでは人間を含むすべての動物は退化する——犬でさえもアメリカの空気をしばらく吸ったのちには吠えなくなる——とまじめに主張している。(1)さまざまな事実は、ヨーロッパ人の傲慢な自惚れをあまりにも長きにわたって裏づけてきた。人類の名誉を守り、尊大な兄弟に節度を教えてやるのはわれわれの役目である。連邦《ユニオン》は、そうすることを可能にするであろう。連邦の解体は、ヨーロッパの勝利にもうひとつの犠牲を加えることになろう。アメリカ人よ、ヨーロッパの偉大さのための道具であることを恥としようではないか！　一三の邦よ、堅固でゆるぎない連邦へと結束し、大西洋の彼方のあらゆる力や影響力の支配にまさる、そして、旧世界と新世界の関係のありようを左右しうる、単一の偉大なアメリカ体制を創設することに同意しようではないか！

一七八七年一一月二四日

（1） *Recherches philosophiques sur les Américains.*〔一七七〇年にベルリンで出版された。著者は、コルネリス・ポー(Cornelis Pauw)。〕

第一二篇　歳入に関する連邦の効用　ハミルトン

アメリカがユニオンを維持すれば、通商が盛んになって歳入増につながる。しかし、もし、通商を歳入源とすることができなければ、土地への課税を余儀なくされるとのべる。

第一三篇　歳出の削減と連邦の効用　ハミルトン

アメリカの諸邦がひとつの連邦のもとに結合する場合でも、いくつかの連合に分裂する場合でも、設立される政府の規模が同じであるため、後者の方が、人民にたいしてより多くの金銭的負担を強いることになると論じる。

第一四篇　連邦共和国の実現可能性

マディソン

ニューヨーク邦の皆さんへ。

われわれは、連邦の必要性を次のような観点から考察してきた。すなわち、外国からの危険にたいする砦として、アメリカ内の平和の保全者として、通商およびそのほかの共通の利益の守護者として、旧世界の自由を破壊してきた常備軍の唯一の代替物として、そして、ほかの民主政体には致命的であることが証明され、われわれのなかでもその徴候があらわれている党派の弊害の適切な匡正手段として、連邦の必要性を説いてきた。この争点について、われわれの論考で残されているのは、連邦に広大な領土が含まれるために生じるであろう反論に注意を払うことである。新憲法に反対する人びとが、かれらが必死で探したにもかかわらず見いだしえなかった確固たる反論の代わりに、架空の障害をもちだすために、共和政治の実現可能な領域に関して広くゆきわたっている偏見を利用していることを考えるならば、この点につき、いま少し論じておく方がよいだろう。

共和政体を狭い地域だけに限定する誤りについては、すでにこの論集〔第九篇および第一〇篇〕で説明し、論駁してきた。わたしは、ここではただ、この誤謬がうまれ、広がっている主たる原因は、共和政国家と〔直接〕民主政国家とを混同し、民主政の性質からひきだされる推論を共和政に適用している点にあることだけを指摘しておく。二つの政体のあいだの正しい区別についても、すでに論じたとおりである。民主政では、人民が直接会して統治を行なうのにたいし、共和政では、人民の代表や代理人が会して統治を担当する。したがって、民主政は狭い場所に限定されるであろうが、共和政は広い領域にまで拡大されうる。

共和政については、いまのべた不注意から生じる誤謬に加えて、有名な著述家たちが巧みに練り上げた誤謬もある。かれらの著作は、政治に関する近代的な見解の大枠の基準を作りあげてきた。かれらは、絶対君主政もしくは制限君主政の臣民であったので、共和政体の弊害や欠陥とくらべることによって、しかも、その見本として古代ギリシアと近代イタリアの不安定な民主政国家を取りあげることによって、君主政の長所を褒めそやし、欠点を目立たせないように努めている。名称を混同させたままならば、民主政のみに適用できる経験知、とりわけ、民主政はこぢんまりとした場所に住む少数の人びとのあいだにしか確立されえないという経験知を、共和政に援用することは、たやすいわざであった。

こちらの誤謬については、気づきにくかったのかもしれない。というのは、古典古代のほとんどの政府は、民主政体に属するものであったし、また、代表制という偉大な原理につきわれわれが恩恵を被っている近代ヨーロッパにおいてすら、完全に人民に依拠しつつ、同時に完全に代表制の原理に基礎をおく政府の例が見いだせないからである。ヨーロッパが、代表制を媒介とすることによって、政治体の全体の意思を集中させ、その力を公共の利益が命じるいかなる目的にもむけられるような代表制という政治における偉大な力学を発見した功績をもっているとすれば、アメリカは、純粋で広大な共和政の基礎を発見した功績を主張できる。ただ惜しむらくは、アメリカの市民のなかに、目下批准に付されている広域の政体の確立にとって代表制が十全な効果を発揮するという付随的な利点をアメリカがもっていることを認めようとしない人たちがいる。

民主政国家の自然的限界は、中心からの距離が、もっとも離れたところに住む市民に、公的な活動が必要なときにはいつでもやって来ることを可能にし、公的な活動に参加できなくなる人がいない程度の範囲である。これにたいし、共和政国家の自然的限界は、中心からの距離が、公務に携わるのに必要なときに人民の代表がともかく会合することができるくらいの範囲である。合衆国の規模はこの距離を越えているといえるであろうか。もし、だれであろうと、大西洋沿岸が連邦のもっとも距離の長い部分であるということ、この一三年間にわたって各邦の代表がほぼ恒常的に集まっているということ、そして、もっとも遠くにある邦の代表が、連合会議の開催地に近接している邦の代表よりも頻繁な欠席を余儀なくされているわけではないということを思いおこすならば、そのような主張はしないであろう。

この興味深い問題に、より正確な判断を下すために、連邦の実際の大きさについて考えてみよう。講和条約によって定まった国境は、東は大西洋、南は北緯三一度、西はミシシッピ川、北は、北緯四五度を越えているところもあれば、北緯四二度に届かないところもあるというような不規則な線で区切られている。エリー湖の南岸は北緯四二度よりも下にある。北緯三一度と北緯四五度のあいだの距離を測ってみると九七三マイルであり、北緯三一度から北緯四二度までの距離は七六四・五マイルとなる。その中間値は、八六八マイル四分の三である。大西洋岸からミシシッピ川までの平均距離は七五〇マイルを超えることはないであろう。この大きさをヨーロッパ各国とくらべてみれば、その広さに応じた連邦共和国を実現しうることが論証できるように思われる。わが国より規模がさほど小さいわけではないドイツでは、全帝国を代表する帝国議会が常時開催されている。また、分割以前にはわが国よりいくらか小規模であったにすぎないポーランドでも、全国議会が最高権力を握っていた。フランスとスペインはともかくとして、イギリスにおいては、国土はわが国より狭いとはいえ、ブリテン島の最北の代表は、議会に参加するために、連邦のもっとも遠いところからやって来る代表に課せられるのと同じくらいの距離を旅しなければならない。

このような調査結果は広い共和国論には好都合であるが、よりいっそう満足のいく根拠をそれに与える考察をつけ加えておこう。

まず第一に、全国的政府は法律の制定と執行に関する一切の権力を委任されているわけではないという点が確認されるべきである。その管轄権は、特定の列挙された項目にかぎられており、共和国のすべての構成員にかかわるもので、個々の州の法律をもってしては達成されえない諸目的に限られる。下位の諸政府は、それぞれの政府が規定を設けうるかぎり、残りのあらゆる事項について管轄を拡大できるのであり、したがって、それに応じた権威と機能を保持することになる。もし、憲法会議の憲法案が各邦の諸政府を廃止することを提案しているのならば、憲法に反対する人びとの反論にはそれなりの根拠を見いだせよう。しかしながら、容易にわかるように、もし、下位の諸政府が廃止されたとしたら、全国的政府は、自己保存の原則にしたがって、それらに固有の管轄権を戻さなければならなくなるであろう。

第二に指摘すべきは、連邦憲法の直接の目的は、原一三州の連邦を確実にすることと、それらの内部やそれらに隣接して形成される新しい州を連邦につけ加えることであって、前者が実行可能であることをわれわれは知っているし、後者もまた同様に実行可能であることを疑いえないという点である。北西部のフロンティアにあるわが国の領土の分割や区分けに必要な取り決めについては、さらなる発見や経験の積み重ねがその作業を遂行するのによりふさわしい世代をうみだすであろうから、かれらに委ねることとしたい。

第三にのべておきたいのは、連邦の全域にわたっての交流が、新しい内陸開発によって日進月歩で便利になっていくことである。道路はいたるところで距離を縮められ、良好な状態に保たれるであろう。旅行者のための宿泊設備は増加し改善を加えられるであろう。西部と大東部の内陸水路は、一三州の全域もしくは大部分の地域で開設されるであろう。西部と大西洋岸との交通のみならず、それぞれの地域内での交通も、自然の恩恵である河川とともにわが国土を縦横に走っている無数の運河によってますます便利になるであろうし、運河を建設する技術を考えるならば、この連結作業を完成するのは、それほどむずかしくない。

第四に、これまでの考察にもまして考慮すべき重要な事柄がある。ほとんどすべての州は、州境のどこか一部がフロンティアとなっており、したがって、そこでの安全を確保するために、全体の防衛のためになんらかの犠牲を払う覚悟ができているはずである。また、連邦の中心からもっとも遠くに位置しているがゆえに、連邦のもたらす利点にあずかる機会がもっとも少ない州は、他方で、ほかの国とじかに接しており、いざというときには、連邦の力と資源とをもっとも必要とするであろう。ジョージアやわが国土の西部や北東部に形成される新州にとって、議会へ代表を送ることは不便であるかもしれないが、侵略してくる敵に単独で戦うことはいうまでもなく、たえず迫りくる危機への対策に要する費用を単独で負担することすら、それにもまして不便であるはずである。それゆえ、それらの州は、遠隔地に位置していない州よりは、たしかに、連邦の便益をあまり享受できない場合もあるものの、より大きな便益を得られもするのであり、全体的には適切な均衡がもたらされるであろう。

さて、わたしは、ある強い確信をもって、以上の考察を諸君、同胞市民に紹介申しあげている。その確信とは、諸君の下す決断の多くにみられる良識により、わたしの見解が十分な説得力と影響力とをもつようになるとともに、その見解がはからずも依拠しているかもしれない誤解が、いかに大きくみえたり、中身を欠いていたりしても、諸君は、連邦解体をさけぶ人びとがみちびいていこうとする陰鬱で危険に満ちた局面へはまり込むような窮地に陥ったりしないというものである。アメリカの人民は、たとえ無数の心弦によって結びつけられていようと、同じ家族の一員として一緒に暮らすことなどできない、お互いの幸福のためにお互いが保護者でありつづけることなどできない、品位をもち繁栄するひとつの偉大な帝国の司抱市民となることなどできないと告げる邪悪な声に耳を傾けるべきではない。採択するよう求められている政体は、政治の世界では新奇なものであり、無謀きわまりない予想屋の理論においてすらいまだ位置づけられておらず、達成不可能なことを軽率に試みていると苛立たしげに告げる声に耳を傾けるべきではない。いや、同胞諸君、このような邪しまな言葉には耳を塞ごうではないか。そこに盛り込まれた毒に心を閉ざそうではないか。アメリカ市民の体内に流れている同類の血は、かれらの神聖な権利を守るために捧げられた混じり合った血は、アメリカ市民の連邦《ユニオン》を聖別しているのであり、互いが異邦人、競争相手、敵になるという考えを憎悪している。もし、新奇なものは避けるべきであるというのであれば、あらゆる新奇なもののなかでもっとも警戒すべきは、あらゆる目論見のなかでもっとも無謀であるのは、あらゆる企てのなかでもっとも思慮に乏しいのは、われわれの自由を維持し幸福を促進しようとしてわれわれを分裂させることの方なのだ。それなのに、なぜ、広大な共和国が新奇なものを含んでいるというだけで、それを試みることが拒否されなければならないのか。アメリカ人が、過去の意見やほかの国の意見に適切な敬意を払いつつも、古さや、慣習、名声を盲信して、自分たちのもつ良識からうまれた知恵や、おかれた状況についての認識、経験から学んだ教訓をないがしろにすることなどなかったのは、かれらの栄光ではないのか。この高潔な精神ゆえに、かれらの後裔は、そして世界は、個々人の諸権利と全体の幸福を希求して、アメリカという舞台において提示された数々の新機軸を享受しうるのであり、見本としうるのである。前例を見いだしえないあの〔アメリカ〕革命を遂行した指導者たちにより重要な一歩が踏みだされなかったならば、倣うべき模範をもたない政体が確立されなかったならば、合衆国の人民は、いまごろ、誤って導かれた諸会議の暗鬱な犠牲者の仲間入りをしていたであろうし、よくても、人類の自由を踏みにじってきたような政体の重圧に喘いでいるにちがいない。アメリカにとって幸いなことに、そして、われわれの信じるところによれば、すべての人類にとっても幸いなことに、アメリカ人は、新しく、しかも高貴な道を選んだ。かれらは、人類史において比類のない革命をなしとげた。かれらは、地球上のどこにも模範を得られない政体の骨組みをうちたてた。かれらは、偉大な連邦《コンフェデラシー》の設計図を作成したのであり、それを改善し永続させることは、その後継者たちの責務である。たとえ、かれらの業績に不備があったとしても、われわれは、むしろ、その不備があまりにも少ないことに驚く。たとえ、かれらが連邦《ユニオン》の構造について大きな過ちをおかしているとしても、その仕事は困難極まる仕事なのであった。この連邦は、憲法会議の文書によって新たに創造された作品なのであり、そうして、諸君がいま審議し決断しなければならないのが、まさにこの文書なのである。

一七八七年一一月三〇日

第一五篇　連合規約の欠陥——邦連合としてのアメリカ

ハミルトン

ニューヨーク邦の皆さんへ。

わたしは、これまでの論説のなかで、市民としての安全と幸福とにとって連邦《ユニオン》が重要であることを、同胞市民である諸君に明確で説得力をもつよう心がけながら説明を試みてきた。わたしは、アメリカ人をつなぎとめている聖なる結び目が、野心や貪欲、嫉妬や虚説によって断ち切られほどかれてしまうのを諸君が黙認してしまうならばさらされることになる数々の災悪についてのべてきた。諸君とともに論じていきたいと考えている以下の考察において、胸の奥に沁みいるように説かれてきた命題は、これまで気づかれなかった事実や論拠の助けを借りて、はっきりと確信されるにいたるであろう。歩をさらに進めていかなければならない道が、たとえ、途中で、退屈でわずらわしくみえようとも、諸君は、自分たちが自由を享受する人びとの関心をよびおこすもっとも重大な問題についての知識を探求しているのであり、遍歴すべき荒野はもとより広大で、行く手にある道に詭弁によって施されている迷路が、旅程にふりかかる困難を不必要なまでにいや増していることを思いおこすであろう。諸君の歩みを阻んでいるものを、できるだけ簡単なやり方で、しかし拙速におちいることなく、取り除くことができるならば、それはわたしの意図に叶うだろう。

冒頭にふれた問題を論じるために、わたしの立論を進めていけば、次に検討されるべきは、「連邦《ユニオン》を維持するためには現行の邦連合では不十分である」という点である。これについては、論争もおこらず疑問も呈されず、あらゆる階層の人びとが認識においても感情においても同意しており、つまるところ、新しい憲法の支持者だけではなく反対者によっても承認されているのに、いまさらなぜ、論証もしくは証明しなければならないのかと尋ねるむきもあるだろう。たしかに、ほかの争点では見解の相違が見られるが、少なくとも、われわれの政治体制には致命的な欠陥があり、無政府状態へ陥らないようになにかがなされる必要があると考える点においては、これらの人びとは概して一致しているといわざるをえない。それを裏書きする諸事実については、もうふれなくてもいいだろう。それらの事実は、一般人民の感覚に迫り、ついには、いまわれわれが直面して難局の大方の原因となっている誤った方策をとった人びとに、連邦《ユニオン》を支持する有識者たちによってずっと指摘され悔やまれてきた現行の連合政体の弊害について、それが存在することを不承不承ながらも告白させるにいたった。

じつに、われわれは、これ以上ない国辱的段階に達せんばかりであるといっていいのである。独立国家としての誇りを傷つけ、その品位を貶めうるもので、われわれが経験していないものはほとんどなにもない。一般に敬意を払われている絆にしたがってわれわれが守らなければならない約束などあるのだろうか。これらの約束は、たえず恥知らずなほどに破られている。われわれは、政治体としての維持を図るために危急存亡のときに契約を結んだ外国人や同胞市民に、債務を負っているのではないか。償還についての適切で満足のいく用意もないままに、それは残っている。われわれは、〔講和条約の〕明文規定によってずっと以前に割譲されていた貴重な領土や重要な基地をある外国〔イギリス〕の手に握らせているのではないか。それらは、われわれの権利のみならず利益に反して、かの国に保有されている。しかし、われわれは、その侵略に憤り、それを跳ね返す状態にはない。われわれは、軍隊も国庫も政府(1)ももっていない。われわれは、威厳をもって抗弁する状態にすらない。講和条約との関連でいえば、われわれの側の誠意に対する正当な非難をまずなによりも取り除くべきである。われわれは、自然の摂理と条約とにより、ミシシッピ川の航行に自由に参入できるのではないか。スペインは、われわれをそこから排除している。公的信用は国の危機に際しては不可欠な資源なのではないか。われわれは、その目的を自暴自棄的で取り返しのつかないものとして放棄しているようにみえる。通商は国富にとって重要なのではないか。われわれの通商は、衰退のきわみにある。外国列強の目に尊敬をかちえていることは、外国による侵略への予防策になるのではないか。われわれの政府が弱体であるために、諸外国は、われわれと交渉をもつことすらできない。在外公使たちは、似非《えせ》主権国のお飾りにすぎない。土地評価額の急激で不自然な低下は、国難の徴候ではないのか。国土の大部分において、開墾地の土地価格は、市場における未開墾地の供給量によって説明されうる価格よりもはるかに低く、それは個人信用および公的信用の欠如によってのみ十分に説明される。事実これらの信用の欠如は、すべての階層に驚くほど広くいきわたっており、そのまま、あらゆる種類の資産価格の低下につながっている。個人信用は、産業の友であり、奨励者ではないのか。金銭の貸借にかかわるもっとも有益な信用は、ごく狭い範囲でしか通用していないが、それは、通貨の不足というよりもむしろ保証が裏打ちされていないという観測から生じている。喜びも教訓もなんら与えることのできない詳細をこまごまとのべなくてもすむように、われわれのように自然の特別な恩恵に満ちている社会に致命的な無秩序、貧困、矮小さの全国的な蔓延に関するもののなかで、われわれがみな被っている災厄をしめす陰鬱な目録に載らない項目がいったいあるのかと問いが出されるかもしれない。

これは、憂鬱な状況であり、われわれをこのような状況に陥らせたのは、憲法案を採択するのをいままさに妨げ、われわれを断崖絶壁に追いやるだけでは満足せず、その下に待ちうけている深淵に突き落とそうとしている諸原理や諸会議である。さて、同胞諸君。啓発された人ならばだれでも突き動かされるはずの動機にかられて、われわれの安全、平穏、威信、名声のために確固たる態度をとろうではないか。そして、ついには、幸福や繁栄の道をあまりにも長くわれわれに忘れさせていた命取りの魔法から逃れようではないか。

すでにのべてきたように、たしかに、異議をさしはさめないほど確固とした諸事実により、現行の国家形態には重大な欠陥があるという抽象的な命題については、一般的な同意とでもいうようなものができあがっている。しかしながら、連邦を模索する方策に以前から反対している人びとの側では、妥協を成立させうる匡正手段にたいしてただ原理的な観点からする猛烈な反対により、妥協することの効用は損なわれている。かれらは、現行の連合政府が活力を欠いていることを認めながらも、その活力を満たすのに必要な権限をそれに与えることに反対する。かれらは、いまだに、矛盾し調和しがたい事柄――邦の権限を弱めることなく連邦の権限を増加させること――連邦への主権の付与と邦の完全な独立――を目的としているようにみえる。要するに、かれらは、帝国内帝国という政治的怪物を盲目的な献身により育てようとしているようだ。このような反対派の態度は、連合規約の根本的欠陥を白日の下にさらさざるをえなくする。というのは、われわれが被っている災厄は、微細で部分的な欠陥によってひきおこされたのではなく、建造物の構造上の基礎的な欠陥によるものであり、その建造物の第一原理である柱石を変えないかぎり欠陥は匡正されえないことをしめす必要があるからだ。

現行の邦連合《ユナイテッド・ステイツ》の構造上の重大にして根元的な弊害は、**政治体**もしくは**集合体**として、それを構成する**諸個人**とは区別される**邦**もしくは**邦政府**にたいして立法するという原理にある。この原理は、連合に委託されたすべての権限に及んでいるわけではないが、この原理が浸透し支配している権限に残りの権限の効力も依拠している。経費割当てに関する規則をのぞいて、邦連合は、兵員と金銭とを請求する無制限の裁量権をもっているものの、アメリカの各市民に直接適用される規定によって兵員や金銭を調達する権限は有していない。その結果、これらの目的に関する〔連合会議の〕決議は、理論的には、連合を構成する諸邦を憲法上拘束する法律ではあるが、実際には、邦が任意に遵守したり無視したりする勧告にすぎない。

この論点に関して、われわれは経験からあらゆる警告を得ているにもかかわらず、旧憲法〔連合規約〕の命取りともなり、それ自体**政府**という概念とあきらかに相容れないこの原則、すなわち、もしそれが実行されるようなことがあれば、文民執政官の穏和な支配に代えて暴力的で血なまぐさい剣の代理人をおくことになるにちがいないこの原則から逸脱しているとして、新しい憲法に反対している人びとが散見されるというのは、人間の気まぐれさをこのうえなくしめす例である。

時間、場所、付帯条件、存続期間についての詳細をすべて規定し、将来の裁量にはなにものも委ねず、その履行を当事者の信義に任せることによって、条約のなかに正確に記載された一定の目的のために、独立国家同士が連盟もしくは同盟を結ぶという考え方は、不合理ではないし実行不可能でもない。この類の条約は、あらゆる文明国のあいだに存在するが、それらの国々は、条約締結国の利益や情念が命ずるままに、平和や戦争、条約の遵守や破棄という転変に始終さらされている。今世紀初頭、ヨーロッパでは、このような条約を結ぼうという流行病にも似た欲求の高まりがあった。当時、政治家たちは、おろかにも条約によって恩恵を被ることを期待したが、それは決して実現されなかった。ヨーロッパにおいて、勢力均衡と和平とを達成しようという意図をもって、外交交渉のあらゆる方策が使い尽くされ、三国同盟もしくは四国同盟が結成された。しかしながら、それらの同盟は結成されるやいなや破棄されたのであり、そのことは、信義の義務以外に制裁手段をもたず、和平と正義についての大まかな考慮によって直接的な利益や情念のひきおこす衝動を抑えようとする条約が、いかにあてにならないかという有益ではあるが苦い教訓を人類に与えている。

　このアメリカにおいて、各邦が相互にヨーロッパの条約のような関係をもとうとし、共通の事柄について**自由裁量権をもつ統轄者**という構想を断念するのならば、その同盟計画は、致命的であるほかはなく、冒頭に列挙した災厄のすべてをわれわれにもたらすであろう。しかし、それは、少なくとも、矛盾を含まず実現可能であるという利点をもっている。この計画は、一つの連邦政府〔の形成〕について検討することを一切やめて、単純な攻守同盟をうみだすであろうし、外国の陰謀によって助長された嫉妬と敵愾心とがわれわれを捉えるようになるにつれて、われわれを互いに味方か敵かという二者択一的な状況におくことになろう。

　しかしながら、もし、このような危険な状況におかれるのに反対し、もし、一つの国家的政府という構想、いい方を変えるならば、単一の共同議会の監督のもとでの統轄的権力という構想になお固執するのならば、われわれは、同盟と政府との特有のちがいを浮き彫りにすると考えられる構成要素を憲法案に組み込むべく決意しなければならない。われわれは、連邦の権限を市民――これだけが政府の固有の対象である――のひとりひとりにまで拡げなくてはならないのだ。

　政府は立法権をもっている。法の本質的な意味は、それが制裁手段、いいかえれば、違法行為にたいする刑罰をともなっているということである。もし、違法行為になんら刑罰が科されないのであれば、法であると称している決議や命令は、実際には、助言か勧告にしかすぎないであろう。刑罰は、どのようなものであれ、裁判所および法務大臣の所轄機関もしくは軍隊、すなわち文民による**強制**か武力による**強制**かのいずれかの手段でのみ科されうる。いうまでもなく、前者は個々人にのみ適用され、後者は、必然的に、共同社会もしくは邦といった政治体に適用されるにちがいない。後者の場合、法の遵守を最終的に強制しうる裁判制度が存在しないのはあきらかである。政治体の義務不履行にたいして判決が下されるかもしれないが、その判決は、剣の行使によってのみ実効をともないうる。統轄的権威が、その構成要素である共同社会の集合体としての側面にのみ効力をもつような連合体においては、あらゆる法律違反は戦争状態にほかならず、軍事力の行使のみが、政治体内において法を遵守させる手段となる。そのような状態は、政府とよぶに値しないし、賢明な人ならだれでも、みずからの幸福をそれに委ねはしないであろう。

連合会議の規定に邦が違背することは考えられないであろうし、共通の利益という感覚が諸邦の行為を支配し、連合規約にもとづく連合の要請にはすべてしたがうであろうといわれた時期があった。われわれが、知恵の最良の啓示である経験から多くを学んできている現在においては、この言葉は、いまそれと同じところから聞えてくるほかの大部分の言葉と同様に、的はずれに聞えるだろう。この言葉は、いつでも、人間の行動を本当に駆りたてている原因を読み違えていたし、政治権力を確立させた本来の誘因を誤解していた。そもそも、なぜ政府が樹立されるのだろうか。個々の人間の情念は、抑制されなければ、理性と正義の命ずるままにならないからである。個々の人間より人間の集合体の方が、清廉かつ無私に行動するということがこれまでにあったであろうか。人間の行動について正確な観察を行なっている人ならだれでも、それとは逆の判断を下してきたし、しかも、その判断は明白な根拠にもとづいている。名声への配慮は、悪しきふるまいにたいする非難が個人に降りかかる場合よりも、多数の人びとにふりわけられる場合の方が、強い動機づけにならない。党派心は、その害毒をあらゆる人間集団の思考に混入させ、集団を構成している個々人を、個人的には恥じ入らせるような傍若無人なふるまいへと急きたてるであろう。

以上のべてきたことに加えて、主権は本質的に、その執行を委ねられた人びとが、行使にあたって外部から抑制されたり指図されたりするのを邪悪な目で見がちになるというように、統制されることへの憎悪を含んでいる。この感情からおこるのは、共通の利益によって複数の小主権国を連合させるという原則にたって結成された政治連盟のいずれにおいても、その連盟に付随もしくは従属している惑星群には軌道を逸脱する傾向が見られ、その運動により、それぞれの惑星が中心から飛びだそうとする恒常的な作用をもつようになるということである。八三権国がもつこの傾向を説明するのはそれほどむずかしくない。それは、権力欲に起因している。統制もしくは削減された権力は、たいてい、統制もしくは制限する権力の競争相手であるか敵である。この単純な命題は、国家連合の各構成国の国事を委託されている人びとが、つねに、情念に惑わされることなく、公共の利益に専心して、統轄的権威の決議や布告を執行するということを期待できる理由がいかに乏しいかをわれわれに教えてくれるであろう。人間の本性からおこるのは、この期待とは逆のことである。

それゆえ、もし、国家連合の諸方策が、各構成国政府の介入なしには実行されえないのならば、そもそも、それらが実行される見込みはほとんどないであろう。各構成国の統治者は、かれらが憲法上の権利をもっているかどうかにかかわりなく、自分たちで連合の諸方策の適否を判断しようとするであろう。かれらは、提案や要求が自分たちの目先の利益や目的にかなっているかどうかを、いいかえれば、その受諾が短期的にもたらす便益と不利益とを秤《はかり》にかけるであろう。この損得勘定は、私欲と疑惑の念にかられた詮索を伴い、正当な判断に不可欠な全体の状況と国家理性とについての認識を欠き、かならずといってよいほど決定を誤らせることになる地域利益誘導への強烈な偏愛に満ちているであろう。連合を構成している各単位内においても、これと同じ経過が繰り返されるにちがいない。

全体会議で立案された計画の実施は、つねに、各地方の未確認情報に基づく偏狭な見解に左右されるであろう。代議体の議事進行に精通し、外部からの圧力がない場合には、重要な争点についてそれが一致団結した決議を行なうのはむずかしい場合が多いことを知っている人びとならば、互いに離れたままで、別々の時期に、異なった感覚で判断している代議員たちが、長期にわたって、同じ見解で同じ方向に協調するのは不可能にちがいないとすぐに理解するはずである。

われわれについていえば、連合規約のもとでは、連合から発せられた重要な方策はすべて、それを完全に実施するためには、一三のそれぞれの主権国の意思が一致することが必要条件とされている。そうして、予見されていたようになった。連合の方策は実施されていない。各邦の不履行は、つもりつもって極限に達し、ついには、中央政府のすべての車輪を食い止め、立ち往生させてしまった。各邦が、現在名目だけ存在する連合政府に代えてより実質的な機構を設けることに同意できるようになるまでは、連合会議は、いまのところ、統治機構を維持しつづける手段をほとんどもちあわせていない。事態は、一挙にこの絶望的な状態に陥ったのではない。これまでのべてきた諸原因により、当初は、連合の要請へのわずかに不平等で不均等な応諾のちがいがあったにすぎない。いくつかの邦の分担金の巨大な未払い額は、支払いに応じている邦や未払い額が少ない邦に、見本となる口実や私欲への誘惑を与えた。なぜ、われわれは、同じ政治的航海で同船しているのに、未払いの邦にくらべて割当て以上のことをしなければならないのか。なぜ、われわれは、割り当てられた共通の負担額を超えて支払うことに同意しなければならないのか。こうした疑問は、人間の利己心が抗《あらが》うことができず、先々の結果をおしはかるような思索的な人ですら躊躇なしには排除できない内容を含んでいる。目先の利益や便宜の甘言にのった邦は、しだいに連合への支持を取り下げていき、いまや、もろくぐらついている殿堂は、われらが頭上に倒れんとし、その廃墟の下にわれわれを押しつぶそうとしているようにみえる。

一七八七年一二月一日

(1)　わたしは、連邦のことをいっている。

第一六篇　前篇のつづき　ハミルトン

この篇は、前篇の論題である「現行の連合の欠陥」について、ひきつづき論じ、個々の市民に直接権限を行使できる連邦政府を樹立するよう訴えている。現行の連合規約で認められている邦主権は、アメリカに無秩序、内戦、連合の死、もしくは専制をもたらすとされる。

第一七篇　前篇のつづき　ハミルトン

連合政府が各邦政府の権限を侵害するよりも、邦政府が連合政府の権限を侵害する方がたやすいと論じる。その主たる理由は、邦政府の方が人民の愛着を得やすく、直接かれらの利益にかかわる活動をしていることにある。なお、現行の連合体制と封建制との類似点を強調するハミルトンは、強力な封建領主と弱い君主とが対立していた封建制の時代を無政府状態と捉えている。

第一八篇　前篇のつづき　マディソン〔ハミルトン協力〕

古代ギリシアにおける都市国家の連合の歴史を概観して、集権化の程度の弱い連合体制は、無秩序に陥りやすいと結論づけている。

第一九篇　前篇のつづき　マディソン〔ハミルトン協力〕

おもにドイツ諸邦の連合の歴史をたどり、それが弱体でありながら維持されてきた理由をあきらかにしている。また、スイスは連合とはよべないといいながらも、各カントンの結合の仕方の特徴を検討している。

第二〇篇　前篇のつづき　マディソン〔ハミルトン協力〕

ネーデルランドの連合の特徴を論じている。連合政体において専制が生まれる原因を、執行権力者が憲法上の権利を最大限に行使することにではなく、弱体な政府組織に求めている。

第二一篇　前篇のつづき　ハミルトン

連合規約の欠陥として、連合会議がその決定を執行する強制力をもたないことと、歳入の調達方法を各邦への分担割当制に求めていることが指摘されている。

第二二篇　前篇のつづき・結論　ハミルトン

ハミルトンは、さらにつづけて、連合規約の欠陥として、通商規制権の欠如、募兵権・軍隊編成権の不備、連合会議における各邦平等な投票権、司法権の欠如を挙げている。かれは、これらの欠陥を克服するには、連合規約の修正ではなく、全面的な改変が必要であり、その改変は直接人民の同意を得て行なわなければならないと説いている。

第二三篇　連邦の維持と強力な権限

ハミルトン

ニューヨーク邦の皆さんへ。

この連邦《ユニオン》の維持にとって、少なくとも現在提案されているのと同じ程度に強力な憲法が必要であるということ、これが、これから検討しようとしている問題点にほかならない。

この検討は、おのずから三つの分野に分けてなされることになろう。すなわち、連邦政府によって達成されるべき目的、それらの目的を実現するにあたって必要な諸権限、この権限が行使される対象となる人びと、この三つである。なお、この権限の配分および組織については、次篇以降で取り上げるほうが適当であろう。

連邦が果たすべき主たる目的は次のごとくである。すなわち、連邦構成員たる各州の共同防衛、外国の攻撃および国内の騒乱に対する公共の安全の維持、外国との通商および諸州間の通商の規制、外国との政治上・通商上の交流の管理である。

共同防衛のために連邦政府に必要な権限は、次のごとくである。すなわち、陸軍兵の募集、艦隊の建設と装備、陸海軍管理規則の制定、陸海軍の統帥、陸海軍維持のための財政的措置である。これらの権限は、何らの制限なしに与えられるべきである。というのは、国家存亡の危機について、その範囲や種類をあらかじめ予測し定義することは不可能であり、かつまた危機を克服するに必要と思われる手段について、そのしかるべき範囲や種類をあらかじめ予測し定義しておくことは不可能だからである。国民の安全を脅かすような事情は限りなく存在する。それゆえ、国民の安全の任を委ねられている権能に、憲法上の拘束を設けることは、賢明なやり方とはいえない。この権能はおよそ国民の安全を脅かすいかなる事態にも応じうるものでなければならず、また共同防衛の指揮を委ねられているのと同じ機関の指揮の下におかれなければならない。

このことは、およそ公正にして偏見なき人びとにとっては自明な真理の一つにほかならず、論争したり理由づけしたりしてみたところで、曖昧にこそなれ、より明確になるということはないであろう。手段は目的に相応したものでなければならず、何らかの目的の達成を期待されている機関を構成している人びとは、それを実現すべき手段を所有していなければならないという、簡単にして普遍的な公理に基づいているのである。

共同防衛の任に当たるべき連邦政府が存在すべきかどうか、という問題がまず第一に広く議論されるべき問題であろう。だが、この問題が、ひとたび肯定的に決定されたならば、連邦政府はこの委託を完全に遂行するために必要な権限はすべて与えられるべきである、ということになろう。そして、もし公共の安全に影響を及ぼすような事態が一定の限界に限られたものにすぎない、ということが証明されない限りは、あるいはその逆が公正かつ合理的に論駁されえない限りは、必然的な結論として次のことを容認せざるをえないであろう。すなわち、社会の防衛と保護のための権能については、その有効適切な措置に必要ないっさいの事柄——つまり、**国家的軍隊**の建設・統帥・維持に必要ないっさいの事柄に関しては、制約があってはならないのである。

現行の連合規約が欠陥の多いものであることは明らかになってはいる。右の原則は連合規約の制定者たちによってもすでに十分に認識されていたように思われるが、彼らはこの原則の実現のために適切な規定を設けることはしなかったのである。ともあれ、連合規約下の連合会議は、軍隊に募集すべき兵員ならびに軍隊維持の費用について割当を行い、陸海軍を管理し、その作戦を指揮する無制限の裁量権を有している。連合会議の割当は、各邦に対して連合規約にしたがって合法的になされ、各邦も要求された兵員および費用を提供すべき厳粛な義務の下にあるが、その意図するところは、アメリカ諸邦連合は「共同の防衛と全体の福祉〔1〕」にとって必要と判断したいっさいの資源を使用できるべきである、という点にあったことはいうまでもない。各邦が、みずからの真の利益を自覚し、誠意の命ずるままに従うならば、それだけで、連合会議に対する各邦の義務が、規則正しく遂行されることが十分に保証されるであろうと考えられていたのである。

　しかしながら、その後の経験の示すところでは、この期待は根拠なき幻想であった。公正明敏の人は、すでに前篇においてなされた観察によって十分確信されていることと思うが、現在の政治体制の基本原則そのものを、全面的に変更することが絶対必要なのである。もし誠心誠意、この連邦《ユニオン》に活力を与え、この連邦《ユニオン》を保持したいと思うならば、連邦政府が、個々の市民に対してではなく、市民の集団としての各邦に対して立法するという無益なやり方を廃止しなければならない。そして、連邦政府の法律をアメリカの個々の市民に対して、直接及ぼすべきなのである。また、各邦に対する兵員の割当制や費用の賦課制などの欺瞞的なやり方も、これまた非現実的であり、不公正であるとして、廃棄すべきなのである。こうした変更の結果は、他国の政府が通常行なっているやり方と同じように、連邦政府が軍隊を直接募集し、艦隊を建設装備し、陸海軍の建設と維持のために必要とされるだけの歳入を調達すべきであるということになる。

　もしわが国の現状に鑑み、単一の中央集権政府の代わりに、複合的な連邦政府が必要であるというならば、調整されるべき点で一番大事なことは、政府の目的をできる限り類別し、それぞれを異なった地理的行政区分や権力部門に所属せしめ、おのおのに、その遂行を委ねられた目的を達成するのに十分な権能を与えることである。連邦は共同防衛の担当者となるべきであろうか。この目的のために陸海軍や予算は必要であろうか。もしそうならば、連邦政府は、これらに関係あるいっさいの法律を制定し、規則を制定する権限をもつべきである。通商についても、いやおよそ連邦政府の管轄の及ぶ事柄について同様でなければならない。同一州内の市民間裁判は、地方〔州〕政府に委ねてしかるべき部門であろうか。もしそうならば、地方政府はこの目的に関連あるいっさいの権能を所有すべきであろう。また地方政府の一定の承認と指示とに委ねられている他のいかなる目的についても同様でなければならない。いかなる場合でも、およそその目的に相応する権力を与えないなどということは、英知分別の明らかに命ずるところに背くものといわなければならない。そして、不用意にも、一国の重大な利益を、それを積極的かつ成功裡に処理するだけの力ももたない機関に委ねることになろう。

公共の安全の保護を委託されている機関こそ、防衛に適した対策を立てるにふさわしい機関であろう。その機関は、情報の中心として、迫りつつある危険の緊急度を最もよく理解していることであろう。また、全体を代表するものとして、各部分の保全にも最も深い関心をもっていることであろう。また、その機関は、みずからに託されている義務に伴う責任からして、その権能を適正に行使する必要を最もよくわきまえていることであろう。

また、その機関のみが、各州を通じて広く、その権能を及ぼすことによって、共同防衛を達成するに必要な計画と方策とを、統一性をもって確立することができるのではなかろうか。もし、全般的防衛の責はこれを連邦政府に委ねながら、その防衛を達成するに必要な実質的な権限はこれを各州政府に残しておくとなると、これは何とも一貫しないことになろう。かりにもそのような制度をとれば、その結果必ずや協力性を欠くということになってしまうであろう。さらには、戦力の脆弱化、戦争に伴う無秩序、戦争の負担・災害の不公平な分布、戦費の不必要にして耐えがたい増大、といったことを伴わざるをえなくなろう。つい先年達成したばかりのあの〔アメリカ〕革命の過程のなかで、こうした制度がどんなことになるか、いやというほど体験したばかりではなかったか。

この問題についてのいかなる見解も、公正に真理を追究しようとするものである限り、そもそも連邦政府に対し、その運営を委ねている目的すべてに関し、制限なしの権能を与えることを拒むなどということは、およそ愚劣にして危険であることを、われわれに確信させることになろう。人びとは、はたして連邦政府がその必要とする権限を十分に与えられるように組織されているかどうか、十分注意しなくてはならないのである。もし、われわれの検討を求めて現在提出されている、あるいは今後提出されるかもしれない憲法案が、客観的にみて、かりそめにも右の形体に合致しないということであれば、その案は拒否されなければならない。いかなる自由な国民もおよそ政府に対して当然委託すべき権限すら委ねるに適さないとその憲法が規定するような政府では、そもそも**国民的利益**をあずけるにはおぼつかなく、かつふさわしくない政府であるといわなければならない。もし国民的利益を信じて託するに足る政府ならば、それにふさわしい権限もまた安んじて与えてしかるべきであろう。これこそこの問題について十分検討してきた末の真の結論なのである。

憲法会議によって提案された憲法案に反対のものは、提案されている政府機関の内部構造が、人民の信託を受けるに適当でないといったことを示すことに、その反対を限定すべきであって、政府の権限の範囲について煽動的な熱弁をふるったり、無意味な揚げ足とりをもてあそんだりすべきではない。憲法案による政府の**権限**は、連邦政府の**目的**からみて、あるいは言葉をかえていえば、**国民的利益**を実現するにあたっては、決して広汎すぎることはないのである。事実それが広汎すぎることを示すいかなる立論も見あたらない。憲法案反対論者の一部によってほのめかされているように、困難は事柄の性質上おのずから存在するのであり、この国の広さからして、そのような大幅な権限を安んじて委ねるに足る一つの政府を組織することはできない、というのが正しいとなれば、われわれの見解も縮小して、もっと実行しやすい広さの範囲で活動する別々の連邦を形成するという便宜に訴えなければならないことになろう。というのも、最も重要な国民的利益の管理を改府に託しながら、それを有効適切に運営するのに欠くことのできない権限は、あえて政府にこれを与えないという愚策が、たえず出てきそうであるからである。われわれとしては、矛盾したことを中途半端に妥協させようとするよりは、いっそのこと、はっきりと二者択一のどちらかをとるべきであろう。

しかし、全アメリカを通じての一つの全体的組織の形成が、非実際的であることを証明できるとは私には思えない。もしこの点で何らかの重みをもつ主張がすでになされているとすれば、私は大変な思い違いをしていることになる。しかし、これまで本論集でなしてきた検討で、私としては、アメリカ全体を通じて一つの組織が可能なことを、生来起こりうるいかなることでも見通すような明らかな光の下にはっきり示してきたと、あえて自負している。ともかく、これだけは明らかである。すなわち、国の広さからくる困難そのものが、じつは強力な政府の必要を説くきわめて有力な論拠となっていることはたしかである。というのは、かくも広大な版図をもつ連邦を維持できる政府は、強力な政府をおいてはないことはたしかであるからである。かりにも、この憲法案の採択に反対するものの説を、われわれの政治的信条の典型とみなすとなると、現在の連合の全境界に及ぶような一つの国家組織をつくることは非実際的であると予言するような悲観的な教説を、正しいとせざるをえないことになろう。

一七八七年一二月一八日

〔1〕 連合規約第八条の規定。

第二四篇　常備軍に関する反対論への反駁　ハミルトン

憲法案は平時における常備軍の存在を禁止していないという反対論を反駁している。

第二五篇　共同防衛の必要性とその性格

ハミルトン

ニューヨーク邦の皆さんへ。

前篇で論じられた〔常備軍の設置などの〕目的は、連邦の指示の下に各州の政府が担当すべきである、という主張もあろう。しかし、もしそうなれば、それは、実際にはわが連邦の主要原則を覆すことになろう。というのは、共同防衛の責を連邦から、事実上個々の州に移すことになり、その結果、ある州にとっては過大な負担となり、すべての州にとっては危険となり、連邦にとっては有害となるからである。

アメリカの周辺にあるイギリス領植民地、スペイン領植民地、インディアン諸部族国家は、ある特定の州とのみ境界を接しているわけではなく、〔北は〕**メイン**から〔南は〕**ジョージア**にまたがり、連邦全体をとりかこんでいる。したがって、外国からの危険性は、程度の差こそあれ、各州に共通のものなのである。それゆえ、その危険に対する防衛の方策も、同様に、各州共同の機関によって審議され、共同の財政によってまかなわれるべきものである。たまたまある州が、その地方的位置のゆえに、直接危険にさらされることもありうる。たとえば、ニューヨークはこの種の州に属する。各州が個別的に防衛を負担すべきであるという案の下では、ニューヨークは、自州の直接の安全のためと、近隣諸州の間接的あるいは究極的な安全のために必要な軍備全体を、一身に引き受けざるをえないことになる。これは、ニューヨークにとってみれば公平とはいえず、他の州にとっては安全とはいえない。こういう方式には、種々の不便が伴うことになろう。たまたま必要な軍備を維持せざるをえなくなったある州が、相当の長期にわたって十分な防備の負担を負うことは、欲しもしないし、また事実できもしないであろう。その結果、連邦全体の安全が、ある特定の州の節約とか不用意とか無能とかによって左右されることになる。また逆に、そうした州の財源が豊富になり、その防備もそれに応じて強大となるならば、他の州としては、連邦の全軍事力が諸州の中で最も強力な二、三の州の掌中に帰するのを見て、警戒するようになろう。彼らは各自それに対する対抗策を講ずるようになり、その場合の口実などどうにでも工夫できる。このような状況の下では、軍備は、相互の疑心によって育成され、その本来の適当な規模をこえて増強されがちになり、各州の処理に委ねられている結果、全国的な権能を損傷し、あるいは破壊する道具ともなるおそれがある。

各州政府が、その権力欲に基づいて、連邦政府と競争関係に立つことはきわめて当然の傾向であり、連邦政府と州政府とが何らかの形で争うとなると、人びとはその居住地方の政府、つまり州政府に加担する傾向があると考えてしかるべきであることは、すでにのべたとおりである。もし、各州政府が、この大きな利点に加え、個別の独立の軍隊を所有することにより、その野心を増長させることにでもなれば、その軍事力は、各州政府にとって、憲法の認める連邦の権威に対して、あえて挑戦し、ついにはこれを覆そうという、あまりにも強力な誘惑となり、あまりにも大きな手段を与えるものになろう。他方、このような状況の下にあっては、中央政府の掌中に全国的軍隊が委ねられている状況にくらべて、人びとの自由もその安全性を失いやすい。というのは、およそ軍隊というものは、権力側の危険な道具であると見なされるものであるが、その点、人民が猜疑の眼をもって監視しているものの掌中にあったほうが、人民が心を許しているものの掌中にあるよりは、無難だからである。人民の権利を損なう手段が、およそ警戒されていないものの掌中にあるときにこそ、人民は実は最も危険な立場にあることは、どの時代の経験に照らしても明らかである。

現行の連合規約の起草者たちは、各邦が別個に軍事力を所有していることが、連合にとって危険であることを十分意識し、〔連合規約第六条で〕明文をもって連合会議の同意なくして、各邦が艦船ないし軍隊を保有することを禁止している。一つの連邦政府の存在と各邦政府への軍備とが両立しえないことは、連邦国庫制[1]による適正な資金供給と各邦に対する分担金割当制とが両立しえないことと、同様である。

すでに指摘された点以外にも、連邦議会の権力に対して制限を加えることが不適当であることを、明らかにする若干の問題点がある。先にふれた連邦憲法案反対論の意図するところは、平時における常備軍を排除することにあるが、その常備軍の禁止が、はたしてどの程度に及ぶものとして考えられているのかは、いまだ知らされていない。つまり、平時においては軍隊を維持することと同様、軍隊を募集することも禁止するのか。もし軍隊の維持だけを禁止するならば、その禁止は確たる重要性をもたないことになるし、その意図した目的にとってもさしたる効果がないものとなる。一度軍隊が募集されれば、その後は憲法の趣旨に反して「軍隊を維持する」ということは、〔具体的には〕何を指していうことになるのであろうか。どの程度の期間が過ぎれば、憲法違反だということになるのであろうか。一週間か、一カ月か、あるいは一年なのか。あるいはおよそ軍隊の募集を必要とした危険状態が継続している限り、軍隊を維持しても差し支えないというべきなのであろうか。もしそうだとすると、潜在的な、あるいはさし迫った危険に備えて、平時にも軍隊を維持して差し支えないということになろう。ということは、とりもなおさず、常備軍禁止の文字通りの意味からは逸脱することになり、自由な拡大解釈を可能にすることになる。

危険が存続しているかどうかを、だれが判断するのであろうか。それは、いうまでもなく全国的政府に委ねざるをえない。となると、全国的政府は懸念される危険に対処するために、まず軍隊を募集し、その後、社会の平和と安全とがいかなる程度であれ、ともかく脅かされていると考えられる限りは、軍隊をそのまま維持して差し支えないことになろう。このような幅広い裁量の余地があるとなると、常備軍禁止の規定を設けても、結局はその拘束力を回避するに十分な余地を残すことになるであろう。

にもかかわらず、この種の規定を設ければ役立つと思われているのは、行政部と立法部とが結託して、権利の侵害を企てる蓋然性が、少なくとも可能性がありそうだと思われていることによろう。なるほど、もしこの両者の結託が一度行われたならば、危険がさし迫っているという様子を見せかけることは、なんとも容易であろう。スペインやイギリスにそそのかされて、インディアンが敵対してくる可能性はつねにある。あえて外国に対して挑発を行って、一見危険が迫っている状況を出現させ、あとで適当なときに譲歩を行って再び緊張を緩和させるということすらあるかもしれない。かりにそのような結託行為が行われるとし、しかもその計画が十分成功の見込みをもってなされるものと考えられるとなると、軍隊はいかなる理由の下であれ、いかなる口実の下であれ、いったん募集された以上、その計画の実施のために使用されることになろう。

このような結果になることをあらかじめ防ぐために、平和時における軍隊の募集まで禁止することにすれば、現実に外からの侵略が起こるまでは、防衛の準備をすることを憲法によって不可能とされた国家という、史上かつてみないきわめて特異な状態を合衆国は示すことになる。開戦を正式に宣告するという儀式は、最近実施されなくなっているので、政府が国家防衛のために軍隊の募集を始める法的な根拠としては、まず敵軍がわが領土内に侵入しているという事実をまたなければならない。われわれは、報復の準備すらできないでいる間に、まず攻撃を受けなければならないことになる。国民が遠い危険を予期し、迫りくる戦雲に備えるというたぐいの政策は、避けなければならないことになるが、これは、およそ自由な政府の真の原則に反することである。われわれは、わが財産と自由とを、無防備のまま外国の侵略者の慈悲に委ね、われわれの無力のゆえに、さながら身を守るすべもない餌食を求めるかのごとく、敵が襲撃するままにせざるをえなくなる。というのも、為政者はわれわれ自身の選択によって選出され、われわれの意見に依存しているにもかかわらず、その為政者が自由を保持するのに必要な手段を乱用することによって、自由そのものを危険に陥れるかもしれないことを危惧しているからである。

というと、おそらく、国の民兵こそ、国の自然な堡塁であって、常時国防に従事するものであるという意見が出てくることが予想される。しかし、この考えは事実上われわれの独立を失わしめかねなかったのである。この考えのゆえに、アメリカは、使わなくてもすんだ何百万という費用を、無益に使わざるをえなかったのである。この種の兵力に依存することはできないというわれわれ自身の体験〔独立戦争〕を通して学んだ事実は、民兵こそ国防に任じるべきだという示唆にまどわされるには、あまりにも最近の事実である。よく訓練された正規軍に対抗して、着実に戦争を遂行して成功するには、ただ同種の兵力をもってのみなしうる。兵力の安定性と活動力という点からのみならず、経済上の節約という点から考えても、このことの正しさが実証される。たしかに、さきの独立戦争に際して、アメリカの民兵は数々の場合にその勇敢さを示すことによって、その名声に永遠の記念碑を打ち立てたのであった。しかし、その最も勇敢なる民兵も、いかに彼らの努力が大きく、貴重なものであれ、祖国の自由は彼らの努力だけでは達成しえなかったことを、十分に承知している。〔2〕戦争は、他の事柄と同様、勤勉によって、忍耐によって、時間によって、訓練によって、はじめて習得され、完成される一つの科学なのである。

人間事象のごく自然な経験の道理に反するような、およそ行きすぎの政策はおのずから破綻をきたすものである。この点、ペンシルヴェニアは、この言葉がまちがいでないことを示すよい例であるといえよう。ペンシルヴェニア邦の権利の章典は、常備軍は自由にとって危険であり、平時においてこれを維持してはならないことを宣言している。しかし、ペンシルヴェニアは、その一、二の郡において地方的な秩序の攪乱が発生したことから、まったくの平時であったが、一団の軍隊を募集することに決めた。そして、現在のところ、治安上少しでも不穏な様子がうかがえる限り、そのままその軍隊を維持することになりそうである。マサチュセッツの行動も、異なった根拠によってであるが、この問題についてやはりひとつの教訓を与えている。マサチュセッツ邦は、連合規約の条項にしたがって連合会議の承認を得る暇《いとま》もなく、邦内の反乱〔3〕を鎮圧するために軍隊を募集することを余儀なくされたが、反乱の気運が復活することを防ぐために、いまもって軍隊に給料を払ってこれを維持している。マサチュセッツ邦憲法自体は、こうした方策をとることを、何ら妨げるものではない。

しかし、この事例は、やはりわれわれに次のことを教えてくれている。すなわち、わが政府の下であれ、他国の政府の下であれ、平時においても軍隊を社会の安全に欠くべからざるものとすることは、よく起こるであろうし、したがって、この点について、立法部の権限をあらかじめ抑制しておくことは不適当であろうことを教えてくれている。さらにこの事例は、合衆国に適用された場合、脆弱な政府の権利など、自国民によってさえ尊敬されることがいかに少ないかを教えるものである。かてて加えて、紙の上の規定など、公共の必要には匹敵しえないことを示している。

海軍提督の地位は、同一人物に対しては二度と与えてはならないというのが、スパルタの基本的原理であった。アテナイから海上で手痛い敗北を喫したペロポネソス同盟は、かつて提督の資格で戦功をたてたことのある〔スパルタの〕リュサンドロスに、連合艦隊を指揮するように要請した。スパルタは、その同盟諸国の希望を満たそうとし、しかもその古くよりの制度を遵守しているかのごとく見せかけるため、リュサンドロスには、名目上は副提督の称号を与えつつ、実質上は提督の権限を与えるという姑息な手段に訴えたのである。この事例は、すでにアメリカ内の事例によって明らかにされてきた真理を再確認するために、引用できる幾多の事例から一つ選んでみたにすぎない。つまり、国民は、その本質上社会の必要性と相矛盾すると思われるような規則や公理は、ほとんどこれを顧みないという事実を示す一例なのである。賢明な政治家ならば、およそ守られそうもないような制約をもって、政府を拘束するようなことはまずしないであろう。というのは、基本的な法律に対する侵犯は、必要上やむをえず行われたものであれ、いかなるものでも、およそ為政者の胸中に深くおかれるべき憲法に対する厳粛なる尊敬心を傷つけるものであり、さらに、それほどの必要性が存在しない場合でも、あるいはそれほど緊急かつ明白でない場合でも、法律を侵犯してよいという先例になりかねないことを、よく承知しているからである。

一七八七年一二月二一日

〔1〕　連合規約第六条により、連合会議は課税権をもたず、連合の財政は各邦への分担金割当制によっていた。ただし、各邦は必ずしもその分担金を支払わず、連合の財政は公債発行、紙幣増刷に依存せざるをえなかった。

〔2〕　独立戦争にさいし、アメリカ側は、各邦民兵の他に、連合直属の常備軍として大陸軍(Continental Army)を組織し、これを中心に戦った。ただし、戦争の終了とともに、一七八三年大陸軍は解散した。

〔3〕　一七八六年のシェイズの反乱。

第二六篇　前篇のつづき　ハミルトン

平時における常備軍の存在と軍事目的の経費支出を二年間に制限している憲法案の規定との関係をあきらかにしている。

第二七篇　内政における連邦政府の役割

ハミルトン

ニューヨーク邦の皆さんへ。

憲法会議において提案されたような憲法は、それにもとづく法律を執行するために軍事力の助けを借りなくては機能しえないと多方面から主張されてきた。しかしながら、この説は、憲法反対派の側で確証もなく論じられている多くの事柄と同じように、漠然とした言い分にもとづいているのであって、根拠とされている理由について、なんら正確で理解可能な説明がなされていない。反対論者の隠された意図を推測できるかぎりでいえば、この説は、人民は、国内問題についてはなんであれ、連邦の権力が行使されるのを嫌がるであろうという前提に起因しているようにみえる。国内と対外とを区別することの不正確さや不可解さに異議を唱えるのは差し控えるとして、いったいどのような理由から、人民にそのような嫌悪感があると前提できるのかを考えてみよう。中央政府の権限は、州政府の権限よりもその執行が適切でないということを同時に仮定しなければ、人民のなかに悪意、不満、もしくは反感があると前提しうる余地があるようには思えない。政府にたいする信頼および服従は、通常、その執政の善し悪しに応じているというのが、一般的法則として定立できるとわたしは考えている。この法則に多くの例外があるのは認めなければならないが、それらの例外は、まったくのところ偶発的要因によって生じるのであって、憲法の本質的な長所や欠陥になにか関係をもっているとみなされるべきではない。そのような長所や欠陥は、一般的原則および一般的公理によってのみ判断されうる。

中央政府の方が邦政府よりうまく運営されるという可能性を帰納的に推論するために、これまでの論説においてさまざまの理由がしめされてきた。それらの理由のなかで主たるものを挙げておこう。選挙区の拡大は、有権者にとって選択の幅が広くなるし選択の自由度が高まる。選出された有権者の代表が集い、連邦上院の議員を任命する州議会をとおして、同上院が、概して、各州独自の関心と見解とによって構成されるようになる。こうしたことにより、全国的議会の両院において、よりすぐれた判断力と広汎な知識とが約束される。また小さな社会は、しばしば代議会を腐敗させ、社会の一部の不正や圧制を招き、さらには一時《いっとき》は好みや欲望を満足させても、ついには苦痛、不満、反感を全体に蔓延させるような企みを生じさせる党派心や、時たまおこる悪意、その場しのぎの偏見や偏愛によって汚染されるが、全国的議会ではそうしたことも少ないし、そのような影響からはるかに遠ざかっている。これに加えて、もし、われわれが設立するよう勧められている殿堂の内部構造をより仔細に観察するならば、中央政府のもつ可能性を確証する有力な理由が見いだされるであろう。ここでは、次のことにふれておけば十分である。連邦政府はみずからを人民にとって忌まわしく唾棄すべきものとするようなやり方で運営されるであろうという見解を正当化するために、十分に満足のいく理由が与えられるまでは、連邦の法律は、各州の法律にくらべて、人民からのより強い抵抗にであうであろうとか、それを執行するためになにか特別な手段（軍隊など）が必要になるだろうとかいう予測には納得のいく根拠はなんらありえない。

　刑罰を免れるという希望は煽動への強い誘因となるし、刑罰の恐怖は同じく煽動を思いとどまらせる強い誘因となる。連邦の政府は、それにふさわしい権力を所有するならば、連邦全体の協力を求められるであろうから、自州内の力しか動員できない単一の州の政府にくらべて、煽動の気運を抑え、煽動の抑制を助長することになるのではないだろうか。州内において煽動を企てる党派は、その州の政府支持派と争うことができると考えがちである。しかし、連邦のもとに結集した力に対抗できると考えるほど愚かなはずはない。もし、この考えが正しいとするなら、連邦構成の個々の州政府にくらべて、連邦政府の方が不法の徒党による抵抗の危険は少ない。

わたしは、ここで、ある人びとにとっては、それは新奇にみえるかもしれないが、といって正しくないわけではない考察をひとつ試みることにしよう。すなわち、中央の権威の作用が政府の通常の活動に混じり合うようになるにつれて、市民は、政治生活のありふれた日常的出来事のなかでその権威とふれあうことにますます慣れるようになり、中央の権威が市民の目や感覚になじむようになるにつれて、その権威は、もっとも敏感な琴線にふれ、人間の心のなかでもっとも活気にみちた源泉を鼓動させる対象へとどんどん入り込んでいくだろうし、その権威が社会からの敬意と愛着とをかちえる可能性はますます大きくなるだろう。人間は、すぐれて慣習の動物である。かれの感覚にふれることのまれな事物は、かれの精神にほとんど影響をおよぼさないはずだ。つねに遠くにあり、視界から消えている政府ならば、人民の気をひくことなどおよそできそうにない。以上のことから次のようにいえる。連邦の権威およびそれにたいする人民の愛着は、内政といわれているものにまでその権威が拡がることによって強められこそすれ、弱められはしないであろうし、その権威の執行機関が親しみをもたれ理解されるようになるにつれて、武力に訴える機会が減るであろう。人間の情念が自然に湧きでる径路を連邦の権威が流れるようになるにつれて、それは、暴力的で危険な強制手段の助けを必要としなくなるであろう。

とにかく、ひとつ自明なことがある。提案されているような政府は、それに反対する多くの人びとによって対置されている連盟形式よりもはるかに、武力行使の必要を回避しうるであろう。かれらのいう連盟形式では、その権威は、政治体もしくは集合体としての邦にたいしてのみ作用する。そのような連盟形式の連合では、武力以外に法律を支える制裁手段はありえず、しばしば発生する各邦の義務不履行は、まさにその政治形体のしからしむるところであり、義務不履行がおこるたびに、その匡正《きょうせい》を図るとしたら、それを行ないうるのは戦争や暴力だけであるということは、すでにのべたとおりである〔第一五篇、第一六篇〕。

憲法会議で発表された憲法案は、連邦政府の権威を各州の個々の市民にまで拡げることによって、政府がその法律の執行において、各州の正規の行政官を使えるようにするだろう。これにより、一般に理解されているように、法律がどちらの政府に発するかという区別はすべてなくなるであろうし、また、連邦政府がその権威にふさわしい服従を確保するうえで、各州の政府がもっているのと同じ利点をもつであろうということは容易にみてとれる。さらに、連邦政府がそれへの補助と支援とを求めて連邦全体の資源を動員する権力をもっていることが注目されるようになるならば、世論へ大きな影響をおよぼすであろう。これとの関連で、次の点をとりわけ強調しておかなければならない。連邦の法律は、列挙された正当な管轄対象については、**国の最高法規**となり、各州の立法、行政、司法をそれぞれ担当する公務員は、神聖なる宣誓によりそれを遵守することが義務づけられることになる。そうして、各州の立法部、司法部、行政部は、中央政府の正当な憲法上の権威がおよぶ範囲については、中央政府の活動のもとに組み込まれ、連邦の法律の実施にあたっては、補助機関となるであろう(1)。こうしたことの帰《き》趨《すう》を自分自身の思索においてたどれる人ならば、連邦の権力がそれに与《あずか》る各担当機関において慎重に行使されることによって、その法律は、規則正しく、かつ円満に執行されるとみなしうる十分な理由があることを理解するであろう。もし、根拠のないままにそれとは反対のことを思い描くならば、われわれは、そこからなんでも好きな結論をひきだせる。というのは、これまでに構築されたあるいは今後構築されうる最良の政府であっても、もし、その権威を無分別に執行すれば、人民を刺激し、抑制のない放縦へと突き進ませるのは、ほぼまちがいないからである。しかし、憲法案の反対者たちは、合衆国全体を統治する人びとは公共の善という動機や義務のもつ拘束力に無感覚であると考えているけれども、わたしは、それでも、かれらに、どうすれば、そのような行為によって、野心に満ちた利益や権力侵害の目論見が促進されうるのかと尋ねてみたい。

一七八七年一二月二五日

（1）　この条項〔連邦憲法第六条〕が、邦政府の滅亡をもたらすであろうということを説明するために用いられてきた詭弁については、しかるべき箇所で、十分に論破されるであろう。〔第三一篇・第四四篇参照〕

第二八篇　連邦共和国内における軍事力の行使

ハミルトン

ニューヨーク邦の皆さんへ。

中央政府が武力への訴えを余儀なくされるかもしれない事態がおこりうることは否定できない。われわれ自身の体験は、それにまつわるほかの国々の例がしめす教訓を裏づけている。すなわち、このような非常事態は、あらゆる社会において、それがどのように構成されていようとも、おこりうるであろう。騒擾や反乱は、残念なことに、潰瘍や発疹が人体につきものであるのと同じように、政治体が免れることができない病弊である。法というただひとつの強制力によって統治するという考え方(われわれは、これこそが共和政体の承認しうる唯一の原則であると教えられてきた)は、経験の教えるところを明敏さゆえにおろそかにする政治学者たちの空想のなかにだけ存在する。

もし、中央政府のもとでそのような非常事態が万が一にでもおこるとしたら、武力以外に訴えるすべはありえない。動員される手段は、損害の程度に応じていなければならない。

損害がある州のほんの一部で生じた小さな騒ぎにすぎない場合には、その州の残りの地域の民兵が鎮圧にあたればよいし、かれらがその義務をすみやかに果たすであろうことは自然の道理である。反乱の場合は、その直接の原因がなんであれ、結局のところ、連邦全体の危機となる。連邦の諸権利とはいわないまでも、全体の治安にたいする関心は、反乱の影響がいまだ伝播していない市民をそれに対抗すべく立ちあがらせるだろう。そして、もし、中央政府が、人民の繁栄と幸福とを実際に促進しているのならば、かれらがその政府への支援を断わると考えるのは不自然である。

これに対し、反乱が、ある州の全体もしくは主要部分に拡がるようなことがあれば、また別の武力が行使されざるをえない。マサチュセッツは邦内の治安紊乱行為を制圧するために軍隊を徴募する必要に迫られ、ペンシルヴェニアは、市民の一部に騒ぎがあることをたんに憂慮して、同じような手段に訴えた方がよいと考えていたようにみえる〔1〕。ニューヨーク邦がヴァモントの住民にたいする失われた支配権を回復しようとしていたと想定してみよう〔2〕。同邦は、民兵のみの奮闘だけでそのような試みを達成できると望みえたのだろうか。同邦は、その目論見を達成するために、正規軍のようなものを編成、維持することを余儀なくされたのではないだろうか。もし、このような非常事態にさらされたとき、邦政府においても、民兵とは異なる武力に頼らなければならないのであれば、中央政府が同じような難局において同じような必要に迫られるという可能性は、なぜ後者の政府が存在することへの反論になるのだろうか。連邦《ユニオン》への愛着を漠然と表明している人びとが、かれらが主張している案に一〇倍もあてはまることを、あるいは、真理に根ざしているかぎり、広い領域に及ぶ政治社会の当然の帰結となることを、憲法案への反論として説いているのは、驚くべきことではないか。小共和国をたえず苦しめる病弊となっているとどまることのない争乱や頻発する革命より、いまのべた可能性の方が好ましいと思わないものがあろうか。

これまでの考察を、別の観点からながめてみよう。単一の連邦政府の代わりに、二つもしくは三つ、あるいは四つの連合が形成されても、これらの連合のいずれについても、その運用に対して同じ異議が申したてられるのではないだろうか。これらはいずれも同じ惨事に見舞われるであろうし、そして、実際、それに見舞われたとき、その権威を支えるために、連邦政府には認めようとはしない同じ手段へ訴えざるをえないのではないだろうか。このようないくつかの邦連合の場合、民兵は、単一の連邦《ユニオン》の場合よりも、連合の権威を支える意思や能力をもっているのだろうか。公平で聡明な人ならばだれでも、反論のもつ原則は、単一の連邦の場合にも複数の連合の場合にもひとしく適用されうること、われわれがすべての州を含む単一の政府をもつのであれ、いくつかの邦ごとに異なった政府をもつのであれ、共同社会の治安を維持するために、あるいは、反乱や内乱にいたるような暴力的なまでの法律の侵害に対して法律の正当な権威を維持するために、ときには、民兵とは別に編成される武力を用いざるをえないということを、熟慮のうえ承認せざるをえまい。

この論題についてほかにあれこれ考察しなくても、平時の軍隊にかんしてより明確な規定を要求する人びとに対しては、提案されている政府のすべての権力は、人民の代表の掌中にあるというだけで十分な答えになる。これは、人民の権利や特権について、政治社会において達成しうる不可欠の、そして結局のところ唯一の有効な保障手段なのである。(1)

もし、人民の代表が有権者を裏切るようなことがあれば、自己保存という原初的権利を行使する以外になんら手段は残されていない。この自己保存の権利は、実在するあらゆる政府に優先し、しかも、各州の統治者の権力簒奪よりは全体の統治者の権力簒奪に対してその方が、それが行使された場合に成功する見込みがはるかに高い。単一の州においては、もし、最高権力を付与された人物が簒奪者になったときには、その州を構成している下位の区分単位はなんであれ、それぞれ独自の政府をもっているわけではないので、自衛のためにあらかじめ用意された手段をとることができない。市民たちは、互いの協力も、組織編成も、資源もなく、勇気と絶望だけをもってあたふたと武器を手にするにちがいない。簒奪者は、きわめて容易に、合法的な権威をさまざまに身にまとって、抵抗する人びとを未然に粉砕することができる。国土が狭ければ狭いほど、人民が用意周到で規律のとれた抵抗計画を立てることはむずかしくなるし、かれらによる抵抗の芽を摘んでおくことはやさしくなる。抵抗工作やその動向にかんする諜報は即座に収集できるし、簒奪者の手のうちにある軍事力は、抵抗がはじまった地域にむけてすみやかに動員されうる。このような事の次第は、人民の抵抗を成功にみちびく条件と奇妙にも裏合わせになっている。

市民が、自分たちの諸権利を理解し、それらを守ろうとしているかぎり、簒奪への防壁と抵抗の手段とは、国家の領土が広いほど増えてくる。小さな社会よりも大きな社会の方が、政府が人為的にもつ力にくらべて、人民のもつ自然的な力が強い。そして、もちろん、その力は、専制をうちたてようとする政府の企みに抗するに十分かなっている。しかしながら、連合においては、誇張を混じえることなく、人民は完全に自分自身の運命の支配者であるといってもよいであろう。権力はほぼ例外なく権力の敵であるので、中央政府は、いつでも、州政府による簒奪を抑制しようとするであろうし、州政府も中央政府に対して同じような態度で臨むだろう。人民は、天秤のどちらかに身を投じることにより、確実に秤を一方に傾かせるであろう。もし、人民の権利がどちらか一方によって侵害されるならば、かれらは、もう一方の側を権利回復の手段として利用できる。連邦《ユニオン》を愛することによって、それほど高くつくわけではない利点を自分たちの側に維持しておくことはなんとも賢いではないか。

州政府が、おこりうるあらゆる不測の事態において、全国的政府による人民の自由への侵害に対して申し分のない防衛手段を提供することは、われわれの政治体制のひとつの公理として理解してもさしつかえない。簒奪の計画は、人民全体のみならず人民の代表の目をのがれるよう偽装しても隠しおおせるものではない。各州の立法部は、すぐれた通報手段をもっており、遠くにある危険を察知できる。また、政治権力のあらゆる機関を保持し、人民の信頼を集めているために、社会のすべての資源を組み合わせて用意周到な抵抗計画をすみやかに採用することができる。さらには、各州の立法部は、互いに滞りなく交信できるし、共通の自由を守るために、共通の武力を一体化させられる。

広大な国土もまた安全保障策となる。われわれは、すでに、外国の攻撃に対してそれが役に立つことをすでに経験している。そして、広大な国土は、全国議会における野心的な支配者の企てに対しても、まったく同じ効果をもつであろう。もし、連邦の軍隊が、ある州の抵抗をねじ伏せたとしても、遠方にある諸州が、真新しい軍隊でそれに抵抗できるであろう。ある場所で確保した優勢は、ほかの場所での抵抗を制圧するために放棄されねばならない。屈服させられていた地域が放置されるならば、そこでの武装は一新され、ふたたび抵抗がはじまるであろう。

われわれは、軍事力の限度は、結局のところ、一国の資源に左右されざるをえないということを想起すべきである。遠い将来まで、大規模な軍隊はもてないであろう。軍隊を増強する手段が多岐になるということは、社会において人口と自然の資源力とがそれに見合うように増えるということである。巨大な帝国の人民が、各州政府をとおして、独立せる諸国家のもつ敏速さ、用意周到さ、およびまとまりのよさによって自衛の手段を講じられる状態にあるのに、いったいいつ、連邦政府は、大多数の人民のうえに専制政治を樹立しうる軍隊を徴募し維持できるときがやってくるのだろうか。そのような危惧は、論証や説明の材料のなかには治癒策を見つけられない疾患とみなしてもよい。

一七八七年一二月二六日

(1) その十分な効果については、のちに検討されるであろう。

〔1〕 ワイオミング(連邦を構成する州となるワイオミングではない)渓谷の住民たちは、ペンシルヴェニア邦からの離脱を試みたことがあった。

〔2〕 ヴァモント州は、もともとニューヨーク邦の一部であった。

第二九篇　民兵について　ハミルトン

連邦政府が民兵の統帥権をもつことは自由にとって脅威であるという反対論を反駁している。

第三〇篇　課税権について　ハミルトン

後に初代の財務長官となるハミルトンは、以下の七篇において、この論題を集中的に取りあげている。かれは、「金銭は政治体の生命の源である」という観点から、拠出制と割当制によって歳入に関する権限を縛られていた点に連合規約の欠陥があったと論じる。

第三一篇　前篇のつづき　ハミルトン

前篇の後半で説いた連邦政府は無制限の課税権を持つべきであるという主張をひきつづき論じている。そのような権限は州政府を解体させるという反論にたいして、連邦政府が州政府の権限を侵害するよりも、人民を味方につけやすい州政府が連邦政府の権限を侵害する方がやさしいと反駁している。

第三二篇　前篇のつづき　ハミルトン

連邦政府と州政府とが、課税権を共有する分野と、それぞれが排他的に課税権を管轄する分野とを分けている。

第三三篇 「必要にして適切」条項と「最高法規」条項

ハミルトン

ニューヨーク邦の皆さんへ。

課税に関する憲法の規定への反対論のうち、残っているのは、次に引用する憲法の条項に関連して出てきたものである。ここで考察している憲法案の第一条第八節の最終項は、国の立法部に、「この憲法により、合衆国政府またはその部門もしくはその公務員に対して与えられた他のいっさいの権限を行使するために、必要にして適切なすべての法律を制定する」ことを認めている。さらに、第六条二項は、「憲法、これに従って制定される合衆国の法律、および合衆国の権限によりすでに締結されまた将来締結されるすべての条約は、国の最高法規である。この最高法規によって、各州憲法または州法律中に反対の規定ある場合といえども〔各州の裁判官は、これによって拘束される〕」と規定している。〔1〕

これら二つの条項は、憲法案に対する敵意に満ちた非難や怒りに満ちた熱弁の原因となってきている。これらの条項は、地方政府を破壊し、人民の自由を根絶する有害な道具

——その貪欲な顎が、老若男女を問わず、地位の貴賤を問わず、聖俗を問わず、だれをも容赦しない忌まわしい怪獣——であるというように、はなはだしく誇張された不正確な描き方をされて人民に提示されてきている。しかしながら、このような怒号にもかかわらず、二つの条項を図らずもわれわれと同じ観点から観察していない人びとにとっては奇異に聞こえるかもしれないが、もし、両条項ともすべて削除されたとしても、設立される予定の政府の憲法上の運用は、あたかも、それらの条項が憲法の各条項で繰り返されているかのように、削除されていない場合とまったく同じであると確信をもって断言できる。二つの条項は、連邦政府を構築し、一定の列挙された権限をそれに付与するという行為自体から当然かつ不可避的に含意される真理をのべているにすぎない。これは、あまりにも明快な命題なので、節度だけをもってしては、憲法案のこの部分にたいしてたえることなく発せられている罵声を、平静心を失わずして聞くのはむずかしい。

権力とは、なにごとかをなす能力もしくは力量ではなくして、なんであろうか。なにごとかをなす能力とは、その実行に必要な手段を用いる権力でなくして、なんであろうか。**立法**権とは、**法律**を制定する権力でなくして、なんであろうか。**立法**権を行使する手段とは、**法律**でなくして、なんであろうか。税を賦課し徴収する権力とは、税を賦課し徴収する立法権、すなわち法律を制定する権力でなくして、なんであろうか。そのような権力を執行する適当な手段とは、必要にして適切な法律でなくして、なんであろうか。

このような一連の単純な問いかけはそのまま、不満を申したてられているこの条項の本当の性格を判断する試金石になる。このような問いかけによって、われわれは、税を賦課し徴収する権力は、その権力を執行するために必要にして適切なあらゆる法律を可決する権力でなければならないという明白な真理にいきつく。そうして、件《くだん》の不幸にも中傷されている条項は、同じ真理を、すなわち税を賦課し徴収する権力がすでに付与されている連邦立法部が、その権力を行使する際に、それを効果あらしめるべく必要にして適切なすべての法律を可決しうるということを宣言している以上になにを意味しているというのだろうか。わたしが、これらの考察をこのようにとくに課税権について行なったのは、それが直接の検討の対象であるからであり、連邦に付与するよう提案された権限のなかでももっとも重要であるからである。しかしながら、憲法に明示されたほかのすべての権力についても、同じような推論は、同じような結果をもたらすであろう。そして、誤って、包括的条項とよばれているこの条項が、連邦立法部に必要にして適切なすべての法律を可決する権限を与えているのは、あきらかに、これらの権限を執行するためなのである。もし、なにか異議の出そうなものがあるとしたら、それは、この一般的な言明が根拠をおいている列挙された権限に求められるべきである。この言明自体は、不必要な繰り返しであるとか余分であるとか非難されるかもしれないが、少なくともまったく無害なものである。

しかし、**疑惑の念**は、ではなぜそれが盛り込まれたのかと問うかもしれない。その答えは、次のようになる。それは、用心に用心を重ねるために、そして、今後、連邦の正当な権限を削減したり、その網を潜ろうとしたがる人びとが精巧な屁理屈をならべたてるのを防ぐために、盛り込まれているにすぎない。連邦憲法会議は、われわれの公共の利益をもっとも脅かす危険とは、州政府が連邦の基礎を最後には掘りくずすことにあると説くことが、この一連の論説の主たる目的であるとおそらく予見していたのであり、それゆえ、きわめて枢要な点において、解釈の余地を残しておかない方がよいと考えたのかもしれない。その条項を盛り込んだ動機はなんであれ、そのような予防策がいかに賢明であったかは、それに浴びせかけられた叫びからあきらかである。というのは、まさにその叫びは、その規定において宣言することがあきらかな目的であった崇高にして肝要な真理に異議を唱えようという傾向を露呈してみせているからである。

しかし、それでもなお、連邦の権限を執行するために可決されるべき法律が必要にして適切であるとだれが判断するのかと問われるかもしれない。わたしは、まず、この疑問は、宣言条項についてだけでなく、連邦に権限が付与されているということ自体についても提起されていると答えておく。そして、次に、ほかのあらゆる政府と同じように、中央政府が最初にそれらの権限の適当な執行について判断を下し、そののち、その構成者である人民が最終的な判断を行なうと答えよう。もし連邦政府が、その権能のゆだねられた範囲を逸脱し、その権限を専制的に行使するようなことがあれば、連邦政府を設立した人民は、かれらがつくりあげた尺度に訴え、憲法になされた侵害を取り除くために、切迫した事態に即応し思慮深さに裏づけられた手段を取らねばならない。憲法に照らし合わせてみたときの法律の適切さは、つねに、その法律制定の根拠となっている権力の性質によって決定されなければならない。連邦の立法部が、その権限をいくらか曲解することによって（実際には、あまり考えられないことではあるが）ある州の相続法を改正しようとしたと仮定してみよう。そのように試みた際に、連邦の立法部は、その管轄権をこえ、州の管轄権を侵したことは明白ではないだろうか。あるいはまた、連邦の立法部が、連邦の歳入に差し障りがあるという口実のもとに、州の権限によって賦課された土地税を廃止しようとしたと仮定してみよう。これは、憲法が明確に州政府に存するとみなしているこのような課税権に関する共同管轄権の侵害であることは同じように明白ではないだろうか。それでもまだ、この点につき疑問があるというのであれば、その手柄は、ひとえに、連邦憲法会議の憲法案に敵意をもつという無分別な熱意をもって、明々白々な真理を見えにくくすることをもくろんで、憲法案を暗雲のなかに封じ込めようと励んでいる論者たちに帰せられるべきであろう。

しかし、連邦の法律は国の最高法規であるとのべられている。では、もし、連邦の法律が最高法規でないとすれば、そこからどのような推論がひきだされ、その法律はどのようなものになるのだろうか。それが有名無実に帰すことはあきらかである。**法律**とは、その言葉の意味するところでは、至上権を含んでいる。その規定に服する人びとが遵守する義務をもつ規則である。このことは、政治的結合においてはつねにおこる。もし、複数の個人が社会状態にはいると、その社会の法律は、かれらの行動を規制する最高の存在とならねばならない。もし、いくつかの政治社会がより大きな政治社会に加盟するなら、後者がその憲法によりみずからに付与されている権限にしたがって制定する法律は、必然的に、小政治社会やそれを構成している個々人にたいして最高法でなければならない。そうでなければ、法律とは当事者の善意に依拠しているたんなる条約であり、**政治権力と至上権**の別名に他ならない政府とはかかわりがないだろう。しかしながら、この原則は、憲法によって認められた権限に従わず、小政治社会がもつ残余の権限を侵害する大政治社会の法律が、国の最高法規になるということを意味しない。それらの法律は簒奪による立法であり、そのようなものとして扱われるべきであろう。かくして、さきほど考察したもう一つの条項と同じように、連邦の法律の最高法規性を宣言した条項は、連邦政体という制度から直接かつ必然的に出てくる真理をのべているにすぎないことがわかる。憲法会議における慎重策のただの一例としてわたしがふれたこの条項は、連邦の法律の最高法規性を憲法にしたがって制定された法律に明確に限定しているということを心に留めておかないわけにはいかないだろう。というのは、明示されてはいなかったとしても、そのような限定をもっていると理解されるべきであるからである。

かくして、合衆国の使用に供する税を賦課するための法律は、その性質上、最高法であり、法的には反対も抑制もされえないけれども、州の権限によって(輸出入品以外に)課せられた税の徴収を廃止したり妨げたりする法律は、国の最高法規ではなく、憲法によって付与されていない権力の簒奪である。同じ品目にたいする課税が不適切にも重複して、その徴収が困難もしくは不規則になるとしたら、このような相互の不利益は、いずれかの側の権力の優越もしくは欠如にではなく、双方にともに不利になるようなやり方で、いずれかの側が誤って権力を行使することに由来するのであろう。しかしながら、互いの利益は、この点に関して、いかなる物質的不利益をも避けるような協調にみちびくと期待されるし、またそうなると考えられる。憲法案全体からひきだされる結論は、同案のもとで、各州は、輸出入品にたいする関税を除くあらゆる種類の課税によって、必要とする程度に応じて歳入を調達する他の制御しえない独自の権限は、これを失わないであろうということである。

次の論説では、課税の条項におけるこの〔連邦と州との〕共司管轄権は、課税権について、州の権限が連邦の権限に完全に従属してしまうことに対する唯一認容しうる代替案であることがあきらかになろう。

一七八八年一月二日

〔1〕　第六条二項については、省略して記載されている。巻末、「アメリカ合衆国憲法〔案〕」参照。

第三四篇　前篇のつづき　ハミルトン

ハミルトンは、第三二篇で論じた課税権の共有という争点に戻る。彼は、連邦政府が掌握する国防については将来どのような事態が起こるのか予測できないゆえに、連邦政府の課税権を制限すべきでないと論じている。

第三五篇　前篇のつづき　ハミルトン

連邦政府の課税権を関税に限定すべきであるという反対論を、それは不公平な税制につながると反駁する。また、連邦議会が社会各層の利益が十分に代表されていないがゆえに、そこに課税権を委ねることには留意すべきであるという反対論にたいして、人民のあらゆる階層がそれぞれに代表をもつべきであるという代表観は誤りであると反駁している。

第三六篇　前篇のつづき　ハミルトン

連邦議会の代表は地方の諸事情につうじておらず、連邦の歳入法と各州の歳入法との調整をうまく行なうことができないために課税権を行使できるはずがないという反対論を反駁する。前篇と同じように、ここでも、ハミルトンの代表観が提示されている。

第三七篇　憲法会議の課題とその難しさ

マディソン

ニューヨーク邦の皆さんへ。

現在の連合の欠陥を検討し、現在公衆の前に提示されている連邦政府案より活力の少ない政府をもってしては、とてもその欠陥を是正することはできないことを示してきたが、その間、連邦憲法案の重要な諸原則のうちのいくつかのものについては、もちろんすでに言及してきている。しかし、本論集の究極の目的が、この連邦憲法案の評価とそれを採択することの妥当性とを明確かつ完全に判断することにある以上、憲法会議の作業をさらに批判的かつ全面的に概観し、憲法案をそのあらゆる側面にわたって検討し、そのあらゆる部分を対照し、そのおよそ考えられうる効果を予測してみてはじめて、われわれの目的を達成したということができよう。この残された課題を、公正な結論を期する精神の下で果たすためには、虚心に考えれば予期される若干の考察を、ここで行っておかなければならない。

公共の方策が検討される場合、それがはたして公共の善を促進するのか、あるいは妨害するのか、どちらの傾向をもつのかを公正に評価するために必要な節度の精神をもってなされることは、まずはめったにない。しかも、この節度の精神がことに望まれる場合ほど、かえってそれは助長されるよりは、むしろ斥けられやすい。こうしたことは、不幸にしておよそ人間の営みには避けがたい。経験を通してこうしたことにすでに十分気がついている者にとっては、憲法会議の作業が、多くの重要な変化や改革を提案し、それらが多くの視点や関係から観察され、多くの感情や利害関係を刺激するものである以上、賛成側にも反対側にも、その作業の評価を公正に議論し、正確に判断するには適さない傾向をもたらしたとしても、別に驚くにはあたらないであろう。ある人びとは、憲法案を吟味するにあたって、あらかじめ欠点を探そうとしているのみならず、最初からこれを非難しようという決意をもってしていることは、彼ら自身の書いたものからみても、あまりにも明らかである。もっとも、他の人びとの言辞も、逆の決意や偏見をもっていることを示しており、したがってあまり重視して問題にするに足りないものであることも事実である。とはいうものの、これらの異なった性格の意見を、その重要性のはかりにかけてみた場合、その意図の純粋性という点では、両者の間にたいした実質的なちがいはない、などというつもりはない。われわれの現状が、きわめて危機的な状況にあり、その克服のために何事かなされる必要性が広く認められている以上、憲法案の作成という既成の事実をあらかじめ支持すると決めているものは、邪しまな考慮からそうした面があるにせよ、やはりそれだけではなく、事態の重要性に鑑みて、そうしたのだといっても、それは、ただ憲法案賛成者側に少々有利ないい方をしたにすぎないといえよう。ところが、これに反し、あらかじめ憲法案反対と決めてかかっている者は、許されえない動機から行っているものといえる。前者、憲法案賛成者の意図は、悪しきものでもありうるが、また正しいものでもありうる。しかし、後者、憲法案反対者の見解は、正しいものではありえず、必ずや悪しきものであるにちがいない。ともあれ、実のところ本論集はこれらどちらかの範疇に入る人びとに向けられたものではない。祖国の幸福を真摯に願うだけでなく、それを促進する方策について公正な評価を下せるような平静な人びとに対してのみ、その関心に訴えることを意図されたものなのである。

この種の人びとなら、憲法会議によって提出されている憲法案の検討をすすめるにあたって、単に案のあらさがしをしたり、その欠陥を誇張して伝えるようなことをしないだけではなく、およそ欠陥のない案など期待すべきではないと考えてしかるべきことをわきまえているであろう。また、彼らは、憲法会議も人間の集まりである以上、過ちを犯すことも当然であるとし、そうしたおよそ人間の過謬性に帰すべき過ちに対しては、これを許容するにやぶさかではないであろう。むしろ、彼ら自身も人間以外の何ものでもなく、したがって他人の誤った意見を指摘するにあたっては、自分自身もまた誤りうることをわきまえている人びとであろう。

こうした公正への配慮以外にも、憲法会議の作業の性格上、いろいろな困難が必然的に伴わざるをえないことも、これまた等しく配慮すべきであろう。

われわれとしては、憲法会議の作業が前例のないものであったことを痛感せざるをえない。本論集が〔第一五篇から第二二篇へと〕回を重ねる間に、現行の連合規約が誤った原則のうえに立てられたものであり、したがって、この原則を変え、さらにその上部構造をも変えなければならないことが示されてきた。先例として〔第一八篇―第二〇篇で〕参照した他の諸連合も、同じような過ちによって損なわれており、したがって、どのようなコースをとるべきかを示すのではなく、逆に、どのようなコースを避けるべきか、という警告を与える灯台の光以上のものは提供しえないこともわかってきた。そのような状況で憲法会議がなしうる最善のことは、われわれ自身の過ち、また他国の先例によって示されているような過ちはこれをあらかじめ避け、将来、時がたつにつれてその条項の過ちが明らかになった場合にはそれを改めるのに適切な方式を規定することであったのである。

憲法会議の直面した困難な課題の中でも、ことに重要であったのは、いかにして自由と共和政体とを十二分に尊重しつつ、しかも政府に必要な安定と活力とを確保することができるかという点であった。その作業の中で、もしこの課題を達成することができなかったとしたならば、憲法会議は、その選任された目的も、また公衆の期待もきわめて不完全にしか達成できなかったといわざるをえないであろう。だが、それがそう容易には達成できるものではないことは、この問題についての無知をさらけ出そうと思わないものなら、だれしも認めるところであろう。政府が活力をもつということは、外国からの危険、また国内の危険に対する安全保障にとっても不可欠であり、またおよそよい政府なら当然もつべき法の迅速有効な執行にとっても不可欠である。政府が安定性をもつということは、国際的評判のために、それに伴う利点のためにも不可欠であり、またおよそ政治社会の主たる祝福ともいうべき人心の安定と満足とを確保するのにも不可欠である。朝令暮改は、国民にとって迷惑であるのみならず、それ自体悪でもある。アメリカの人びとは［各邦政府の経験を通して］よい政府とはどういうものであるべきかについてよくわきまえ、また国民の大部分はよい政府の効果に関心をもっているので、各邦の執政の特色となっていた変転きわまりない不安定性に対する何らかの救済策が講じられるまでは、決して満足することはないであろう、と確信をもっていえる。しかし、こうしたよい政府にとって不可欠な諸要素と、自由に伴う重要な諸原則とを比較考量してみるとき、この両者をしかるべき割合で融合することがいかに難しいかを認めざるをえない。一方において、共和主義的自由の特質としては、権力はすべて人民に由来すべきものであるのみならず、権力を委ねられた者も、その任期を短く限られることによって、常に人民に依存するようになっていなければならない。しかも、この短い任期の間ですら、人民の信託は少数の者にではなく、数多くの人びとの手に委ねられていなければならない。ところが他方、安定性という見地からいえば、権力を委ねられるべき者は、かなりの期間同一人物でなければならない。選挙を頻繁に行えば、政権担当者が次々に交代し、それに伴い政策がしばしば変更されることになる。政府の活力という見地からいえば、権力の座にある者はかなりの期間交代しないでいること、しかも権力を行使する者は一人であることが望ましいのである。憲法会議が、この点でどれほど成功したかは、憲法会議の作業をもっと厳密に検討した上で、初めて明らかにされよう。しかし、ここで一瞥しただけでも、両者を調和することが決して容易なことではなかったことは明らかであろう。

中央政府の権能と各州政府の権能との間に適当な分割線を引くという課題は、これまた少なからず困難な仕事であったにちがいない。その性格上、広汎にして複雑な各種の目的を、よく観察し区別することになれている者なら、だれしもこれがいかに難しいかはすぐわかる。精神の機能それ自体、精緻にして高遠なる哲学者たちのあらゆる努力にもかかわらず、満足すべき正確さをもって種別され整理されたことは未だないのである。感覚・知覚・判断・欲望・意欲・記憶・想像などは、相互にきわめて微妙な度合いで区別されうるにすぎないので、その境界は最も精緻な観察をもってしてもつかみにくく、活気ある論議、論争の種となっている。自然界の境界、それがさらに分類されている各種の種属、部分は、これまた等しく分類のむずかしさのよい例であろう。最も明敏にして勤勉なる博物学者といえども、植物の世界をその近隣の無機の世界から区別する境界、あるいは植物の世界が終わって動物の世界が始まる境界線を、確実につきとめることに成功した者は未だいない。こうした自然界の各分野内部における種別を整理し細別するために、それぞれの特殊性をはっきりさせようとすると、さらにその境界が曖昧なことがわかる。相互の区別は本来正確に存在しているが、ただそれを観察する者の目が不完全なために曖昧に見えるにすぎない自然界から、人間の作成した制度に目を移すとなると、それを観察する機関のためではなく、観察される客体自体に内在する曖昧さが生じてくるので、人知の限りをつくしても、そこに期待し、望みうるものにはやはり限度のあることを、ますますもって認めざるをえないのである。経験に照らしてみても、政治学上の練達の士といえども、政治の三つの分野——立法・行政・司法——を、いや上下両院それぞれの特権や権限すら、十分正確に類別し定義づけえた者はいないのである。実際に政治が営まれていくにあたって、これらの問題に伴う曖昧さを示す問題、そして政治学に精通している者をもまどわせる問題が日々新たに起こってきている。

長年の経験にもかかわらず、また識見豊かな議員や法曹のたえざる協力にもかかわらず、異なった法令や異なった裁判所管轄の目的ないし限界をはっきりさせることは、これまた成功していない。コモンロー・制定法・海事法・教会法・商法、その他地方的な法令や慣習の明確な範囲は、その精確さが世界の他のいかなる地方よりも熱心に追求されているイギリスにおいてすら、未だ明確に最終的に決定されているわけではない。その一般裁判所と地方裁判所との管轄権、コモンロー裁判所・衡平裁判所・海事裁判所の管轄権は、これまたたえざる複雑な論議の対象となり、それぞれの管轄を定めている限界がはっきりしていないことをよく示している。新しい成文法はすべて、技術的にきわめて巧みに起草されたものであり、十全かつ慎重な審議を経て制定されたものであるが、一連の特定の議論と判決とによってその意味が整理され確定されるまでは、やはり多かれ少なかれ曖昧模糊たるものとみなされているのである。しかも、目的の複雑さや人間能力の不完全さからくる曖昧さに加えて、人間の考えを相互に伝達する手段の不完全さがいっそうの困難を加える。言葉は考えを表現するために使用される。したがって、明確さという点からすれば、思想がはっきりと形成されているだけではなく、その思想がそれにふさわしい明快にして豊富な語彙をもって表現されることが必要なのである。しかし、いかなる言語といえども、どんな複雑な思想に対しても適当な単語や熟語を提供するほど明快ではないし、多くの微妙に意味の異なった思想を区別しうるほど正確ではない。したがって、対象がそれ自体ではたとえいかに正確に区別されていようとも、対象の定義は、それを表現する用語の不正確さのゆえに、結局不正確なものにならざるをえない。そして、この避けがたい不正確さは、定義された対象の複雑さ、新奇さに応じて大きくもなり、小さくもなる。もし全能の神が人類に呼びかけるに、あえて人類自身の言語をもってするとなれば、本来は明快であるべき神のみ旨《むね》も、混濁した伝達手段のために、曖昧となり、疑問の多いものになってしまうであろう。というわけで、ここに定義が曖昧、不正確ならざるをえない三つの要因がある。つまり、対象の不明確さ、知覚器官の不完全さ、そして思想伝達手段の不適切さがそれである。これらのどれひとつをとっても、それだけでかなりの曖昧さをもたらすことになるにちがいない。憲法会議は、連邦政府と州政府との管轄権の境界をはっきりさせるにあたって、これらの三つすべての影響を全面的に経験せざるをえなかった。

右にのべてきたような困難に加えて、大邦と小邦との主張が相互に対立するということがあったであろう。一方で大邦はその優越した富や重要性に完全に比例した発言権を連邦政府内で獲得しようとし、他方で小邦は現在享受している平等な発言権に固執してゆずろうとしなかった、と考えて誤りなかろう。一方が他方に完全にゆずるということはなく、したがって大邦と小邦との間の争いは結局妥協によって収拾する以外になかったと考えてよいであろう。連邦政府内における代表の割当数が調整された後は、この妥協そのもの〔下院では各州人口比の代表、上院では各州平等の代表という妥協〕が、〔憲法会議で〕大邦と小邦との間に新しい争いをもたらしたことはきわめてありそうなことである。すなわち大邦、小邦がそれぞれその最大限の影響力を獲得した下院や上院の重要性を増すように、政府組織やその権限の分布に変化を与えようと新たに争うにいたったのである。事実、憲法案のなかには、この想像がまちがっていないことを示す特色がいくつかみられる。そして、これらの想像がまちがっていないとすれば、それは、憲法会議が外在的な条件を考慮し、理論上の適切さをあえて犠牲にせざるをえなかったことを示す。

それに、各邦をして、いろいろな点で相互に対立せしめるにいたったのは、単に大邦と小邦との関係だけではない。その地方的な立場や政策からくる他の結び合わせが、さらに憲法会議に困難を加えたにちがいない。各邦が、その内部においていくつかの異なった地方に分けられ、その市民がいくつかの異なった階層に分けられ、その結果相争う利害関係や地方的反目が生ずるように、その多様な状況の違いから、合衆国の各部分が互いに区別され、各邦内におけると同じような相争う利害関係や地方的反目が、もっと大規模な形で生じてくることになる。この利害の多様性が、すでに前の篇〔第一〇篇〕で十分に説明したように、連邦政府が形成されたあかつきには、連邦政府の運営にとって望ましい効果をもたらすことになるかもしれないが、しかし連邦政府が形成されるその過程では望ましからざる効果をもっていたことは、だれしも認めざるをえない。

こうした強い困難の下にあった以上、憲法会議としては、もし独創的な理論家が書斎に閉じこもって、想像力豊かに、抽象的な見解をもって計画した憲法案ならば当然もっているような、巧妙な構造と精緻な均整とからは、少々逸脱せざるをえなかったとしても、それは別に驚くにはあたらないであろう。むしろ、真に驚くべきことは、かくも多くの困難が克服されなければならなかったことであり、しかも、それが、とても予期されえなかったような一致、ほとんど前例のないほどの一致をもって克服されたことである。およそ敬虔な人ならば、あの〔アメリカ〕革命の危急存亡の折に、われわれの救済のためにしばしば明らかにさしのべられた全能の神のみ手が、ここにも働きたもうたことを認めざるをえないであろう。

前の篇〔第二〇篇〕で、ネーデルランド連合では、その憲法のもっている悪名高い有害な部分を改正しようと繰り返し試みて、成功しなかったことについてのべたことがあった。相互の対立する意見を和解させ、相互の嫉視反目を緩和させ、相互の相違する利害を調和させるために、人類の間でもたれた会議や相談の歴史のどれをとっても、そのほとんどが派閥の歴史であり、闘争の歴史であり、そして失望の歴史であり、人間性の脆さと醜さを示す、このうえなく暗く汚れた姿の一つに数えられるものであったといってよいであろう。かりに、時に、もう少しましな面がうかがわれるような場合があったにしても、それは、一般的な真実をわれわれに教えてくれる例外的な場合として役立つにすぎない。すなわち、その明るさによって、かえって、その対照となる逆の陰鬱な暗さをいっそうきわだたせるのに役立つにすぎない。これらの例外的な場合がよって生ずる原因にいろいろ想いをめぐらし、その原因を現在われわれの当面している具体的な例に適用してみると、われわれとしては必然的に二つの重要な結論に到達せざるをえない。第一の結論は、憲法会議は、党派的敵対感情のもつ危険な影響力を、大幅に免れることができた、ということである。ちなみに、この党派的敵対感情たるや、およそ合議体には必ず伴い、その議事過程を必ず汚す病弊なのである。第二の結論は、憲法会議を構成した各邦代表は、憲法案可決というその最終決定を満足をもって受け入れたか、あるいは個人的には反対であっても、私的な見解や党派的な利害はこれを公共の善のためには犠牲にする必要があるという深い確信によって、または採択を遅らせたり、さらに新しい案を検討するなどということになれば、この私利私益を犠牲にする必要性が顧みられなくなることを危惧して、憲法案採択という最終決定に同意を表するにいたった、ということである。

一七八八年一月一一日

第三八篇　憲法反対論の要約と連合規約の欠陥再考

マディソン

ニューヨーク邦の皆さんへ。

古典古代史において政府が協議と同意とによって確立されたと伝えられているいずれの例にもみられるように、政府を構築する作業は、一般民衆に委ねられたのではなく、秀でた知恵と定評のある高潔さとを兼ね備えた少数の市民によって行なわれたということは、少なからず注目すべきである。ミノスがクレタ島の政体の創設者であり、ザレウコスはロクリス人の政府の創設者であったことをわれわれは知っている。最初にテセウスが、そののちには、ドラコンとソロンがアテナイ人の政府をつくりあげた。リュクルゴスは、スパルタの立法者であった。ローマの最初の政府の基礎は、ロムルスによって築かれ、その事業は、かれのあと投票で選ばれた後継者であるヌマとトゥッルス・ホスティリウスのふたりによって完成された。ブルートゥスにより王政が廃止され、統領制がそれに代わった。ブルートゥスは、その改革の実施計画をもって進みでて、その改革がセルウィウス・トゥツリウスによって準備されていたものだと申したて、そして、それについてのかれの演説は、元老院と人民の同意と承認を得た。この記述は、連合政府についてもあてはまる。アンフィクティオンは、かれの名前を冠した神殿同盟《アンフィクティオン》の立案者であったといわれている。アカイア同盟は最初アカイウスによってつくられ、その後アラトゥスによって再建された。これらの有名な立法者たちがそれぞれの政府の創設に際して、どれくらいの代理権をもっていたのか、あるいは、どれくらい人民の正統な権威を付与されていたのか、いずれの場合にも確かめられない。しかしながら、いくつかについていえば、手続きはきわめて秩序立てて行なわれた。ドラコンは、アテナイの人民によって、その政府や法律を改革する無制限の権力を付与されていたようにみえる。また、ソロンは、プルタークによれば、かれの同胞市民による普通選挙の結果、ある意味では、憲法をあらたに制定する唯一にして絶対的な権力をひきうけることを余儀なくされた。リュクルゴスのときには定まった手続きにあまりしたがっていなかったけれども、秩序立った改革を唱える人びとが優勢になると、かれらはみな、市民の協議機関の介入によって革命をひきおこす代わりに、かの高名な愛国者であり賢人でもある人物の単独の営為に眼を転じたのである。ギリシア人のように自分たちの自由を失うまいと気をつけている国民が、習い性となった用心深さを放棄し、自分たちの運命をひとりの市民に託するようになるということは、いったいどこに理由を求められるのだろうか。アテナイ人のように、一〇人以下の将軍たちの指揮下には軍隊を委ねず、ひとりの同胞市民の輝かしい業績ほど自分たちの自由への危険を証明するものはないとする国民が、市民から選出された一団の協議の方が安全だけではなく知恵も期待できたであろうに、ひとりの輝ける経歴をもつ市民をかれらとかれらの子孫の運命のよりふさわしい受託者とみなしたということは、いったいどこに理由を求められるのだろうか。これらの疑問は、顧問官たちのあいだにある不和や軋轢にたいする恐れの方が、ある個人が裏切ったり無能であったりする恐れよりも大きかったと想定しないかぎり、十分には答えられない。さらに、歴史はわれわれに、これらの高名な改革者たちが取り組まなければならなかった障害と、改革を実行に移すために用いざるをえなかった手段とを教えてもくれる。どちらかといえば世論に迎合的な政策ばかりをとったようにみえるソロンは、自分は、同胞にかれらの幸福にもっともかなう政府を与えたのではなくて、かれらの偏見にもっとも受け入れられる政府を与えたのだと告白している。また、リュクルゴスは、自分の目的により誠実な方であったけれども、ある程度の暴力と迷信の力とを混ぜ合わせる必要に迫られたし、改革の最後の仕上げを、最初は祖国を、次にはみずからの命をあえて棄てることによって全うせざるをえなかったのである。これらの教訓は、一方で、手続きを踏んで政府設立案を準備しそれを確立するという古典古代のやり方にならってアメリカが行なった政府の改善を称賛するよう告げているとすれば、他方では、それに劣らず、そのような実験には危険や困難をともなうことやいたずらにそれらを増やすことがいかに無分別であるかを警告してくれている。

連邦憲法会議の憲法案に含まれているかもしれない瑕疵《かし》は、この複雑にして困難な課題を入念に考察する際に正確さや注意深さを欠いていたために生じたのではなく、それについてこれまで経験していなかったために生じたのであり、したがって、実際に試みてみてあきらかになるまでは突きとめられなかった類のものであると推測してよいのではなかろうか。この推測は、連合規約の一般的性格に関する数多くの考察や、それについての個別の事例をたどれば、確信となる。連合規約が各邦の批准に付されたとき、各邦により提起されたおびただしい反論や修正論のなかで、実際の試みのなかで見つかった重大かつ根本的な瑕疵を指摘していたものはなにひとつない。そして、たとえ、ニュージャージーが、その抜きんでた先見性ではなく同邦の地方的事情にもとづいて提示した所見が例外となるとしても〔1〕、たったひとつの提案が政体の改変を正当化するのに十分な契機であったかどうかは疑問ではないだろうか。にもかかわらず、これらの反対論は重要なものではなかったが、もし自分たちの見解や予想される利益への執着がより強力な自己保存という感情によって抑えられなかったら、邦によっては危険きわまりない硬直的態度で主張されつづけたであろうと思わせるに十分な理由がある。思い出してもみよう。ある邦は、敵が最初から最後までわれわれの目の前、いや、わが国土の懐深く入り込んでいたというのに、数年にわたって、連合規約に同意するのを拒みつづけた。〔2〕また、最終的にこの邦が批准へと傾いたのは、連合全体の苦難を長びかせ、戦いの帰趨《きすう》を危うくすることについて責任を取らされるのを恐れたという動機にしか理由が求められない。公正な読者ならば、これらの肝腎な事実について適切な見解をいだくであろう。

病人は、自分の疾患が日々悪化しており、効き目のある治療法を先延ばしにすれば危険な状態に陥ることがわかると、症状と何人かの医者の評判とを冷静に判断したのち、もっともすぐれた治療をしてくれ、自分の信頼にもっとも応えてくれる医者を選び、往診を求める。医者たちがやってくる。病人の症状が精密に検査され、診察の結果が協議される。かれらは全員一致で、症状は重態ではあるが、適切かつ迅速な手当をもってすれば、見込みなしということではないので、病人の体質改善という結果が得られるよう処方されうると診断を下す。同じく、かれらは、この幸福な結果が得られるような治療を講じることに全員一致で同意する。その処方箋が知れわたるとすぐに、何人かの人びとが、割って入り、疾患がある事実やそれが危険であることは否定しないで、病人にたいして処方箋はその人の体質には毒であると請け合い、瀕死の苦しみに喘いでいる病人がそれを用いることを禁じる。病人が、この助言に思いきってしたがう前に、助言者たちはその代わりに取られるべきほかの処方についてかれらのあいだで少なくとも合意しているべきであると要求するのは、理にかなっているのではないだろうか。そして、もし病人が、助言者たちは、最初の医者たちとも、かれらのあいだでも、見解が異なっていることを知ったならば、かれは、すみやかな治療が必要であることを否定できず、かといって、それを提案することにも合意できない助言者たちに耳を傾けるよりも、最初の医者たちが全員一致で勧めた実験を試みる方を賢明にも選ぶのではないだろうか。

そのような病人であり、そのような状態におかれているのがいまのアメリカである。アメリカはみずからが患っていることがわかっている。アメリカは、自分たちが慎重に選んだ人びとから、全員一致の念入りの助言を得ている。そして、アメリカは、致命的な症状に苦しみながらも、この助言にしたがうことに反対する人びとによって警告されている。警告者たちは、アメリカが危険な状態にあるという現実を否定しているのであろうか。否。かれらは、なにか迅速で効き目のある治療が必要であることを否定しているのであろうか。否。かれらは、いや、かれらのなかのだれか二人でも、しめされた治療策に反対することか、もしくはそれに代わるべき適切な治療策かに合意しているのだろうか。かれらにその言い分を語らせよう。最初の人は、提案されている憲法は、邦の連合ではなく、個々人に統治のおよぶ政府であるから、拒否されるべきであると主張する。第二の人は、憲法案は、ある程度は個々人に統治がおよぶ政府であるべきであるけれども、提案されている程度までは認められないとする。第三の人は、個々人に統治がおよぶ政府についても、提案されている程度についても反対しないけれども、権利の章典がないことには反対する。第四の人は、権利の章典が絶対に必要であるということには同意するけれども、それは、各人の個人的権利ではなく、政治体としての邦に留保された諸権利の宣言であるべきだと論じる。第五の人は、どのような種類のものであれ権利の章典は不必要かつ余分であり、選挙が行なわれる時と場所とを規定する重大な権限を除いて、憲法案は申し分がないと考えている。大きな邦の憲法反対者は、上院における代表制が不当な平等であると声高に論じ、小さな邦の反対者は、同じように、下院における不平等の脅威に声を大にして異を唱えている。あるところからは、新しい政府を統治する人数に要する莫大な支出が警告され、別のところからは、いや、ときには同じところから、前とはちがって、連邦議会は名ばかりの代表制にすぎないであろうとか、代表の数と支出とが倍になったら、あたらしい政府に対する反対ははるかに減るだろうという声があがっている。輸出や輸入を行なっていない邦の愛国の徒は、直接課税権に対する否定しがたい反対論があることを認めているし、輸出や輸入のさかんな邦の憂国の反対者は、すべての税が消費に賦課されそうなことに少なからず不満をもっている。ある政治家は、憲法のなかに君主政に直接つながる抗いがたい傾向を読みとり、別の政治家は、同じように、それはついには貴族政をもたらすと確信している。さらに別の政治家は、憲法が最終的にはどちらの政体を採るようになるというべきかわからないでいるが、必ずやどちらかになると見ている。そして、第四の政治家は、憲法案は君主政と貴族政のいずれの危険にも向かう傾向はまったくないので、どちらかに重心をかけることは、憲法がもうひとつの方向へ傾かないようまっすぐに動かないように保っておくのに十分ではないと確信に満ちて断言している。憲法案への別の反対者は、立法・行政・司法の各部門が、およそ通常の政府についてのあらゆる理念や、およそ自由を擁護するために必要な予防策と相容れないやり方で混じり合っていると主張している。この反対論は、曖昧かつおおまかな表現をとって流布しているけれども、少なからずそれを受け入れている人びとがいる。かれらにそれぞれの言い分をもってまえに出てきてもらおう。この問題について、どの二人をとってみても、過不足なく合意することはほとんどない。ある人の目には、官吏を任命する責務について、その行政権を行政部のみに付与する代わりに、上院と大統領とに共有させていることが、憲法案の欠点である。別の人にとっては、その権限を行使するにあたって腐敗とえこひいきを防ぐ唯一の保証人たりうる人びとをかかえている下院が除かれていることが、同じように、気に入らない。さらに別の人にとっては、執政官の手にあれば危険な道具になるにちがいないような権力の共有を大統領に認めることは、共和政の用心深さという公理を許しがたいほど破ってしまう。ある人びとにとっては、弾劾裁判権が司法部に属するのはきわめて明瞭であるのに、その権限を、立法部や行政部のいずれの構成員にもなる上院が行使することほど、承認しがたい権限配分はない。別の人びとは、憲法案のこの部分について反対することにはまったく同感であるけれども、司法権へ弾劾権を委託することが憲法案の欠点を修正することになるという点については同意しかねると答えている。かれらがこの政府組織を好まない最大の理由は、司法部にはすでに広汎な権限が付託されていることにある。〔上院とは別に〕評議院を設置することの熱心な支持者のあいだでは、それがどのように構成されるべきであるかについて、もっとも修復しがたい見解の不一致がみられる。ある紳士は、評議院は小人数で構成され、立法部の議員数の多い院によって任命されるべきであると要求している。別の紳士は、大人数の評議院を望んでおり、しかも、任命は大統領自身によって行なわれることが最低条件であるとみなしている。

連邦憲法案に反対している筆者たちを怒らせないように、先の憲法会議は託された課題の任に耐えなかったのであって、それに代えてより賢明ですぐれた憲法案が起草されうるであろうし、また、されなければならないと考えている人びとのなかでは、かれらはもっとも熱心であり、また、もっとも思慮分別をもっていると仮定してみよう。そして、アメリカの人びとが、かれらの能力についてのこの好意的見解にも、憲法会議についてのかれらの否定的見解にも同意し、したがって、最初の憲法案を修正するという明確な目的と十分な権限をもった第二回憲法会議にかれらを結集させるよう手続きをとると仮定してみよう。想像のなかですら、その実験を本気で考えることはいくらかの努力を要するというのに、もし、その実験が本当に行なわれたら、憲法会議の代表たちに敵意のみをいだくがゆえに、かれらは、かれら自身の間の判断が不和や混乱に陥っているのと同じく、どこか肝腎な点において、憲法会議の案からはきわめて逸脱していくのかどうか、また、いま市民のまえにある憲法案は、もし、それがただちに採択されても、**よりよく改正された**憲法ではなく**別の**憲法について、新立法者会議によって合意が得られるまでしか効力をもたないのであれば、リュクルゴスが、国制の改変についてかれ自身の亡命からの帰還と死とを条件にしたことによってスパルタの国制にもたらしたような永続性をもつ見込みがあるのかどうかについては、わたしは、いましがた紹介した諸見解の実例によって判断されるのにまかせたい。

　現在の憲法案について多くの反対意見を出している人びとが、それに代わるべき憲法案の欠陥に思いをいたさないというのは、不思議だし残念にも思う。前者が完璧である必要はなく、後者がより不完全であるというだけで十分である。銀や金に不純物が含まれているとしても、それが真鍮とひきかえに手にはいるのならば、だれもその交換を拒まないだろう。堅固で手ごろな作りの家に、ポーチがないからといって、あるいは、自分の空想のなかで設計していたものよりも、部屋によってはちょっと広すぎたり狭すぎたりするとか、天井が高すぎたり低すぎたりするとかいって、朽ち果てかけている住処《すみか》を棄ててその家に移り住むのをだれも拒まないだろう。しかしながら、このような例を取り上げてみると、あたらしい政府案への重立った反対論のほとんどは、現行の連合規約体制についての嘘で塗り固めているのはあきらかではないだろうか。歳入に関する無制限な権限を連邦政府に委ねると危険であろうか。現行の連合会議は、必要なだけの額を要請することができるし、邦は憲法上はその要請に応じる義務がある。連合会議は、紙幣の埋めあわせになるかぎりにおいて公債を発行できるし、一シリングでも貸し付けられるのならば、国内外から借り入れることもできる。軍隊を募集する無制限の権利は危険であろうか。連合規約は連合会議にその権限も与えているし、連合会議はすでにその権限を行使している。政府のさまざまな権限を、ひとつの代議体のなかに混ぜ入れるのは不適当かつ危険であろうか。唯一の代議体である連合会議は、邦連合のすべての権限に関する唯一の委託機関である。金庫の鍵と軍隊の指揮権とを同じ手に委ねることがとりわけ危険であるのだろうか。連合規約は連合会議の三、に両方をまかせている。権利の章典は自由に不可欠なのだろうか。連合規約は権利の章典をもっていない。新しい憲法が、上院に行政部と共同して国の法規となるべき条約を締結する権限を与えているのは、それの欠陥となるのだろうか。現行の連合会議は、そのような規制をなんら受けずに条約を締結できるのであり、そしてみずから、その条約が国の最高法規であると宣言し、ほとんどの邦もそうであることを認めている。新しい憲法が奴隷の輸入を二〇年間認めている〔のは不適切〕であろうか。旧憲法〔連合規約〕は、永久にそれを認めている。

このような権限の混合は、文言のうえでは危険であるかもしれないが、それらを実行に移す手段を連合会議は各邦に頼っているので無害となるのであり、権限の塊がいかに大きくとも、それは実際には生気のない塊にすぎないと、わたしにいう人があるかもしれない。そのときには、わたしは、次のように答えよう。まず第一に、連合規約は、邦連合の政府に絶対に必要な特定の権限を認めておきながら、同時に、それらをなんの実効性ももたないものにしている、より一層の愚挙にたいして責めを負うべきである。第二に、もし連邦《ユニオン》が存続すべきであり、しかも、よりよい政府が代わりに樹立されないならば、実効的な権限が現行の連合会議に付与されるか掌握されるかしなければならない。いずれの場合でも、前段でのべた対比があてはまる。しかし、これがすべてではない。この生気のない塊から、異常な権力がすでに発生してきている。そして、それは、連合の最高政府の欠陥だらけの構造から憂慮されるかぎりの危険をすべて現実のものとしつつある。西部の領土が合衆国にとって巨大な富の源泉であるというのは、いまや推測や希望的観測といった性質のものではない。そして、西部の領土は、合衆国を現在の災厄から救いだしたり、これからさきの歳出を恒常的に埋め合わせたりするようなことはないが、今後、適切な経営によって、内国債を徐々に償還させるようになったり、合衆国の国庫に豊かな資金をある期間にわたって供給したりできるにちがいない。この西部領土の大部分は、すでに各邦から譲渡されているし、残りの邦も、同じく公平さと寛大さをしめすことを差し控えようとはしないであろう。したがって、われわれは、合衆国の現在居住されている領域に匹敵する豊かで肥沃な土地が国の財産となるとあてにしてもよいであろう。連合会議は、この財産の管理を委《まか》されており、すでに、そこを生産的な場所にしつつある。さらに、連合会議は、それ以外のことにも手をつけている。あたらしい邦が形成され、臨時政府が樹立され、その官吏が任命され、そして、それらの邦が邦連合に加盟する条件が定められるようになったのである。これはすべて実際に行なわれており、しかも、憲法上の権限を少しも帯びることなく行なわれている。しかし、なんら非難めいた言葉は囁《ささや》かれていないし、警告もなんら発されていない。歳入の**巨大**で**独立した**財源が、**一団の人びと**〔連合会議〕の手にわたり、その代議体は、**無制限に軍隊を募集**でき、**無制限の期間**にわたってその軍隊を維持するための費用を充当できる。それでもなお、この光景を黙って見ていた人びとがいるだけではなく、それを現出させている政府を擁護しつつ、他方で、あたらしい政府に反対して、われわれの耳にしているような反対論を唱えている人びともいる。かれらは、新政府の樹立を主張するとき、連合会議のいまの力のなさから生じる危険から連合を救うよりも、現行の連合会議のように構成された代議体が将来もつ権限と資源とに対して連合を守る方が必要であるというように、もっと一貫した態度をとらないのであろうか。

わたしは、ここでのべてきたことによって、連合会議によって遂行されてきた諸方策を非難しようというのではない。連合会議はほかにやりようがなかったことはわかっている。公共の利益や事態の緊急性は、憲法上の制約を踏みこえた活動をかれらに要請した。しかしながら、その事実は、目的につりあった正当な権限をもたない政府から生じる危険を警告する証拠ではないだろうか。連合の崩壊か権力の簒奪かというのは、連合会議がつねに直面しているジレンマなのである。

一七八八年一月一二日

〔1〕 大陸会議（連合会議の前身）に連合規約の承認が付されたとき、ニュージャージー邦選出の

ナサニエル・スキュダーは、「法的には連合していない」アメリカ諸邦を指して、「砂の綱《ロープ・オブ・サンド》」とよんだ。

〔2〕　メリーランド邦は、各邦は西部の土地に対する領有権の主張を放棄して、連合会議にその管轄権を委ねなければならないという同邦の要求が受け入れられないかぎり、連合規約を承認しないという態度を取った。

第三九篇　憲法案の共和政と連邦制との関係

マディソン

ニューヨーク邦の皆さんへ。

前篇において、連邦憲法会議提案の政治機構案について、公正な概観の序論ともいうべき観察を終了したので、いよいよ憲法案の検討そのものにとりかかることにしたい。

まず、最初に生ずる問題点は、この政治機構案が、その一般的な形態・様相という点で、はたして厳密に共和政的であるかどうかという点である。共和政的形体以外の政治形体をもってしては、アメリカ人民の精神に一致せず、アメリカ革命の基本的原理にも合致せず、さらには、政治的試みはすべて人間の自治能力を前提として行うべきであるという、およそ自由を信ずるものの崇高な決意に対してもそぐわないことは確かである。したがって、もし憲法会議の政治機構案が共和政の本質に、かりにも背くものであるならば、同案を支持しているものは、よろしくその擁護をやめるべきである。

では、共和政体の特質とは、いったい何をいうのであろうか。もしこの問いに対する答えが、原則に照らしてではなく、政治を論ずる人たちが、各国の政治構造を指して呼んでいる用語に従って求められるとなると、満足すべき回答は決して得られないであろう。たとえば、オランダは国の最高権能のいかなる部分も人民に由来してはいないが、一般に共和国の範疇に属するものとされてきている。同じく共和国の名称はヴェニスにも与えられているが、ヴェニスでは、ごく少数の世襲貴族によって、国民大多数に対して絶対的な権力が、きわめて絶対的な方法によって行使されている。ポーランドは貴族政と君主政との最も悪しき混合体をなしているが、やはり共和国という名称をもって呼ばれている。イギリスの政治機構は、ただ一院〔下院〕のみが、共和政的性格をもつにすぎず、他は世襲制の貴族政ならびに君主政よりなっているが、不適当にもしばしば共和国の一つに数えられている。これらの例はいずれも、およそ純粋な共和国とは似ても似つかない存在であり、互いの間でも似ていず、共和国という名称が政治的文献の中で、いかに不正確に使用されているかを示すものといえよう。

もし、異なった政治形体がそれぞれよって立つ、異なった原則について、ひとつの基準を求めるならば、われわれは共和国を次のごとく定義することができよう。あるいは少なくとも次のごとき政府に、共和政の名を与えることができよう。すなわち、その権力のすべてを、直接にであれ間接にであれ、大多数の人民から与えられ、その権力が、任命者の意にかなう間、あるいは一定の任期の間、あるいは非行ない限り〔終身〕、その職にあるものによって行使される政治機構を指して、共和政と呼ぶことができよう。何よりも共和政府にとって本質的なことは、政府が社会の特権階級や一部少数のものに基礎をおくものではなく、社会の大多数の人びとに基礎をおいていることである。さもないと、ひとにぎりの暴君的な貴族が、その権力を他に委任して圧制をふるい、しかも共和主義者の仲間に数えられることを望み、彼らの〔圧制的な〕政府に対して、共和政という名誉ある名称を僭称するかもしれない。しかし、他方、共和政体であるためには、政治を担当するものが、直接にであれ間接にであれ、人民によって選任され、前述のいずれかの方法によってその任期が定められていることで十分である。さもないと、アメリカにおける現在の各邦政府も、またアメリカ以外において、その組織も運営も立派に行われている過去および現在の民主的《ポピュラー》な政府も、いずれも共和政的な性格をもたないものとされてしまうことになろう。アメリカ各邦の憲法に従えば、政府の職員のあるものは、間接的な方法で人民によって選任されているにすぎない。各邦憲法の多くによれば、第一、行政首長自体が、間接的な方法で選任されている。ある邦の憲法によれば、立法部の一院もまた、間接選挙によっている。どの邦憲法でも、最高級の公職の任期は一定期間に限定されており、多くの場合、立法部や行政部においても、一定の年限に任期は限定されている。ほとんどの邦憲法によれば、またこの問題についての権威あり定評ある見解によれば、司法部の成員は、非行ない限りその職にとどまることができるものとされている。

以上のごとく定められた基準に、憲法会議の憲法案を照らしてみると、最も厳密に考えても、憲法案が共和政体の基準に合致するものであることをただちに認めざるをえない。連邦議会の下院は、各邦立法部の少なくとも一院がそうであるように、人民全体から直接選挙される。上院は、現在の連合会議と同様に、またメリーランド邦の上院と同様に、人民から間接的な方法で選任される。大統領は、ほとんどの邦における事例と同様、間接的に人民より選出される。判事ですら、連邦の他のすべての公務員と同様、いくつかの邦の場合のごとく、きわめて間接的な選任方法によってではあるが、人民自身の選ぶところとなろう。任期についてみても、憲法案はこれまた共和政体の基準にも、各邦憲法の事例にも合致している。下院議員は、すべての邦におけると同様、定期的に選出され、サウスカロライナ邦と同様、その任期は二年である。上院議員も、六年の任期をもって選挙されるが、メリーランド邦上院の任期よりも一年多いにすぎず、ニューヨーク邦上院や、ヴァジニア邦上院の任期よりも二年多いにすぎない。大統領は四年の期間その職にあることになっている。ニューヨーク邦やデラウェア邦では、行政首長は、三年の任期、サウスカロライナ邦では二年の任期をもって選挙されることになっている。他の邦では、毎年〔行政首長のための選挙が行われている。しかし、いくつかの邦では、行政首長に対する弾劾に関する憲法上の規定はない。デラウェアやヴァジニアでは、行政首長は、その職を去った後でなければ弾劾されないことになっている。ところが、合衆国大統領は、在職中いつでも弾劾されうる。判事については、その地位を保ちうる任期は、当然そうであるべきように、非行ない限り在任できるという任期である。行政職にある者の任期は、一般に法律の定めるところによるが、これも各邦憲法の事例とよく合致しているところである。

この憲法案が共和政に基づいて構成されていることを、さらに証明することが必要であるというならば、その決定的な証拠としては、憲法案が、連邦政府の下であれ、各州政府の下であれ、およそ貴族の称号を与えることを絶対的に禁止していることを、また、各州政府に対して共和政体をはっきりと保障していることをあげることができよう。

しかし、憲法案に反対する者は、次のごとく反問している。すなわち、憲法会議としては、単に共和政体を守ったというだけでは、その役目を十全に果たしたとはいえない。憲法会議は、共和政体についてと同様の注意をもって、連邦を主権をもった諸邦の連合(confederacy)とみなすという意味においての連合形体(federal form)を保持すべく努めるべきであったにもかかわらず、連邦を諸州の統一集権体(consolidation)とみなす一つの国家的(national)な政府を形成してしまったのであると。さらに、いったいどのような権限に基づいて、このような大胆きわまる急激な改変をあえて行ったのかとも問われているのである。この反対論の論拠となっている口実からいっても、この反対論は正確に検討されなければならない。

反対論がその論拠としている〔連邦と連合との〕区別の正確さについて論及することはさておくとしても、以上の反対論が、はたして真に説得力があるのかどうかを正当に評価するためにしなければならないことは、第一に、現在検討している政治機構案の真の性格が何であるかをはっきりさせることである。第二に、憲法会議が、どのような権能に基づいて、そのような政治機構案を提案することができたのかを検討する必要がある。第三に、憲法会議としては、その祖国に対する義務のゆえをもって、通常の権能をもって果たしえないことを、どこまで行うことができたかを検討する必要がある。

第一点。政治機構の真の性格が何であるかを明確にするためには、まず、それがよって立つ基盤と関連して考えなければならない。次に、その通常の権限が何に由来しているか。第三に、その権限がいかに行使されるか。第四に、その権限の範囲は何であるのか。そして最後に、将来政治機構が改変される場合には、いかなる権能に基づいてなされるのか、という諸点を検討すべきであろう。

第一の側面について検討してみるならば、一方においてこの憲法案は、〔憲法案起草という〕特別の目的のために選ばれた代表を通して与えられるアメリカ人民の同意と承認とに基づいているものである。しかし他方、この同意と承認とは、一つの国民として固まっている個々の市民としてのアメリカ人民によってではなく、各自が、それぞれ属するところの独立したいくつかの邦を形成するものとしてのアメリカ人民によって、与えられることになっている。つまり、その同意と承認とは各邦における最高権威であるところの人民の権威に基づいた各邦の同意と承認なのである。したがって、この憲法制定の行為は、国家(national)としての行為ではなく、連合(federal)としての行為というべきであろう。〔1〕

憲法反対者たちが使用している用語法に従えば、この憲法制定行為は、連合としての行為であり、国家としての行為ではないということになる。つまり多くの独立した邦を形成している人民の行為であり、一つに固まった国家を形成している人民の行為ではないということは、憲法制定が連合の全人民の多数の決定に基づくものでもなく、また〔一三〕邦の多数の決定に基づくものでもないことを考えてみるだけでも明白であろう。憲法制定は連合を形成する諸邦〔最少九邦〕の全員一致の同意に基づかなければならないのである。その同意は、〔邦の〕立法議会の権限として表明されるのではなく、〔邦憲法会議を通じて〕人民自体の権限として表明されるという点を除けば、〔連合規約下の〕他の通常の同意と何ら異なるところはない。もし人びとが、この憲法制定過程で、一つの国民を形成するものであるとみなされるならば、あたかも各邦内の多数が少数を拘束すべきであるのと同様に、連合諸邦全人民の多数の意思が少数を拘束することになろう。そして多数の意思は、個々人の票を計算することによって決められるか、あるいは各邦の多数の意思が、連合諸邦人民の多数の意思を表明するものであるとして決められるかしなければならない。しかし、〔この憲法案では〕実際にはいずれの方法も採用されなかった。各邦は、この合衆国憲法案を承認するにあたっては、相互に独立し、みずからの自発的行為によってのみ拘束される一個の主権をもった団体とみなされているのである。したがってこの点〔制定手続きという点〕からいえば、憲法案は、もし制定されたならば、連合的性格をもった憲法であって、国家的な憲法ではないのである。

　第二は、政府の通常の権限が何に由来しているかという点である。連邦議会の下院は、その権限をアメリカ人民から引き出している。アメリカ人民は、各州の立法議会におけると同様の比率、原則に基づいて、連邦議会の下院に代表されることになろう。その限りでは、新政治機構は国家的性格のものであり、連合的性格のものではない。これに反し、連邦議会の上院は、その権限を相互に対等な政治団体としての各州から引き出している。各州は、現在の連合会議におけると同様、各州平等の原則に基づいて、上院において代表されることになろう。この点に関する限り、新政治機構は連合的性格のものであり、国家的性格のものではない。行政権はきわめて複雑な根拠に由来している。大統領を直接選挙するものは、政治団体としての各州である。各州に配分される票数は、部分的には各州を独立平等の政治団体とみなし、部分的には統一社会を構成する相互に不平等な成員とみなす複雑な比率に基づいている。しかも最終的な選挙は、全国民的な代表者からなる連邦議会の下院によってなされることになっている。しかしこの特別な行為に際しては、下院議員は、多数の独立平等の政治体〔州〕を代表する州単位の代表団の形をとることになっている。この側面からいうならば、新政治機構は、少なくとも国家的性格と同様に、多くの連合的性格をもった一種の混合的な性格のように思われる。

〔第三に〕政府の作用という点から見た場合、連合的政府と国家的政府との相違は、次の点にあると思われる。すなわち、前者、連合的政府にあっては、連合を構成する政治体〔邦〕に対し、その政治的統一性を認めて、政府の権限が行使されるが、後者、国家的政府にあっては、国家を構成する個々の市民に対し、その個人の資格において、権限が作用する。この基準に従って憲法案を検討してみると、憲法案は、おそらく一般に理解されているほど完全にではないにせよ、国家的性格のものであり、連合的性格のものではない。いくつかの場合には、たとえば、ことに各州が当事者になるような紛争の裁判の場合には、各州は統一した政治体としてのみ見なされ、訴訟の対象とされる。この側面に関する限り、このように若干の連合的様相をもっているために、この政府の国家的様相が曖昧になっているように思われる。しかし、このような欠点はおよそ政府についての案を考える場合には、避けることができないものであろう。政府が、その通常の最も基本的な行為において、人民個々人に対し、直接権限を行使することは、全体としてみればこの新政治機構が、国家的政府であることを示すものといえよう。

しかし、この新政府は、その権限の行使という点からは国家的なものであるにせよ、〔第四に〕その権限の範囲という点からみるならば、再びその様相を変えることになる。国家的政府という観念は、中央政府が単に個々の市民に対して直接権能をもつというだけでなく、いっさいの人間ならびに事物に対し、それが合法的な統治の対象である限り、無制限の最高権をもつものであるということを含んでいる。一国民として統合された人民の間にあっては、この最高権は全国的な議会に対して完全に与えられる。これに対し特定の目的のために結合した複数の共同体にあっては、この最高権はその一部を中央の議会に、その一部を地方の議会に与えられている。前者、国家的機構の場合には、地方の官庁はすべて中央の最高官庁に従属しており、その意のままに支配、指導され、あるいは廃止されうる。これに対し、後者、つまり連合的機構の場合には、地方の官庁が、部分的には独立した最高権を保有しており、その固有分野においては中央の官庁に従属するものではないことは、中央の官庁がその固有の分野においては、地方の官庁に従属するものではないのと同様である。したがってこの関係からいえば、新政治機構案は国家的な政府とみなされるべきではない。というのも、中央政府の管轄権は、憲法に列挙された一定の目的にのみ及び、その他のすべての目的については侵すべからざる潜在主権を各州に残しているからである。中央と地方との管轄の境界に関して紛争が生じた場合、その境界を最終的に決定する裁判所は、中央政府の下で設立されることは事実である。しかし、このことは、別に右の原則を変更するものではない。決定は憲法の規定に従って公平になされるべきであり、この公平性を確保するためには、普通考えられている最も効果的な配慮がなされているからである。剣に訴えて争ったり、契約〔である憲法〕を破棄したりすることを防ぐためには、管轄の境界を定めるこの種の法廷が必要であることは明らかである。しかも、その種の法廷が地方政府の下ではなく、中央政府の下に設立されるべきであること、よりはっきりいえば中央政府の下にのみ安全に設立されうることは、まずは争う余地のないことであろう。

最後に、その修正がいかなる権威によって行われるかという点からこの憲法案を検討してみると、この憲法案は完全に国家的でもないし、また完全に連合的でもないことがわかる。もしこの憲法が国家的なものであるならば、その最高かつ最終的権威は、アメリカ全国民の多数の中にあることになろう。そしてこの権威は、およそ国民社会の多数の権威がそうであるように、現在の政治機構をいつでも変更したり、廃止したりすることができるはずである。これに反し、もしこの憲法案が完全に連合的な性格のものであるならば、各邦を拘束するようないかなる変更を行うにあたっても、連合各邦の一致した同意を必要とすることになる。憲法会議の起草した案による憲法修正の方法は、このいずれの原則とも一致していない。憲法修正のためには単純多数以上のものを、ことに数を計算する場合に、各市民の多数ではなく諸州による多数以上のものを必要としている点で、この憲法案は、国家的性格を失い、連合的性格を帯びるようになっている。しかし連邦を構成する全州の同意がなくても〔四分の三以上の州の同意で〕憲法を修正することができるとした点では、この憲法案は再び連合的性格を失い、国家的性格を帯びることになる。

したがって、要するに、この憲法案は、厳密にいえば国家的憲法でもなく、さりとて連合的憲法でもなく、両者の結合なのである。その基礎において、この憲法案は連合的であり、国家的ではない。政府の通常の権限の由来している源からいえば、この憲法案は一部連合的であり、一部国家的である。その権限の行使という点では、この憲法案は国家的であり、連合的ではない。その権限の範囲という点では、この憲法案は連合的であり、国家的ではない。最後に、憲法修正権の行使のしかたという点では、この憲法案は完全に連合的であるともいえないし、また完全に国家的であるともいえない。

一七八八年一月一六日

〔1〕本篇の文脈では、マディソンは、federal を confederation, confederacy, 国家連合(Staatenbund)、つまり独立諸邦の連合体の意味で使用しているので、federal を連合的と訳す。他方、national を単一の統一的な主権国家(consolidation)の意味で使用しているので、national を国家的と訳す。マディソンの意図は、新憲法案下の政府形体は両者のいずれでもなく、両者の混合体、連合国家(Bundesstaat)、連邦政体であることを示すことにあるといえよう。

第四〇篇　前篇のつづき　マディソン

憲法会議には、連合規約を改正してなかば国家的なかば連合的な政体を樹立するような憲法を制定する権限はないという反対論に応答している。マディソンは、憲法会議の権限を擁護しつつも、憲法案の作成は必ずしも合法的ではなかったということを認め、その越権行為をある種の革命権の行使として正当化している。

第四一篇　連邦に付与される権限についての概観　マディソン

外国の脅威に対する安全保障に関する権限を検討している。

第四二篇　前篇のつづき　マディソン

外交権および州際関係に関する権限を検討している。

第四三篇　前篇のつづき　マディソン

そのほかの権限について論じたあと、憲法案の承認が九邦の人民の同意によって得られるという規定について説明を加えている。

第四四篇　前篇のつづき・結論　マディソン

まず、憲法案に記された各州の権限の制限について検討したのち、「必要にして適切」条項および「最高法規」条項について説明を行なっている。

第四五篇　列挙された連邦の権限と留保された州の権限

マディソン

ニューヨーク邦の皆さんへ。

連邦政府に譲渡された権限は、どれひとつとして不必要でも不適切でもないことをあきらかにしたので、考察されるべき次の問いは、それらの権限の総体が、各州に残された権限にとって危険であるかどうかである。

連邦憲法会議の憲法案に反対する人びとは、最初に、どの程度の権力が連邦政府の諸目的にとって絶対不可欠なのかを考えないで、各州の政府に与えられることになっている権力の大きさが、どのような結果をもたらすかという二義的な問いに労力を傾けている。しかしながら、すでにのべてきたように、もし、連邦が外国からの危険に対してアメリカ国民の安全を守るのに不可欠であるのならば、もし、連邦が各州間の対立や戦争に対してアメリカ国民の安全を守るのに不可欠であるのならば、もし、連邦が自由の恩恵を損なわせる暴力的で抑圧的な党派に対して、あるいは、自由の源自体を徐々に毒していくにちがいない常備軍に対してアメリカ国民を守るのに不可欠であるのならば、すなわち、一言でいうならば、もし、連邦がアメリカ国民の幸福にとって不可欠であるのならば、連邦の目的を達成するには欠かすことのできない政府に対する反対論として、そのような政府は、各州の政府のもつ重みを傷つけると主張するのは馬鹿げていないだろうか。それならば、アメリカ革命がおこり、アメリカ連合が結成され、何千人もの尊い血が流れ、何百万人もの勤労の成果が惜しみなく費やされたのは、アメリカの人びとが平和と自由と安全とを享受しようというためではなく、各邦の政府や個々の自治機関がある程度の権力を享受し、主権のもつある程度の威信と属性とを帯びるためであったのだろうか。われわれは、人民は王のためにつくられたのであり、王が人民のためにつくられたのではないという旧世界における不遜な教義を聞いている。新世界においては、それと同じ教義が、人民の内容豊かな幸福は別の形態の政府を説く見解の犠牲に供されるべきであるという言い方でよみがえろうとしているのだろうか。政治家たちが、公共の善、すなわち、人民全体の真の福利が追求されるべき真の目的であり、どのような形態の政府であれ、この目的の達成に適うもの以外は、なんら価値をもたないということをわれわれが忘れているとみなしているとしたら、それはあまりにも早計である。もし、連邦憲法会議の憲法案が公共の幸福に反しているのであれば、わたしの内なる声はいう、憲法案を拒否せよと。もし、連邦それ自体が公共の幸福と矛盾するのであれば、それはいう、連邦を解体せよと。同じように、邦の主権が人民の幸福と調和しえないのであれば、よき市民たちの内なる声はみなこういうにちがいない、邦の主権を人民の幸福のために放棄しようと。どこまで放棄することが必要かは、すでに論じてきた。ここでの問題は、放棄されずに残されている主権がどこまで危険にさらされるのかである。

これまでの論説のなかで、いくつかの重要な考察が行なわれてきた。それらは、連邦政府の活動は徐々に州政府の存立を危うくすることがあきらかになるであろうという仮説に異議を唱えている。この問題について考えれば考えるほど、わたしは、天秤の一方にある連邦政府よりも他方にある州政府が重いことによって両者の均衡が失われやすいと確信を強めるようになった。

古典古代や近代のすべての国家連合の事例から、われわれは、連合加盟国のなかには連合を裏切って、中央政府からその権限を奪いとろうとする傾向が強く、他方、中央政府は、そのような侵害に対してみずからを守る能力はきわめて弱いということを知っている。これらの事例では、ほとんどの政府は現在考察中のものとはかなりちがっているので、過去の連合がたどった命運から導きだされた推論をアメリカ連合にあてはめにくくしているけれども、それでも、州は、憲法案のもとで相当に広汎な効力ある主権を保有するであろうから、この推論はすべてを不問に付されるべきではない。アカイア同盟では、同盟の中枢は、ある程度のある種の権力をもっており、そうであるがゆえに、この同盟を憲法会議によって構成された政府ときわめて似たものにしたといってもよいであろう。リュキア同盟は、政府の諸原理と形態とが伝えられているかぎりでは、憲法案との類似点はさらに多かったにちがいない。しかしながら、歴史は、このうちどちらが、単一の集権的な政府に堕落したとか、あるいは、堕落しがちであったと告げてはいない。逆に、われわれは、このうちのひとつの崩壊は、同盟の中枢には加盟都市国家間の不一致を抑えるだけの力がなかったこと、そして、ついには、加盟諸都市国家が分裂したことから生じたことを知っている。これらの事例は、もっと注意を払うだけの価値がある。というのは、加盟諸都市国家が一体となっていた外的な理由は、われわれの場合よりも、もっと数が多く、強力であり、したがって、内部の結束力が弱くても、加盟諸都市国家を中枢および相互に結びつけるには十分だったからである。

われわれは、封建制において同じような傾向が示されているのを見てきた。どの事例をとってみても、封建諸侯と人民とのあいだにはしかるべき共感が欠けていたのに対し、大君主と人民とのあいだに共感が欠けている事例が少なかったにもかかわらず、封建諸侯は、たいてい、権利侵害をめぐる対立において優位に立っていた。外からの危険が内部の調和と服従とを余儀なくしなかったならば、また、とりわけ、封建諸侯が人民の愛着を集めていたならば、ヨーロッパの大王国は、かつて封建諸侯が存在したように、いまでも、多くの独立した小君主から構成されていることであろう。

州政府と連邦政府とを、一方の政府のもう一方の政府への直接的な依存の度合、それぞれの政府の構成員がもつであろう個人的な影響力、それぞれに付与されている権限、人民の好みや予想される支持、それぞれの側の方策に抵抗したり妨害を加えたりする傾向や能力などの点について比較してみると、州政府が連邦政府よりも強みをもっているだろう。

州政府は、連邦政府の構成要素であり、しかも不可欠な要素であるのに対し、連邦政府は、州政府の活動や組織にとってなんら不可欠ではない。州の立法部の介在なしには、合衆国の大統領を選ぶことはできない。州立法部は、すべての大統領の任命においてかなりの程度まで関与するにちがいないし、そして、おそらく、ほとんどの場合、州の立法部自身が、その任命を決定するであろう。上院は、絶対的かつ排他的に州立法部によって選出される。下院でさえも、人民によって直接選出されるとはいえ、人民への影響力を行使して州の立法部に選出されるような人びとの影響力によって選択されることが多いであろう。こうして、連邦政府の主要な部門は、いずれもその存在を多かれ少なかれ州政府の支持に負っており、したがって、ある種の依存感を覚えるはずであり、それは、州政府に対して高圧的ではなく、柔順な態度をうみだすことの方がはるかに多い。他方、州政府の各部門は、いかなる場合においても、その任命を連邦政府の直属機関に委ねないであろうし、連邦政府を司る人びとのもつ地元への影響力に左右されることも、たとえあるとしてもきわめて少ないであろう。

連邦政府の憲法のもとで雇用される人員は、各州で雇用される数よりもずっと少ないであろう。したがって、州の場合よりも、連邦においては、個人的な影響力がおよぶ程度は低いはずである。一三州、および新州の立法・行政・司法の各部門の構成員、治安判事、民兵隊の士官、裁判所の行政事務官と、すべての郡やタウンの公務員は、三〇〇万をこえる国民からみれば、ありとあらゆる階層の人びとと交わり、親しくなるはずであり、連邦政府の運営のために雇用されるあらゆる職種の人びととくらべて、数においても影響力においても、比較にならないほど勝《まさ》っているにちがいない。司法部の治安判事をのぞいた一三の州の三大部門の人員と連邦政府のそれに対応する部門の人員とを比較してみよう。三〇〇万国民の民兵士官と、創設される蓋然性のある、いや、可能性のあるともいっておこうか、ともかく、そのような予測のうちにある常備軍の陸軍および海軍の士官とをくらべてみよう。われわれは、これについては、州の優位が決定的であるといってもよいであろう。もし、連邦政府が徴税吏をおこうとするなら、州政府もまたそうするであろう。そして、連邦政府の徴税吏は、基本的には大西洋岸に配置されることになるので、それほど数は多くはないが、州政府の徴税吏は、全土にわたって派遣されるであろうから、その数はきわめて多く、この点でもまた、州政府が優位に立つ。連邦が全州にわたって関税および内国税を徴収する権限をもち、また、執行するというのは事実である。しかし、この権限は、歳入を補充する目的以外に行使されないということ、州には割当金をすでにみずから徴収しておいた税でまかなうという選択が与えられているということ、さらには、連邦それ自体の権限による徴収も、結果的には、多くの場合、各州が任命し指定した官吏と規則にしたがって行なわれるということは確実である。ほかの例をとってみても、とりわけ、司法機構においては、州の公務員が、州でもっているのと同じ権限を連邦《ユニオン》から与えられるということが、実際、起こるにちがいない。内国税の徴税吏が連邦政府によって独自に任命されたとしても、すべての徴税吏がもつ影響力は、天秤のもう一方にある各州の無数の徴税吏のもつ影響力にくらべるべくもない。連邦政府の徴税吏がひとりずつ配置されるあらゆる徴税区において、三、四十人もしくはそれ以上の数のさまざまな職種の官吏がおり、その多くは人格、貫禄ともすぐれており、州の側に有利なように影響力を行使する。

憲法案によって連邦政府に委託された権限は、数が少なく限定されてもいる。州政府に残される権限は、数も多くしかも無限定である。連邦政府は、原則として、戦争、和平、外交交渉、および外国との通商など対外的目的を担当し、課税権はほとんどこの最後の目的にかかわっている。各州に留保された権限は、通常業務において、国民の生命、自由と財産、あるいは、州内の秩序、内陸開発、および繁栄に関するあらゆる目的にまでおよぶであろう。

連邦政府の活動は戦争や危機のときに、州政府の活動は平和と安全が保たれているときに、それぞれもっとも拡大しもっとも影響力をもつ。おそらく、戦争や危機の期間の方が平和や安全の期間よりも短いので、州政府は、ここでもまた、連邦政府に対して優位に立つことができる。連邦の権力が国防のために適切になればなるほど、連邦政府を各州の政府より優位にさせるような危機が訪れることはますます少なくなるであろう。

もし、新憲法が正確さと公平さをもって考察されるならば、それが提案している改変は、連邦に**あらたな権限**を付加する点にではなく、それのもつ**もともとの権限**に活力を与える点にあることがわかるであろう。たしかに、通商の規制はあらたな権限である。しかしながら、それをつけ加えることには、ほとんどだれも反対しないし、それについていかなる不安もいだかれていないようだ。戦争や和平、陸軍と海軍、条約と財政に関する権限は、ほかのさらに重要な権限とともに、連合規約によって現行の連合会議にすべて与えられている。提起されている改変は、これらの権限を拡大することではなく、それらを執行するためのより有効なやり方に変えるだけなのである。課税に関する改変がもっとも肝腎であるとみなされているかもしれない。けれども、現在の連合会議が、共同防衛や全体の福利のために各邦に無限の資金の供出を**要求する**完全な権限をもっていたとすれば、将来の連邦議会は、それと同じことを行なう権限を個々の市民に対してもつのであり、しかも、各州の市民は、これまでかれらの属した邦にそれぞれ課せられていた割当額以上の金銭を負担することにはならないだろう。もし、各邦が連合規約を遵守していたのであれば、あるいは、各市民に対して支障なく用いられることになるであろう平和的な手段で連合会議が各邦にその遵守を強制できていたのであれば、われわれの過去の経験は、邦政府が憲法上の権限を失い、徐々に完全な集権化を被ってきたという見解を決して受けいれはしない。そのような事態が起こってきたと主張することは、とりもなおさず、邦政府の存在は、連邦《ユニオン》の基本的な目的を達成するいかなる連邦政府とも相容れないというに等しいであろう。

一七八八年一月二六日

第四六篇　連邦政府および州政府と人民との関係

マディソン

ニューヨーク邦の皆さんへ。

前回の論説の主題をもう一度とりあげ、連邦政府と州政府のどちらが人民の愛着と支持とに関して優位に立っているかを探ってみよう。両政府は設立のされ方には違いがあっても、われわれは、両者とも合衆国の全市民に深く依存しているとみなさなければならない。わたしは、ここでは、この見解を前提とし、その証明は別の機会に譲る〔第五二篇—第八五篇〕。連邦政府と州政府とは、実際には、それぞれが人民の代理および信託の機関であり、別々の権限をもって設立され、別々の目的を帯びている。憲法案の反対者たちは、この問題を議論する際に、人民を考慮に入れておらず、これら二つの政府を、互いに競争や対立する相手としてみているだけではなく、互いの権限を簒奪しようというそれぞれの企てにおいて、双方の上位にあるものによってなんら抑制されない存在として捉えているようにもみえる。このように論じる紳士たちは、ここで、自分たちの過ちに気づかなければならない。かれらは、究極的な権威は、それに基づいた政府がどこにみいだされようとも、人民のみに存するのであり、両政府のどちらもが、あるいはどちらかが、他方の犠牲においてその管轄権を拡大できたとしても、それは、それぞれの政府の野心や巧妙さの違いのみによるのではないと告げられるであろう。あらゆる場合において、そのような事態は、両政府の共通の構成員の意向と承認とによって生じるとみなされるべきであるというのが、妥当な判断であるし、真理にもかなっている。

以前にしめしたこと〔第一七篇〕以外にも、多くの考察によれば、人民の自然な愛着は、まずなによりも、そしてもっとも強く自分たちの州の政府に向けられるというのは、疑いないように思われる。それぞれの州の運営には、より多くの市民が参加するであろう。州政府による恩恵として、より多くの公職と報酬とがもたらされるであろう。州政府の監督によって、人民の生計にかかわる個人的利益は、よりいっそう調整され考慮されるであろう。州政府の業務に、人民はより親密かつ詳細に精通するであろう。そして、州政府の公務員たちと、より多くの人民は、個人的な面識や友誼《ゆうぎ》によって結ばれ、家族同士の、あるいは社交の場での愛着の絆をもつようになるであろう。かくして、人民の贔屓《ひいき》は、州政府の側にもっとも強く向けられると考えてもよい。

この点については、経験も同じことを語っている。連合の統治機関は、よりすぐれた政府のもとで期待されるものとくらべて、これまで欠陥だらけであったけれども、戦争中、とりわけ、紙幣発行の独立基金に資金があったときには、将来のいかなる状態においてももちうるような強い活力をもち重要な地位を占めていた。連合の統治機関はまた、貴重なものすべての保護と人民全体に望ましいものすべての獲得を目的とする一連の方策の遂行にも暇《いとま》がなかった。にもかかわらず、初期の連合会議への一時的な熱狂がさめると、人民の関心と愛着とは、ふたたびそれぞれ自分たちの政府へと向けられ、連合会議が人民の偏愛する偶像になることはなく、その権限を拡大し地位を向上させるという提案への反発は、同胞市民の愛着の上に自分たちの政治的基盤を築こうとする人びとによってよく取られる態度であるというのが、どこでも変わることのない光景であった。

それゆえ、ほかの論説〔第二七篇〕で記したように、人民が、将来、州政府よりも連邦政府の方に好意的になるとすれば、そのような変化は、過去の悪癖を清算するような、よりすぐれた統治を行なっていることについての明白で否定しえない証明によってのみ生じうる。そして、その場合、人民は、かれらが連邦政府にもっともふさわしいと考える領域で最大限の信頼を与えるのをいささかも妨げられるべきではない。ただし、その場合においても、州政府はなんら危惧すべきことはない。というのは、連邦の権力は、事の性質上、有効に執行されるのは、ある特定の領域に限られるからである。

わたしが連邦政府と州政府とを比較しようと考えている残りの論点は、それぞれがどの程度、互いの方策に反対し妨害しようとする傾向と能力とをもっているかである。

州政府の公務員が連邦政府の公務員に依拠している以上に、連邦政府の公務員は州政府の公務員に依拠しているということは、すでに証明してきた〔第一七篇〕。両政府が依拠している人民の愛着が連邦政府の側にではなく州政府の側にあるということもはっきりしている。一方の側の他方の側に対する対応の仕方がこれらの要因で決まるのであれば、州政府はあきらかに優位に立つにちがいない。しかしながら、より重要と思われる別の観点から見ても、優位は州政府の方にある。公務員たちが連邦政府にもちこむ愛着は、たいていは、州に好意的であるのに対し、州政府の公務員が中央政府への偏愛を州議会にもちこむことはめったにないであろう。各州の立法部に国への愛着心がゆきわたるよりも、はるかに、連邦議会の議員たちのあいだに地元への愛着心が広がるのはまちがいないであろう。州の立法部の犯す過ちの大部分は、議員たちが、州の全体的かつ永続的な利益をかれらが住んでいる郡や選挙区の特有の個別的な目論見のために犠牲にする性向から生じていることは、だれもが知っている。そして、もし、州議会の議員たちが、自分たちの州全体の福利を育めるほど政策をおしひろめないのであれば、かれらが、連邦の全体の繁栄および連邦政府の威信と尊敬すべき地位とを愛着と顧慮の対象とするということを、どうすれば思い描くことができるであろうか。州の立法部の議員たちが国家目標にあまり執着しないのと同じ理由で、連邦の立法部の議員たちは、地元の目的ときわめて強くかかわりをもつであろう。州の連邦に対する関係は、郡やタウンの州に対する関係と同じである。連邦の諸方策は、国家の繁栄や幸福にではなく、各州の政府や人民の偏見、利害、および日々の営みにうまく応えられるかどうかによってほとんど決定されるであろう。連合会議での審議を一般的に特徴づけていた精神はなんであろうか。そこに議席を占めていた人びとの率直な告白や会議の議事録を丹念に調べてみてわかるのは、議員たちが、共通の利益の公平な守護者というよりも、自分の邦の代弁者としての性格をいつでもあらわにしていたにすぎず、連合政府の権限拡大により地元への考慮が不当に犠牲にされたことが一回あったとすれば、国の重要な利益が各邦の地方的偏見、利害、思惑への不当な配慮によって阻害されたことは一〇〇回にもなるということである。これらの考察により、わたしは、あたらしい連邦政府は、現行の政府が遂行するよりも広範囲の政策に取り組む予定がないであるとか、ましてや、その視野は州の立法部の視野同様に狭くなるだろうとかいうつもりはない。いいたいのは、ただ、あたらしい連邦政府は、国への愛着心と地元への愛着心という両方の精神を十分に帯びて、各州の権限や州政府の特権を侵害はしないだろうということである。連邦政府の権限を流用することによって自分たちの特権を強化するという州政府の側の動機は、連邦政府の公務員たちのあいだにそれに報いようという傾向がないために、抑制されないであろう。

しかしながら、連邦政府が、州政府と同じように、正当な範囲を超えてその権力を拡大したいと思うかもしれないと認めたとしても、州政府は、そのような権利侵害を阻止する手段において、やはり有利な立場にある。もし、ある州の法律が、全国的政府には好ましくなかったとしても、その州においておおむね評判がよく、しかも、州の公務員の宣誓にあまりにはなはだしく背くことがなければ、それはただちに、そして、いうまでもなく、州で利用できる州だけに依拠した手段で執行される。連邦政府の反対もしくは連邦政府の公務員の介入は、州の側のすべての党派の熱狂をかきたてるだけであり、なんらかの手だてを講じようとしても、その弊害は、つねに困難をともない嫌気のする手段に頼ることなしには、防ぐことも治すこともできない。他方、ほとんどの場合に見られるように、もし、連邦政府の不当な方策が、ある州で評判がよくなかったり、あるいは、ときとして起こるように、もし、連邦政府の正当な方策が、ある州で評判がよくなかったりすれば、その方策に抵抗する手段は強力であり、手近なところにある。人民の動揺、連邦政府の公務員と協調することへのかれらの反発もしくは拒絶、州の行政部の反対の表明、立法措置による妨害などは、そのような場合に、しばしばまとまって起こり、どの州においても侮《あなど》りがたい反対をひきおこすし、大州においては越えがたい障害となり、隣接するいくつかの州の感情がひとつになるようなところでは、連邦政府が対抗しようという気になれないほどの妨害行為をもたらすであろう。

しかし、連邦政府による州政府の権威への大胆な侵害は、一州もしくは数州のみの抵抗を招くのではない。その侵害は全体への警戒警報となるであろう。すべての州政府は共通の大義を支持する。通信連絡網が開かれる。抵抗案が練られる。ひとつになった精神が全体を動かし、先導する。すなわち、外国への隷従にたいする不安がひこおこしたのと同じ結びつきが、連邦政府にたいする不安からうまれるであろう。そして、現状を改変する目論見が自発的に放棄されないかぎり、かつて起こったのと同じように、力の裁きに訴えられるであろう。だが、どのような狂気が連邦政府をそのような極端なふるまいへと追い込めるのであろうか。イギリスとの抗争においては、帝国の一部がほかの部分と対立した。人口の多い部分が人口の少ない部分の権利を侵害した。その企ては不正であり無分別である。しかし、それは、推測の域を越えて、まったく想像できないというほどでもなかった。では、いまわれわれが仮定している抗争についてはどうであろうか。だれが当事者なのか。人民の代表のなかの少数の人間が人民に抵抗するか、もしくは、一組の人民の代表団が、連邦および州のいずれの構成員でもある市民すべての支持を得た一三組の人民の代表団と対立することになるであろう。

州政府の失墜を予言する人びとにとって唯一残された口実は、連邦政府が野心の企みのためにあらかじめ軍隊を増強するかもしれないという常軌を逸した想像である。もし、このような危険が現実味を帯びていることを、いまここで論駁しなければならないのならば、これまでの一連の論説に織り込まれた論証は、ほとんどなんの役にも立っていなかったことになる。人民と州とが、かなり長い期間にわたって、両者を裏切ろうとしている人びとを途切れることなく継続的に選出するということ、その期間をとおして、裏切り者が軍隊を増強するための確固たる計画を統一的かつ組織的に遂行するということ、そして、各州の政府および人民が、静かに我慢してしだいに強まるこの嵐を見守るとともに、それに人的物的資源を供給しつづけ、ついには、その嵐が自分たちの頭上に突然襲いかかるのに備えるということは、だれの目にも、真の愛国心に発する冷静な判断として受け取ることはできず、むしろ、錯乱した妬みに発する支離滅裂な空想、もしくは、まやかしの熱意に発する誤った誇張にしか聞こえない。これは途方もない想像であるけれども、それが語るところにまかせてみよう。国の資源に十分に見合った常備軍がつくられ、それが完全に連邦政府の意のままになると考えてみよう。その場合でも、人民を味方につけた州政府はその危機をはねのけられるといってもいいすぎではないであろう。もっとも信頼できる計算によれば、一国で維持できる常備軍の数の上限は、全人口の一〇〇分の一、もしくは、武器を使える人数の二五分の一を超えない。この比率によれば、合衆国では、二万五〇〇〇人ないし三万人以上の軍隊をつくれないことになる。この軍隊に対して、みずから武装した約五〇万人の市民からなる民兵が、自分たちのなかから選んだ士官によって指揮され、自分たちの共通の自由のために戦い、自分たちの愛着と信頼とを集めている諸州政府によって統率されて抵抗するであろう。こうした状況で、民兵が、そのような比率で構成された常備軍によって打ち負かされてしまうのかどうか疑問が出てくるのももっともである。この国がイギリスの軍隊に対して成功を収めたこのまえの抵抗について精通している人びとほど、その可能性を否定しようとする傾向が強いであろう。アメリカ人がほかのほとんどすべての国民に対してもつ強みである市民皆武装に加えて、人民の帰属心を得ており、民兵の士官を任命する下位の政府の存在は、野心ある企みに対して、いかなる形態の単一政府がなしうるよりも難攻不落の障壁となっている。ヨーロッパのいくつかの君主政国においては、国庫の許すかぎりに増強された軍隊があるにもかかわらず、政府は人民に武器を預けることを恐れている。そして、人民が、もし、この武器の助けを得ることができるとき、それだけで、そのくびきを断ち切ることができないのかどうかはあきらかではない。しかしながら、もし、人民が、国民の意思を結集し、国民の武力を指揮することができる自分たちの選んだ地方政府と、この政府によって民兵のなかから選ばれ、政府や民兵に忠実な士官とを利点としてあわせもつならば、ヨーロッパにおけるあらゆる専制君主は、そのまわりを軍隊が取り巻いているにもかかわらず、簡単に玉座を転覆させられるということを、これ以上ない確信をもって断言してもかまわない。アメリカ市民が、自分たちが実際にもっている権利を守ることは、恣意的な権力のもとで身を落とした臣民が、圧制者の手から自分たちの権利を奪還するよりもむずかしいのではないかと疑うことによって、自由で勇気あるアメリカ市民を辱めないようにしようではないか。アメリカ市民は、長期にわたって狡猾な手段に盲目的かつ従順に服従することによって、その結果として生じるにちがいないいまのべた実験をする必然性に身をさらすことになると勝手に推測して、アメリカ市民を辱めないようにしようではないか。

この論説の冒頭での議論は、こうしてみてくると、結論といってもよいきわめて簡潔な表現で提示できる。連邦政府が構成されることになる形態は、人民に十分に依拠しているのか、それとも、そうではないのか。もし、前者であるならば、連邦政府は、人民に依拠しているがゆえに、その構成者であるかれらにとって嫌悪すべき計画を立てないよう踏みとどまるであろう。後者の場合には、連邦政府は人民の信頼をかちえておらず、その権力簒奪の計画は、人民によって支持される州政府によって簡単に打ち負かされるであろう。

この論説と前回の論説とであきらかにした考察を要約すれば、それは、連邦政府に与えられるよう提案されている権限は、連邦《ユニオン》の目的を達成するのにどうしても必要であるし、各州に留保されている権限にとってほとんど恐れるに足らないものであり、州政府の計画的かつ必然的な消滅について喧伝されていた警告のすべては、もっとも好意的に解釈しても、それらの警告者たちの杞憂のせいにちがいない、というもっとも説得力のある証拠となるようにみえる。

一七八八年一月二九日

第四七篇　権力分立制の意味

マディソン

ニューヨーク邦の皆さんへ。

以上、新憲法案において提案されている政治機構の全体像と、その政府に委ねられるべき権限全体について検討してきた。ここで、私は、この政府が、いかなる具体的構造をもっているのか、またその各構成部分に対し、この権限全体がいかに配分されているのかの検討に移りたい。

この憲法案に反対する人びとの中でも、尊敬すべき人びとによって主張されている主なる反対論のひとつに、立法・行政・司法の各部門は明確に分離されていなければいけないという政治上の公理を、この憲法案は破っている、という反対論がある。つまり連邦政府の機構を規定するに際し、自由の擁護のために不可欠の〔権力分立という〕この予防措置に対して、何らの考慮も払われていないというのである。そして、この憲法案においては、各部門への権力の配分や配合は、形体上の均整や美しさを直ちに破壊しかねない仕方で行われており、その構成においてある部門が不当に重視されているために、その犠牲となって押しつぶされてしまう危険にさらされている他の部門もある、というのである。

この反対論の論拠となっている権力分立論は、たしかに、きわめて重要な価値をもつ政治的真理であり、自由を擁護する聡明な人たちの支持を受け、権威ある主張となっている。立法・行政・司法の権限がすべて一つの掌中に帰することは、それが単数であれ、少数であれ、多数であれ、あるいは世襲であれ、僭主であれ、選挙によるものであれ、まさしく専制政治の定義そのものであるといえよう。したがって、かりにも、この憲法案が、権力の集中の故をもって、あるいは権力集中への危険な傾向をもつ権限の混合の故をもって、現に非難されてしかるべきものであるとするならば、それ以外の論議をまつまでもなく、ただもうそれだけで、この憲法案に対する一般の非難を招くに十分であろう。しかし、私としては、この非難が当を得ていないこと、またそれが論拠とする公理そのものが全く誤解されており、誤って適用されていることを、万人に明らかにすることができるものと考えている。この権力分立という重要な問題を正しく理解するためには、自由を保持するにあたって、三つの重要な権力部門が明確に分離されていることが必要であるということが、真に意味するものは何であるかを検討することが適当であろう。

この権力分立の問題について常に参照され利用される権威としては、かの高名なるモンテスキューがいる。モンテスキューは、この政治学上の貴重な教説の創始者ではないとしても、少なくとも、これを最も効果的に展開し、人にすすめ、これに広く人類の注意を集めた功績は、彼のものである。したがって、まず、モンテスキューが、権力分立制をもって、何を意味していたかを確かめる必要があろう。

イギリス国制とモンテスキューとの関係は、いわばホメロスと、叙事詩について説明する作家たちとの関係のごときものである。これらの作家たちは、この不滅の詩人ホメロスの作品を、そこから叙事詩学の原理、原則が引きだされ、それを基準としてあらゆる叙事詩が評価されるべき、完全無欠の模範とみなしてきた。それと同様に、この偉大なる政治評論家モンテスキューは、イギリス国制を、政治的自由をはかる基準、彼自身の表現を使えば、政治的自由をうつす鏡とみなし、イギリス固有の制度に特有のいくつかの原理を、一般的な基本的真理として論じてきたように思われる。したがって、この件に関する彼の真意を誤解することのないように、この権力分立の公理が引きだされた源であるイギリス国制そのものを検討してみることにしたい。

イギリス国制を一瞥しただけでも、立法・行政・司法の各部門が、決して完全に明確に、分離されているのではないことを認めざるをえない。たとえば、行政首長〔である国王〕は、立法部の不可欠な一部を構成している。彼のみが、外国の君主と条約を締結する大権を所有しているが、条約は、一度締結されれば、一定の制約の下にであるが、立法部の制定した法律としての効力をもつことになる。司法部の成員はすべて国王によって任命され、議会の両院の要請があれば、国王によって解任される。さらに、国王がその意見を求める場合には、司法部の成員は、国王の憲法上の諮問機関の一部を構成することになる。他面、立法部の一院〔上院〕も、行政首長〔である国王〕に対する憲法上の諮問機関を構成し、しかも弾劾裁判に関しては司法権を専有し、その他の件すべてに関して、上訴審としての管轄権を与えられている。判事は、立法上の投票権は認められてはいないが、しばしば議会の審議に出席し参加することが認められている限りでは、立法部とも関係をもっている。

　これらの事実は、いずれもモンテスキューも参考にしたにちがいないが、これらの事実からしても、はっきりと推察されるように、モンテスキューが「立法権と行政権とが同一人あるいは同一の機関に集中されている時には、自由は存在しえない」とか、あるいは「裁判権が立法権や行政権から分離していない時には、自由は存在しえない」とか語る時、彼はこれらの各部門が他部門の行為につき、部分的にも代行機関であったり、いささかなりとも抑制権をもつべきではないことを意味したのではなかった。モンテスキューが真に言おうとしたことは、彼自身の言葉から察せられるように、また彼の眼にした事例によってさらに決定的に示されているように、ある部門の全権力が、他の部門の全権力を所有するものと同じ手によって行使される場合には、自由なる憲法の基本原理は覆される、ということ以上には出ないのである。たとえば、彼が検討したイギリス国制の場合についていえば、もし唯一の行政首長たる国王が、立法権のすべてを把握したり、司法権の最高執行権を所有していたならば、あるいは、立法機関全体が最高の司法権を所有したり、最高の行政権を所有していたならば、この言葉がそのまま当てはまっていたことになろう。しかし、こうした完全な権力集中はイギリス国制の欠陥の中にはなかったのである。全行政権を掌握している国王も、どの法律に対しても拒否権を行使することはできても、彼自身が法律を制定することはできないのである。また、裁判を行うものを任命することはできても、自分自身で裁判を行うことはできない。判事は、執行という幹から出た枝ではあるが、行政権を行使することはできず、また立法議会から助言を求められることはあっても、みずから立法権を行使することはできない。立法部は、両院の合同行為によって判事をその職から解任することができ、またその一院〔上院〕は、最終審としての司法権を所有してはいるが、立法部全体が司法行為を行うことはできない。さらに、両院のうち一院〔下院〕は最高行政機関〔内閣〕を形成し、他の一院〔上院〕は、〔その出席議員の〕三分の一の弾劾により、行政部のあらゆる官吏を審理し、有罪を宣告することができるが、立法部全体としては、いかなる行政権をも行使することはできない。

モンテスキューが権力分立の公理をたてる際その論拠としたいくつかの理由があるが、その理由も、彼の真に意味したところをさらによく示している。たとえば、彼は次のごとくのべている。「立法権と行政権とが同一人あるいは同一の機関に集中されている時には、自由は存在しえない。というのは、同一の君主ないし元老院が、専制的な法律を制定し、それを専制的な仕方で執行するという恐れが生じうるからである」。また「裁判権と立法権とが結びつくと、臣民の生命と自由とは恣意的な支配にさらされることになろう。というのは、その場合、裁判官が同時に立法者となるからである。もし、裁判権に行政権が結びつくと、裁判官は、圧制者のような暴力をもって行動するかもしれない」ともいっている。権力分立の必要を説くこれらの論拠には、ここに引用したように簡単にのべられている限りでも、この高名なモンテスキューの著名な公理について、われわれが与えた意味の正しさを立証してあまりあるといえよう。

次にアメリカ各邦の憲法を検討してみると、この公理が非常に強調され、時には無条件的な表現をもってのべられているにもかかわらず、権力の各部門が完全に明確に分離されている事例は、ひとつとして存在していないことがわかる。ニューハンプシャー邦の憲法は、最も最近に制定されたものであるが、これらの諸部門の混合をすべて避けるということは不可能であり、かつ不適当でもあることを十分に意識していたようであり、「立法権・行政権・司法権は、自由な政府の本質に反さない限り、あるいは、全政治構造をして統一と調和とをもつ一体として結びつけている一連の関係と矛盾しない限り、相互に分離、独立しているべきである」と規定することによって、この権力分立の教義の意味を限定してきたのである。したがって、その憲法は、これらの諸部門をしていろいろな面で混合させている。たとえば、立法部の一院である上院は、また弾劾裁判における司法裁判所でもある。行政部の首長たる知事は、上院の議長でもあり、あらゆる場合に他の議員と平等の一票をもつのみならず、賛否相半ばしたときに決定票を投ずることもできる。行政首長自身、毎年立法部によって選ばれ、また彼の参議会は、毎年立法部の成員によって互選される。邦の公務員の何人かは、やはり議会によって任命されることになっている。司法部の成員は、行政部によって任命される。

マサチュセッツ邦憲法も、この自由のための基本的条項を規定するにあたっては、ニューハンプシャー邦憲法ほど明確ではないが、十分な注意を払っている。マサチュセッツ邦憲法は、「立法部は行政権および司法権、あるいはそのいずれか一方を、決して行使してはならない。行政部は立法権および司法権、あるいはそのいずれか一方を、決して行使してはならない。司法部は立法権および行政権、あるいはそのいずれか一方を、決して行使してはならない」と宣言している。この宣言は、さきに説明したモンテスキューの教義に正しく合致するものであるが、連邦憲法会議の憲法案も、この宣言をいかなる点においても侵すものではない。この宣言は、全体のいずれかの一部門に対し、他の部門の権限を行使することを禁止している以上に出るものではない。事実、マサチュセッツ邦憲法においては、この権利の宣言につづく「政府の組織」において、各部門の権限が部分的には混合することが認められているのである。たとえば、行政部の首長は立法機関に対して一定の拒否権を保有し、立法部の一部である上院は、行政部および司法部の成員に対して弾劾裁判所となる。司法部の成員は、行政部によって任命され、両院の要請により、行政部によって解任されうる。最後に、一定の公務員は、毎年立法部によって任命されることになっている。公職、ことに行政職に対する任命は、本来その性格において、行政機能というべきものである以上、マサチュセッツ邦憲法制定者は、少なくともこの最後の点については、自分たちのつくった原則を破ったことになる。

ロードアイランド邦およびコネティカット邦の憲法については、ここで論ずることを省略したい。というのも、この両邦の憲法は、アメリカ革命以前に制定されたものであり、しかも、ここで検討している権力分立の原則が政治的な注目を浴びる以前のものだからである。

ニューヨーク邦憲法は、権力分立について、何らの宣言をも含んでいない。しかし、相異なる各部門を不当に混合することの危険性には、十分に注意して制定されたものであることは、はっきりうかがわれる。にもかかわらず、やはり、たとえば、行政首長には立法部に対するある種の抑制力を与えており、さらに、司法部にも立法部に対する抑制力を与えており、しかもこの抑制力の行使に際しては、行政部と司法部とを、協力させることさえしているのである。また、公務員任用の委員会においては、行政部ならびに司法部の公職任命にあたって、立法部の議員は行政部と協力してこれを行うことになっている。弾劾裁判や誤審修正のための法廷は、立法部の一院と、司法部の主たる成員によって構成されている。

ニュージャージー邦憲法は、前述したどの憲法よりも、政府各部門の権限を混合している。行政首長たる知事は、立法部によって任命され、同邦の衡平裁判所首席判事、遺言検認判事、あるいは後見管轄判事でもあり、上告最高裁判所の一員であり、立法部の一院〔上院〕においては決定投票権をもつ議長でもある。上院は、また知事の行政参議会として機能し、知事とともに上告裁判所を構成する。司法部の成員は立法部によって任命され、立法部の一院の弾劾に基づき、他の一院によって解任されうる。

ペンシルヴェニア邦憲法によれば、行政部の首長である知事は毎年投票によって選任されるが、その際には立法部が圧倒的な発言権をもつ。行政参議会とともに、知事は司法部の成員を任命し、かつ司法部、行政部を問わず、全公務員に対する弾劾裁判所を形成する。最高裁判所判事ならびに治安判事は、立法部によって解任されうるようである。恩赦を行うという本来行政的な権限も、一定の場合には立法部に付託されることになっている。行政参議会の成員は、同邦を通じて職権上治安判事を兼ねることになっている。

デラウェア邦では、行政首長は毎年立法部によって選出される。立法部の両院の議長は行政部における副知事ともなっている。行政首長は、立法部の各員が三名ずつ任命する計六名の者とともに上告最高裁判所を構成し、さらに立法部とともに他の判事を任命する。アメリカ各邦を通じ立法部の議員は治安判事をも同時に兼ねうるようであるが、デラウェア邦においても、立法部の一院の議員は職権上、治安判事となり、また行政参議会の成員ともなっている。行政部の主な公務員は、立法部によって任命され、議会の一院は弾劾裁判所を形成する。すべて公務員は議会の要請に基づいて解任されうることになっている。

メリーランド邦は、この権力分立の公理を最も徹底した形で採用し、立法権・行政権・司法権は、相互に永久に明確に分離されなければならない、と宣言している。しかし同邦の憲法も、行政首長は立法部によって任命され、司法部構成員は行政部によって任命されることとしている。

ヴァジニア邦憲法では、この点についてさらに明確に規定されている。同邦の憲法は次のごとく宣言している。「立法部・行政部・司法部は、明確に分離されるべきである。いずれの部門も、他の部門に当然に属している権限を行使することのないように分離され区別されなければならない。また何人も三部門のうち一部門以上の権限を同時に行使することは許されない。ただし、郡裁判所の判事は、議会のいずれかの一院の議員に選出されうる」。しかし、下級裁判所の判事に関するこの明白な例外だけではなく、その他にも多くの例外があることがわかる。すなわち行政首長ならびに行政参議会は議会によって任命され、行政参議会の成員は三年ごとに二名が議会の意思に基づいて交替させられ、さらに行政部、司法部を通じ主要な職員は、すべて立法部によって選任されることになっている。行政大権である恩赦も、ある事例については立法部に与えられているのである。

ノースカロライナ邦の憲法は「政府の立法権・行政権・最高司法権は、相互に永久に明確に分離されていなければならない」と宣言しているが、同時に行政部の首長のみならず、行政部および司法部内のいっさいの主要な職員の任命を立法部に委ねているのである。

サウスカロライナ邦においては、憲法によれば、行政首長は立法部によって選任されることになっている。同憲法は、さらに治安判事および保安官を含めた司法部の職員の任命権、また邦の陸海軍の大尉にいたるまでの行政部の職員の任命権を、立法部に与えている。

ジョージア邦の憲法においては「立法部・行政部・司法部は、それぞれ他に当然属している権限を行使することがないように、明確に分離されるべきである」と宣言しているが、行政部は議会の任命によって充足されることになっており、また行政大権である恩赦も最終的には同じく立法部によって行使されることになっている。治安判事ですら議会によって任命されることになっている。

以上、立法部・行政部・司法部の三部門が完全に明確に分離されていない事例をあげてきたが、私としては、この文章が若干の邦が保有している特定の組織形体を擁護するものと見なされることのないよう望むものである。これらの邦政府が示している多くのすぐれた原理の中にも、それらの邦憲法が制定される際に、やはり拙速に走り、ことに経験が不足していることを示す痕跡が顕著に認められる。各部門の混合がはなはだしいために、時には各部門の権限が事実上統合されているために、権力分立の基本原則が侵されている邦のあることも、あまりにも明らかである。紙の上に記述された権限の分離を、実際に維持するための十分な規定が設けられている例のないことも、また、きわめて明白である。自由な政府の神聖なる公理である権力分立の原理を、新しい憲法案は侵しているとの非難に対し、この公理の創始者によって付与された真の意味からいっても、またこの公理が従来アメリカにおいて理解されてきた意味からいっても、その非難が当を得ていないことを、私としては明らかにしたいと望んできたのである。この興味ある権力分立の問題については、さらに次篇で検討をつづけることにしたい。

一七八八年一月三〇日

第四八篇　立法部による権力侵害の危険性

マディソン

ニューヨーク邦の皆さんへ。

前篇で検討したように、権力分立制についての公理も、立法部・行政部・司法部が相互にまったく関連をもってはならない、ということを意味するものではなかった。次に、私はさらに一歩進めて、この三部門が相互に憲法上の抑制権を行使しうるように、互いに関連、混合していなければ、自由な政府にとって不可欠なものとして要求されている権力分立の公理は、実際には正しく維持することができないことを示したいと思う。

政府の三部門のいずれかに当然属すべき権限は、他の部門がこれを直接かつ全面的に行使してはならないことについては、すべての人のあいだで意見の一致をみているところである。また、政府のいずれの部門にせよ、その権限を行使する場合に、直接的にせよ間接的にせよ、他の部門に対して圧倒的な影響力をもつようなことがあってはならないことも、これまた等しく明白である。権力というものは、本来、他を侵害する性質をもつものであり、したがってそれに与えられた限界をこえないように、効果的にこれを抑制しなければならないものであることは、何人も否定しえないであろう。それゆえ、まず理論的に権力を、本来、立法・行政・司法に属するものに従って、それぞれ三部門に分類した後、次になすべききわめて困難な仕事は、各部門に他部門よりの侵害に対する一定の具体的な保障を与えることである。この保障がいかなる形で与えられるべきかということが、解決すべき大問題なのである。

たとえば、憲法の成文の中に各部門の境界を明確に規定し、権力のもつ他を侵害する傾向に対しては、この紙上の防塞を信じてまかせるということで、はたして十分であろうか。この方法は、ほとんどのアメリカ諸邦憲法の制定者たちによって、主として採られてきている保障の仕方のように思われる。しかし、経験に照らしてみるとき、こうした規定の効果はいささか誇張されており、政府部門の中で、比較的弱い部門を比較的強い部門から守るためには、何かもっと適切な防御方法がどうしても必要のように思える。現に、立法部は、どこでもその活動範囲を拡大し、すべての権力をその激しい渦巻きの中に取り込もうとしている。

アメリカ諸共和国〔邦〕の建設者たちは、これまできわめて輝かしい英知を示してきたので、ここで彼らの犯した過ちを指摘しなければならないということは、何とも心苦しいしだいである。しかし、およそ真理を尊ぶ者としては、やはり次のことははっきり記しておかなければならない。すなわち、アメリカ各邦の建設者たちは、立法部の中の世襲制に基づく一院〔貴族院〕によって支持され強化された世襲制の行政首長〔国王〕の肥大化した貪欲な大権による自由への危険性については、片時もその注意の目をそらさなかったようである。だが、彼らは、立法部自体の権力侵害の危険性については、深く考えなかったようである。しかし、この立法部による権力侵害は、すべての権力をその掌中に収めることによって、結果的には行政部による権力侵害によって起こるのとまったく同じ圧制をもたらすものなのである。

多くの広大な大権が世襲君主の掌中に収められている政治機構にあっては、行政部はたしかに危険をもたらす根源とみなされてしかるべきであり、およそ自由を熱望する者が当然いだくべき猜疑の目をもってこれを監視すべきであろう。〔直接〕民主政国家では、多数の人民が直接自分で立法機能を行使するが、彼らは規則正しく審議し、共同して立法する能力を欠いているため、行政担当者の野心的な陰謀の犠牲となるおそれがつねにあり、したがって、一度条件さえととのえば、行政部方面から圧制が生じてくる危惧が十分ある。しかし、代表制共和国においては、行政部はその権力の行使範囲〔権限〕およびそれを行使しうる期間〔任期〕の両面において慎重に制約されている。だが、立法権のほうは、議会によって行使されるが、議会は、人民に対して影響力をもっているという思いから、自己の力に大いに自信をもっている。しかも、群衆を動かす各種の感情をすべて感知するに十分な数の議員をもちつつも、他方ではその感情の目的とするところのことを、理性的な手段によって遂行することができなくなるほど議員の数が多いわけでもない。したがって、むしろこの立法部が冒険的な野心をもつことがないように、人民はおよそ油断することなく、警戒を怠らないようにしなければならないのである。

アメリカ各邦の政府にあっては、この他のいろいろな状況の故もあって、一般に立法部が優位に立っている。第一に、立法部の憲法上の権力は、他の部門とくらべてより広汎であり、とくに厳格な制限も加えられていない。その結果、複雑な、また間接的な方策によって、立法部は他の部門に対する権力侵害を比較的容易に行うことができるわけである。ある特定の方策を遂行することが、はたして立法部の管轄内のことなのかどうかは、立法部にとってまことに微妙な問題となることが少なくない。これに反して、行政部の権限はより狭い管轄に限定されており、その性格においてより単純なので、また司法部もやはり同じくかなり明確な境界線で規定されているので、行政部や司法部が他の権力を侵害しようと計画しても、それは直ちに暴露され、おのずから破綻を生ぜざるをえなくなる。それだけにとどまらない。立法部のみが人民の財布に手が届き、また他の部門に従事する人たちの金銭的報酬に対し、いくつかの邦憲法では絶対的な裁量権をもつ、どの邦憲法でも大きな影響力をもっていることからして、行政・司法の二部門はどうしても立法部に依存しがちになり、その結果ますます立法部は他の二部門の権限を侵害しやすくなっている。

この〔立法部の優位という〕問題について、私はわがアメリカ自体の経験に訴えて、それが事実であることを唱えてきた。もしアメリカの体験を特定の具体的な例証をもって示すことが必要であるというならば、その事例を限りなくあげることができる。アメリカ市民で、アメリカ政治の経緯について直接関係してきた者、あるいは関心を払ってきた者なら、だれでも証人になってくれるであろう。アメリカ各邦の記録や文書のたぐいから、山なす証拠書類を集めることもできよう。しかし、もっと簡明で、同時に十分満足ゆく証拠として、私はここで二つの申し分のない権威者によって裏付けられた二つの邦の例をあげることにしたい。

第一の例は、ヴァジニア邦の例である。ヴァジニアは、すでに見てきたように、その邦憲法の中で、三部門はこれを混合してはならないと明文をもって宣言している。その点、この規定の支持者として権威あるのは、ジェファソン氏である。彼は、ヴァジニア政府の運用について言説をなすのにいろいろ有利な立場にある人であるが、なかでも彼自身、〔一七七九年から八一年まで〕ヴァジニア邦の知事であった。ジェファソン氏が、この問題について、自分自身の体験を通じて痛感するにいたった考えを誤りなく伝えるためには、彼のはなはだ興味深い『ヴァジニア覚え書』(一九五頁)から、少々長くなるが引用させてもらうことが必要であろう。「立法・行政・司法に分かれている政府のすべての権力は、結局は立法部に帰属することになる。同じ手中にこれらの権力が集中していることは、まぎれもなく専制政治に他ならない。これらの権力が行使されるのが多数の手によるのであって、一個人の手によるのではない、ということは、事態を少しも緩和するものではないのである。一七三人の専制君主は、一人の専制君主とまったく同じように、間違いなく圧制的となるであろう。そのことを疑う人びとは、ヴェニス共和国へ眼を向けるがよい。議員たちはわれわれ自身によって選ばれるのだ、というようなことは、われわれにとってほとんど何の役にも立たないであろう。選挙による専制政府というようなものは、われわれがそのために戦ってかちとった政府ではない。単に自由な諸原則に基づいて樹立されるばかりでなく、そのなかで政府の諸権力が数部門の権力の間に分散され、適度の均衡を保ちながら、それぞれの部門が他の部門を効果的に制約し、抑止しあうことで、その法律上の限界を越えられないような政府こそ、われわれがかちとるために戦った政府なのである。この理由から、政府組織条例〔ヴァジニア邦憲法〕を可決したヴァジニア邦協議会は、立法部・行政部・司法部が分立してそれぞれはっきりと区別されることによって、誰にも三部門のどれか二つ以上の権力を同時に行使することを許さないようにすることにその基盤をおいたのであった。しかし、このように分立した権限の間に、障壁がはっきりとは設けられなかった。司法部や行政部の公務員たちは、その公職の俸給や、人によってはその任期までも、立法部に左右されるままである。そのため、たとえ立法部が行政部と司法部の権限を行使したとしても、どこからも反対が出そうもない。かりに反対が出ても、それが効果的であるはずがない。なぜならば、そのような場合、立法部には他の二部門を拘束することができるような内容の法律を成立させることも認められているからである。そのため立法部は、すでに多くの場合に、当然司法部が解決すべき紛争などにも介入して、権利の決定を行ってきた。また立法部の会期中では、行政部の動きも常習的でわかりきったものになってしまう傾向がある」[1]。

私が例証としてあげたいもう一つの邦は、ペンシルヴェニアであり、拠り所としたいもう一つの権威とは、一七八三年および一七八四年に招集された同邦の監察参事会のことである。ペンシルヴェニア邦憲法に規定されているこの機関の任務の一つは、次のごとくなっている。すなわち、「邦憲法がそのあらゆる部分で、侵犯なく遵守されているかどうか、立法部および行政部が人民の守護者としての義務を遂行しているかどうか、あるいはそれぞれこの憲法によって付与されている権限以外の権限もしくはそれ以上の権限を奪いとって行使していないかどうか監察する」ことになっている。[2] 人民より与えられたこの役目を果たすにあたって、監察参事会としては、当然に立法部および行政部の実際の行為を、それぞれの憲法上規定された権限と比較してみざるをえない。その結果、列記された事実からしても、また立法部と行政部とがそれぞれ監察参事会に提出した証拠に照らしても、邦憲法が、いろいろ重大な事例において、立法部側によって大胆に侵害されていたことが判明した。

たとえば、あらゆる公けの法案は人民の検討の便をはかってあらかじめ印刷されるべきであるという規則も、とくに明白な必要もないのに顧みられずして多くの法律が議会を通過していた。この規則は、本来議会の不当な行為を抑制するために有用かつ主要な警戒的措置として、憲法によって定められていたものである。

陪審による裁判という憲法上の規定も侵犯され、憲法によって委託されていない権限まで立法部は行使していた。

行政部の権限も立法部によって侵害されていた。

憲法が明文をもって固定すべきことを定めていた判事の報酬も、立法部によってしばしば変更されていた。また、司法部の管轄に属すべき係争も、立法部の審理と決定とに委ねられてしまうことが多かった。

以上の項目に属するいくつかの具体的な事例について知りたい者は、公刊されている監察参事会の議事録を参照してほしい。その中には、独立戦争に伴う特殊事情にその責を帰することができるものもあろう。しかし、その大部分は、やはり構造的に不備な政治機構から、おのずから発生したものと考えてしかるべきであろう。

行政部もまた、邦憲法をしばしば侵していたことに自覚してはいなかったようである。しかし、その点に関しては、次の三つの点を考慮しなければならない。第一は、行政部による憲法侵犯の事例の大部分は、直接戦時の必要性に基づくものであったか、連合会議か総司令官の指示によるものかであった。第二に、もしそうでない場合には、大部分、文章をもって宣言された、あるいは周知の立法部の意思に合致するものであった。第三に、ペンシルヴェニアの行政部は、それを構成する人数の点で、他邦と異なっていた。〔3〕その点、ペンシルヴェニアの行政部は、行政参議会という形で、立法会議に近い性格をもっていたのである。そこで、機関の行為についての個人としての責任という制約から解放されるので、また、互いの間で他にも例があるとか、共同して影響力をふるえるということに自信を得ると、行政部が一人ないしごく少数の手によって運営されている場合よりも、憲法上認められていない方策を、より自由勝手に採用するようになるのは当然であろう。

以上の観察からして、私としては結論として、次のごとく断言しうるものと思う。すなわち、すべての政府権限を同一の掌中に専制的に集中してしまう権力侵害に対しては、単に政府各部門の憲法上の境界線を紙の上で宣言しただけでは、有効適切な保障とはなりえない、ということである。

一七八八年二月一日

〔1〕 *Notes on the State of Virginia* (1781). マディソンは一九五頁より引用としているが、どの版からの引用かは不明。訳文は、T・ジェファソン著、中屋健一訳『ヴァジニア覚え書』(岩波文庫、一九七二年、二二五―二二六頁)に若干手を加えたものである。なお、ヴァジニア邦憲法については、五十嵐武士訳(斎藤・五十嵐『アメリカ革命』研究社、一九八七年、一二九―一三八頁)参照。

〔2〕 五十嵐武士訳「ペンシルヴェニア邦憲法(一七七六年)」(斎藤・五十嵐『アメリカ革命』)、第四七条、参照。

〔3〕 同、第三、一九、二〇条、参照。

第四九篇　前篇のつづき　マディソン

憲法の正統な源泉は人民であると論じつつも、憲法上の問題をあまりにも頻繁に人民の判断に委ねることは適当ではないとのべている。ここでのマディソンの議論の叩き台となっているのは、ジェファソンの『ヴァジニア覚え書』の憲法会議論である。

第五〇篇　前篇のつづき　マディソン〔ハミルトン〕

憲法違反を審査する手段の具体例としてペンシルヴェニア邦の監察参事会をとりあげている。

第五一篇　抑制均衡の理論

マディソン〔ハミルトン〕

ニューヨーク邦の皆さんへ。

憲法案に規定されているように、政府各部門の間に権力を配分することは不可欠であるが、それを実際に維持してゆくためには、いったいいかなる手段方法に訴えればよいのであろうか。およそ外部からの抑制方策は不適当であることが判明した以上、これに対して与えうる唯一の回答としては、政府を構成する各部分が、その相互関係によって互いにそのしかるべき領域を守らざるをえないように、政府の内部構造を構成することによって、欠陥を補う以外に手段はないといわざるをえない。この重要な考えをここで完全に展開するといったことは控えて、むしろこの考えの意味をもっとはっきりとさせるような、また憲法会議によって提案されている政治機構の原則と構造とを、もっと正しく判断できるような若干の一般的な考察をあえて試みたい。

政府に属する相異なる権力がそれぞれ明確に区別されて行使される――このことが自由

の維持にとって不可欠であることは、多かれ少なかれ万人の等しく認めるところであるが──ための妥当な基礎として、各部門がそれぞれ自身の意思をもたなければならず、したがってまた、各部門の成員は、他部門の成員の任命にはできるだけ関与しないようにしなければならないことは明白である。もしこの原則を厳密に実行しようとするならば、行政・立法・司法各部門の最高の役職の任命は、権威の源泉である人民によって、相互に何ら交渉のない手段を通じて行われなければならない。政府三部門をこうした形で構成することは、実際には、思ったほど難しいものではないかもしれない。しかし、やはりその実行には若干の困難と、若干の余分な費用とを伴わざるをえないであろう。したがって、この原則から少々はずれることもまたやむをえない。ことに、司法部の構成にあたっては、この原則を厳格に貫こうとすることは、不適当かもしれない。というのも、第一に、司法部の成員には特別な資格が必要であるが故に、この資格をもつものを最もよく確保するような選択の方法を考え出すことが何より必要であるからである。第二に、司法部の成員の任命は、終身的な任期をもってするが、このことは司法部の成員をして、任命権者に対する依存感をまもなく失わしめることになるであろうからである。

政府三部門の成員が、その役職に伴う報酬について、できるだけ他の部門の人びとに依存することがないようにすべきこと、これまた明白である。もし、行政官なり判事なりが、この報酬という点で立法部から独立していないとなると、他のどの分野で独立性をもっていたにせよ、それは単なる名目上のものにすぎなくなってしまう。

しかし、数種の権力が同一の政府部門に次第に集中することを防ぐ最大の保障は、各部門を運営する者に、他部門よりの侵害に対して抵抗するのに必要な憲法上の手段と、個人的な動機を与えるということにあろう。防御のための方途は、他の場合におけると同様、この場合も、攻撃の危険と均衡していなければならない。野望には、野望をもって対抗させなければならない。人間の利害心を、その人の役職に伴う憲法上の権利と結合させなければならない。政府の権力濫用を抑制するために、かかるやり方が必要だというのは、人間性に対する省察によるものかもしれない。しかし、そもそも政府とはいったい何なのであろうか。それこそ、人間性に対する省察の最たるものでなくして何であろう。万が一、人間が天使でもあるというならば、政府などもとより必要としないであろう。またもし、天使が人間を統治するというならば、政府に対する外部からのものであれ、内部からのものであれ、抑制など必要とはしないであろう。しかし、人間が人間の上に立って政治を行うという政府を組織するにあたっては、最大の難点は次の点にある。すなわち、まず政府をして被治者を抑制しうるものとしなければならないし、次に政府自体が政府自身を抑制せざるをえないようにしなければならないのである。人民に依存しているということが、政府に対する第一の抑制になっていることは疑いをいれない。しかし、経験が人類に教えるところに従えば、やはりこれ以外に補助的な、警戒的な措置が必要なのである。

対立し敵視する利害を組み合わせて、よりよい動機の欠如を補完しようというこの方策は、公私を問わずおよそ人間の関与する事柄全体を通じて認められるところであろう。ことに、下部機構における権限の配分の仕方に認めることができる。そこでは、それぞれの役職が、他の役職に対する抑制となるように、すなわち各個人の私的な利害が公けの権利を守る番人となりうるように、いろいろな役職を区分し配分することが、つねに意図されている。これは、いわば人間の聡明さの発明したものというべきであり、国家の最高権力の配分に際しても、やはり必要とされるものである。

しかし、政府各部門に、自衛のために同等な力を与えるということは不可能である。共和政府にあっては、立法部の権能は必然的に優位に立つことになる。そこで、この不都合を修正するために、立法議会を二つの議院に分割することが必要である。そして、異なった選挙方法や、異なった運営原理をもって、この両院をして、その〔立法機関としての〕共通の機能や、ともに社会に依存しているという性格の許す限り、できるだけ相互に関係のないようにしておく必要がある。しかしそれだけでなく、さらに慎重な警戒的措置によって、立法部による危険な権力侵害に対抗する必要があるかもしれない。立法部はその強力さのゆえに前述したように二院に分割する必要があるとすれば、行政部はその脆弱《ぜいじゃく》さのゆえに強化する必要がある。その点、議会に対する絶対的な拒否権は、一見、行政部にとり、立法部に対して身を守るごく自然の防御装置のごとく見えよう。しかし、実はそれをもってしても、おそらく全く安全ともいえず、またそれだけで十分ともいえないであろう。というのは、通常の場合には、拒否権は必要とされるだけの断固さをもって行使されないかもしれないし、また逆に異常事態の場合には、拒否権は信頼を裏切って悪用されるかもしれない。この絶対的な拒否権のもつ欠陥を、弱い部門〔行政部〕と、強い部門〔立法部〕の弱いほうの議院との間に、一定の関係をもたせることによって補うことはできないであろうか。そうすれば、立法部の一院は、立法部自体の権利をあまり捨てることなくして、行政部の憲法上の権利を支持することができるようになるであろう。

もし以上の考察の基礎となっている原則が正しいものとすれば——私自身は正しいと信ずるものであるが——、そしてその原則を各邦憲法や連邦憲法案に対する一つの基準として適用してみるならば、かりに連邦憲法案もその原則に完全には合致していないにしても、各邦憲法にいたっては、とてもそうした検査に耐えうるものではないことがわかろう。

さらに、アメリカのような連邦制度について考える場合、ことに当てはまる二つの点があある。この考察によれば、連邦制はたいへん興味深いものであることがわかる。

第一点。単一の共和国にあっては、人民が委譲した権力はすべて、単一の政府の運営に委ねられる。そして、権力侵害に対しては、政府を、明確に区別された政府各部門に分割することによって対抗する。これに対して、アメリカのように複合的な共和国にあっては、人民によって委譲された権力は、まず二つの異なった政府〔中央政府と地方政府〕に分割される。そのうえで、各政府に分割された権力が、さらに明確に区別された政府各部門に分割される。したがって、人民の権利に対しては、二重の保障が設けられているわけである。異なった政府がそれぞれ相手方を抑制しつつ、同時にその各政府が内部的に自分自身によって抑制されるようになっているわけである。

第二点。共和国においては、単に社会をその支配者の圧制から守るだけではなく、社会のある部分を他の部分の不正から守ることも、大切なのである。市民の間に異なる階層が存在すれば、必然的に異なる利害関係もまた存在する。もし、多数が共通の利害関係で統一されるとなると、少数者の権利は危険になる。この弊害に対処する方法は二つしかない。その一つは、社会の中に、多数から独立した意思をつくること、すなわち、社会自体の意思をつくることである。その二つは、社会の中に非常に多くの相異なる市民を包含することによって、全体の多数が不当にも一つにまとまるなどということを、ありえないとはいわないまでも、およそありえそうにもないことにすることである。第一の方法は、世襲君主ないし僭主を戴いているすべての政府で、とられている方法である。だが、この方法は、たかだか不安定な保障として役立つにすぎない。というのは、社会から独立した権力というものは、なるほど少数派の正当な利益を支持するかもしれないが、同様に多数派の不当な見解を支持することもありうるし、場合によっては両派に対して等しく背を向けることもまたありうるからである。第二の方法は、連邦共和国であるアメリカ合衆国において例証されることになろう方法である。アメリカにおいては、いっさいの権能は社会一般に由来し、社会に依存することになろうが、社会自体が多くの部分・利害・市民階層に分割されることになるので、個々人の権利や少数者の権利が、一定の利害にもとづいて結合した多数によって危険を受ける可能性は少ない。自由な政府においては、市民的権利に対する保障は、信教上の権利に対する保障と同様でなければならない。その保障は、前者の場合には、多くの異なった利害が存することにあり、後者の場合には、多くの異なった宗派が存することにある。いずれの場合にも、その権利保障の程度は、利害や宗派の数がどれだけ多いかにかかっている。そして、さらにこのことは、国土の広さ、同一政府の下に包括されている人口の多さいかんにかかっている。この問題について以上のように考えれば、およそ共和政治の真摯にして思慮深い支持者に対して、適当な連邦制度をとるようにとくにすすめるのは当然であろう。というのは、合衆国の領土が、一つの連邦ではなく、より狭いいくつかの連合あるいは諸邦に編成されるとなると、その狭さに従って、多数による圧倒的な結合が容易に形成されることになろうからである。そうなると、すべての階層の市民の権利に対する共和政体の下での最善の保障が失われてしまうことになる。その結果、他の唯一の保障である政府のある部門の成員の安全性と独立性とを、それに比例して増大せざるをえなくなる。

正義こそ政府の目的である。政治社会の目的である。正義は、それが獲得されるまで、あるいはそれを追求している間に自由が失われてしまうまでは、つねに追求されてきたし、今後もつねに追求されることであろう。強大な党派が容易に結合して、脆弱な党派を圧倒しうるような政治形体の下にある社会では、弱いものが強いものの暴力に対してその身も安全でないような自然状態におけると同様に、むしろ無政府状態が支配しているといったほうが真実に近いであろう。自然状態においては、強者といえども、自分の状態が不安定なために、強者も弱者も等しく保護することのできる〔強大な〕政府に屈伏することを欲するようになるものであるが、それと同様に、無政府状態にあっても、強大な党派も同様の動機から、強大、弱小を問わず、すべての党派を保護するような〔強力な〕政府を、しだいに望むようになるであろう。もし、ロードアイランド邦が連邦から分離し、独立して存在することになると仮定してみよう。〔1〕ロードアイランドのような狭い領域での民主政体の下で、権利がいかに不安定なものであるかは、党派的な多数が圧制を繰り返し、そうした失政の結果、おのずからどうにもならなくなり、その多数派自体がまもなく、およそ人民とは無縁な〔強大な〕権力を招来することになることは疑いをいれないところである。これに反し、合衆国のような広大な共和国にあっては、またそれが包含する多種多様な利害や党派や宗派の間にあっては、全社会の多数派連合が成立するなどということは、とくに正義の原則や全体の福祉の原則にでも基づくものでない限り、およそ考えられないところであろう。また、このように、一方で、多数党派の意思によって少数党派が圧倒されるという危険が少ないので、他方で、少数派の権利を保障するために、多数派に依存しない意思、つまり、社会自体から独立した意思を政府内に導入するという必要もまた少ないのである。社会が広大であれば、一般に考えられている意見とは逆に、その領域が実現可能な範囲にとどまっているかぎり、かえって自治の能力が増すことは確かなことであり、かつ重要なことである。そして、共和政の大義のために幸いなことには、それに連邦主義をつけ加え、しかるべく手直しすることによって、実現可能な領土の範囲はかなり広範囲に及ぶこともできるのである。

一七八八年二月六日

〔1〕　ロードアイランド邦は一七八七年の連邦憲法会議に参加せず、一七九〇年五月になって、ようやく連邦憲法案を承認し、アメリカ合衆国の一州となった。

第五二篇　下院議員に関する被選挙規定

マディソン〔ハミルトン〕

ニューヨーク邦の皆さんへ。

これまでの四篇で行なってきた一般的な考察から、政府各部門についての詳細な検討に移ろう。まず、下院から始めたい。

政府のこの部門についてまず注目すべきは、有権者と被選挙人の資格についてである。有権者資格は、州の立法部の議員数がもっとも多い方の議院有権者の資格と同じでなければならない。選挙権の定義は、共和政体のもつ基本的な条項のひとつであると正当にも理解されている。それゆえ、憲法でこの権利を定義し規定することは憲法会議の責務であった。これを連邦議会がその都度定めるのにまかせたのならば、いままさにのべた理由にそぐわなかったであろう。また、選挙権資格を各州の立法部の裁量に委ねることも、同じ理由により、さらには、その方法が、人民のみに依拠すべき連邦政府の立法部を州政府にあまりにも依拠させてしまうというもうひとつの理由により、適切ではなかったであろう。

それぞれの州における独自の選挙権資格をひとつの統一的な規則に変えることは、憲法会議にとって困難であったであろうし、いくつかの邦にとっては不満足であったはずである。したがって、この会議によって採用された規定は、取りうる選択肢のなかで最良のひとつであったようにみえるし、どの邦をも満足させたにちがいない。というのは、その規定は、すでに確立している基準にも、州によって設けられるであろう基準にも合致しているからである。その規定は、合衆国にとっては安全である。なぜなら、選挙権資格は、邦憲法により定められているので、邦政府によっては変更されえないし、各邦の人民が、連邦憲法で自分たちに保障されている権限を奪いとるようなやり方で、州憲法のその資格に関する規定を変更する恐れはありえないからである。

被選挙権資格については、邦憲法での定義はあまり注意深くも適切でもないけれども、同時に、統一的な規定になじむので、憲法会議ではきわめて厳密に考慮され規定された。合衆国の下院議員は、二五歳以上で、七年間合衆国の市民であり、選挙時にかれが代表しようとする州の住民でなければならず、任期中は合衆国のいかなる公職にも就いていてはならない。これらの適切な条件のもとで、連邦政府の立法部門の扉は、アメリカ生まれの人であろうと帰化した人であろうと、若かろうと年を経ていようと、貧富にも、告白した信仰する教派にもかかわりなく、あらゆる職業階層にいるすぐれた人びとに開かれている。

連邦下院について第二に考察すべきは、選ばれる下院議員の任期である。これに関する条項の適切さを判断するために、第一に、下院について二年ごとの選挙ではたして安全なのか、第二に、それは必要なのかあるいは有益なのかという二つの問題を検討しなければならない。

まず、一般的に政府が人民と共通の利益をもつことが自由にとって不可欠であるように、現在考察中の政府部門が、人民に直接依拠し、人民と親密な共感をもつことがなによりも不可欠である。頻繁な選挙は、この依拠と共感とが効果的に確保される唯一の手段であることは疑いない。しかしながら、そのためにはどの程度頻繁に行なうことが絶対に必要であるのかは、正確な計算ができるとは思われず、選挙に関係するさまざまな事情によって決しなければならない。そこで、経験に尋ねてみることにしよう。経験は、それが見いだされるときにはいつでも、したがうべき道しるべとなるはずである。

市民がみずから出席する集会の代用物としての代表制は、古代都市国家では、きわめて不完全にしか知られていなかったにすぎないので、われわれが教訓として考えるべきは、近代になってからの実例のみである。ただ、近代とはいっても、あまりにも漠然かつ散漫とした実例の渉猟を避けるために、もっともよく知られており、わが国の場合ともっとも類似しているいくつかの実例にしぼって論じるのが適当であろう。この条件が最初に適用されるべきなのは、イギリスの庶民院である。イギリス国制のこの部門の歴史は、マグナ・カルタ以前については、あまりにも茫漠としていて、教訓をもたらさない。政治史家のあいだでは、それがほんとうに存在していたのかどうかが問題となっている。マグナ・カルタ以降の初期の記録があきらかにしているところでは、議会は毎年開会することになっていただけであり、毎年選出されることになっていたのではない。そして、毎年の会期さえもおおむね君主の裁量に委ねられており、きわめて長くしかも危険な閉会が、さまざまな口実のもとに、国王の野心によってしばしばもくろまれた。この不満を癒《いや》すために、チャールズ二世の治世に、ある法令により、閉会期間は三年を越えて延長してはならないと定められた。政体の革命が起こって、ウィリアム三世が王位を継承したとき、この問題は、より重視して取り上げられ、議会は頻繁に開会されるべきであるというのは、人民の基本的な権利のひとつであると宣言された。同じ治世のとき、その数年後制定された別の法令によって、チャールズ二世のときには漠然と三年ごとと考えられていた「頻繁に」という言葉の意味は、あたらしい議会は、前議会の閉会後三年以内に召集されなければならないと明示的に規定することによって、正確な意味をもつようになった。もっともあたらしい改革である三年から七年への選挙期間の変更は、ハノーヴァー家による王位の継承への警戒のもとで、今世紀のかなり早い時期に行なわれたことはよく知られている。これらの事実からすると、かの王国においては、代表を選挙民につなぎとめておくのに必要だと考えられていた選挙の最大の頻度は、三年に一回を超えていないようだ。そして、もし、七年ごとの選挙や議会制の国制に含まれているほかのすべての腐敗要因のもとですら保たれていた自由の程度からみれば、七年から三年へと期間を短くすることは、ほかの必要な改革とともに、代表に対する人民の影響力をはるかに強めるはずであるから、連邦制のもとでの二年ごとの選挙は、下院に要求される選挙民への依拠という点についてはなんら危険ではありえないとわれわれを納得させるであろう。

アイルランドにおける選挙は、最近にいたるまで、国王の裁量にすべて左右されており、あたらしい王の即位やなにかほかの不慮の出来事でもなければ、めったに行なわれなかった。ジョージ二世の即位とともに開会した議会は、およそ三五年というかれの全治世期間つづいた。代表が人民に依拠していたのは、たまたま生じた欠員をあたらしい代表を選挙することで埋め合わせる権利〔が行使される場合〕と、なんらかの事態が発生して総選挙となる場合についてのみであった。選挙民の権利を擁護するためにアイルランド議会がもっている権限についても、たとえ、同議会がそのような意思をもっていたとしても、国王が臣民に対してかれらが選挙について討議するのを統制していたために、完全に制限されていた。もし、わたしに誤りがなければ、最近になって、この制限は打ち破られただけではなく、八年ごとに議会の選挙が行なわれるようになっている。この部分的な改革によりどのような結果がもたらされるかは、今後のなりゆきに委ねられる。アイルランドの実例は、いまのべたことから見るかぎり、ここでの問題に示唆を与えるものはほとんどない。なにかそこから結論をひきだせるとすれば、アイルランドの人民が、このように不利な状態にあって、なにがしかの自由を保持しえたのであれば、二年ごとの選挙がもつ長所は、代表と人民との正当な関係にもとづいている自由ならばいくらでも人民に保障するであろうということである。

われわれの考察を身近なところに向けよう。現在の諸邦がイギリスの植民地だったころの実例は、とくに注目に値する。しかも、それについてはとてもよく知られているので、多くの説明を要しない。どの植民地においても、立法部の少なくとも一院では、代表の原理が確立していた。しかし、選挙の時期はまちまちであった。一年から七年までさまざまであった。〔アメリカ〕革命以前における人民の代表の精神や行動から見て、二年ごとの選挙が人民の自由を危うくしていたと判断する理由があるであろうか。反英抗争が始まったとき、いたるところでしめされた精神、独立への障害を打ち破った精神は、自由の価値についての意識とそれを適切に拡大しようという熱意とを奮い立たせるには十分な自由が享受されていたという最良の証拠である。この記述は、選挙がもっとも頻繁に行なわれていた植民地についてだけでなく、選挙が行なわれることのもっとも少なかった植民地についてもあてはまる。ヴァジニアは、イギリスの議会による権力簒奪に最初に立ち上がって抵抗した植民地であり、独立の決議を公けに採択して支持した最初の植民地でもあった。にもかかわらず、もし、誤って伝えられているのでなければ、ヴァジニアでは、旧政体のもとでの選挙は、七年ごとであった。ほかでもないこの事例は、なにか特有の長所の証左としてここに引用したのではない。というのは、これら一連の出来事においてヴァジニアが先頭に立ったのはおそらく偶然だからである。また、七年ごとの選挙のもつ長所の証左として引用したのでもない。というのは、それより頻繁に行なわれる選挙にくらべると、その選挙には長所を認めがたいからである。ヴァジニアの事例は、人民の自由が二年ごとの選挙によって危機に直面などしないということの一証左として、しかし、わたしが考えるに、きわめて重要な証左として、引用したのである。

　これまでの実例から得られる結論は、三つの付帯状況を思い出すことによって、少なからず強化されるであろう。第一の付帯状況とは、連邦の立法部は、イギリス議会にはすべて付与されており、いくつかの例外はあるけれども、各植民地の議会やアイルランドの議会によって行使されていた最高の立法権のうちほんの一部をもつだろうということである。ほかの事情が影響しなければ、権力は大きくなればなるほど、その保有期間は短くなるべきであり、逆に、権力が小さくなればなるほど、その保有期間は長くなっても安全であるというのは、一般に受け入れられ、十分に確立している公理である。第二に、別の機会〔第四六篇〕にあきらかにしたように、連邦の立法部は、ほかの立法部と同じように人民に依拠することによって抑制されるだけではなく、ほかの立法部とは異なり、並存している各州の立法部により、さらに、監視および規制されるであろう。そして、第三に、連邦政府の任期の長い諸部門が、連邦下院に人民への義務を放棄させようとしたとして、それを行なうためにもっているであろう手段と、州政府の諸部門が人民代表部門に影響力をおよぼすためにもっている手段とは比較にならない。かくして、濫用すべき権力をあまりもっていない連邦下院は、一方では、権力濫用へはあまり誘惑されず、他方では、二重に監視されるであろう。

一七八八年二月八日

第五三篇　下院議員の任期

マディソン

ニューヨーク邦の皆さんへ。

わたしは、おそらくここで、「一年ごとの選挙が終わるところ、専制が始まる」というはやりの意見を思い出すべきであろう。格言めいてきた言い回しのほとんどが、理にかなっているということは、しばしばいわれているように真実であるとしても、いったん格言として定着すると、それらの格言のもつ道理が通用しない場合にまで適用されがちであるというのもまた真実である。わたしは、いまわれわれのまえにある実例を越えてその証明をする必要はない。この格言めいた言い回しは、どのような根拠にもとづいているのであろうか。太陽や季節と、人間の徳が権力の誘惑に耐えうる期間とのあいだになんらかの自然的関係があると申し立てるばかばかしさに身をさらす人はいないであろう。この点についていえば、人間にとって幸福なことに、自由は、ある特定の時点に限られたものではなく、政治社会のさまざまの事情や環境にともなう変化のすべてに十分に対応しうる幅のうっにある。行政部の諸官職の選挙は、もしそうすることが便宜に適うというのであれば、実際に行なわれたことがあったように、毎年というにとどまらず、毎日でも、毎週でも、毎月でもかまわない。そして、もし、あるところで、諸事情が、法則からはずれることを要請しているのであれば、なぜ、別のところでも、そうならないのであろうか。各邦の立法部のもっとも議員数の多い方の議院についてわれわれのあいだで決めた任期に目を転じてみると、ほかの公職の選挙の場合と同じように、それらが同一の規則で一致していないことがわかる。コネティカットとロードアイランドでは、任期は半年である。サウスカロライナを除くほかの邦では、任期は一年である。サウスカロライナでは、連邦政府のもとで提案されているのと同じように、任期は二年となっている。もっとも任期の長いものと短いものとのあいだには、四対一のちがいがある。けれども、コネティカットやロードアイランドがサウスカロライナより、よりよく統治されていたとか、良質の自由をより多く享受していたとか、これら二つの邦のいずれかが、選挙期間がどちらとも異なっている邦と、これらの点で、あるいは、これらの理由により、区別されると論じることはやさしくないであろう。

冒頭にかかげた見解の根拠を探してみた結果、わたしが見いだした根拠はたったひとつであり、しかも、それは、わが国にはまったく当てはめることができない。人民により制定され政府によっては改正できない憲法と、政府によって制定されしかも政府によって改正されうる法律とのあいだにある重要な違いは、アメリカでは十分に理解されているけれども、ほかのいかなる国においても、ほとんど理解されていないようだし、遵守されていないようである。立法の最高権力が存するところではどこでも、政体を変更するのに必要な権力も存すると考えられてきた。イギリスにおいてすら、その政治的および市民的自由の諸原理についてもっとも議論され、その国制上の諸権利についてもっともわれわれの耳に入ってくるのに、議会の権限は、通常の立法対象だけではなく国制に関しても優越しており制限されえないと主張されている。そのため、イギリス議会は、幾度となく、立法行為によって、政体のもっとも基本的な条項のいくつかを実際に変更している。議会は、とくに、何回かにわたって、選挙期間を変更してきており、最近では、三年ごとの選挙に代えて七年ごとの選挙を導入しただけではなく、同じ法律によって、その変更を行なった議員たち自身、人民によって選ばれた任期より四年長く議会に席を占めつづけてもいる。これらの危険な営みに気づいて、頻繁な選挙を礎石としている自由な政府の信奉者たちは、きわめて当然の警戒感をいだき、政府がさらされている危険にたいして自由を守るための策をなんとか講じようとした。政府に優越する憲法が、存在しないか保有されていないところでは、合衆国に確立しているのと同じような憲法上の保障は試みられるべくもなかった。したがって、ほかの保障策が追求されることになった。そして、この場合、改変の危険の度合いを測定し、国民の感情を集中させ、愛国的な行動を統一するための基準として、単純でよく知られている一定の時間を選びそれに訴えること以上に、すぐれた保障策を見つけることができたであろうか。この自由の保障という問題に適用できるもっとも単純でよく知られている一定の時間というのは一年であった。それゆえ、権限の抑制のない政府がなしくずしに行なう改変に対してなんらかの障壁を設けるために、専制への道は一年ごとの選挙という固定された地点からどれくらい離れたかによって計測されるという見解が、称賛に値する熱意をもって繰り返し説かれてきたのである。しかしながら、連邦政府のように、それに優越する憲法の権威によってその権限が制限されるような政府に、このような手段を適用しなければならない必要があるのだろうか。あるいはまた、憲法において変更できないよう固定された二年ごとの選挙のもとで、アメリカの人民がもっている自由は、ほかの国の人びとが、選挙が一年ごともしくはそれ以上の頻度で行なわれているものの、政府の通常の権力によってその制度が変更されうるところでもっている自由よりも、安全ではないとだれが主張するのだろうか。

まえに挙げた第二の疑問は、二年ごとの選挙は必要なのかあるいは有益なのかについてである。この疑問に肯定的に答える理由は、いくつかのきわめて明白な考察から出てくる。

高潔な意図や正確な判断力に加えて、立法しようとする事柄についてある程度の知識をもっていない人は、有能な議員になることはできない。この知識の一部は、人が公的および私的な境遇において手に届く範囲内にある交信手段によって獲得されるであろう。ほかの知識を得る、少なくとも完全に得ることは、それを駆使する必要のある地位において実際に経験することによってのみ可能である。したがって、そのためには、任期は、職務を適切に遂行するうえで必要な実用的な知識の程度と釣り合っているべきである。すでに見てきたように、ほとんどの邦において、議員数が多い方の議院について確立している議員の任期は一年である。とすると、上記の疑問は、次のように単純なかたちにいいなおせる。一年の任期が邦の立法に必要な知識に釣り合っているほどには、二年の任期は連邦の立法に必要な知識に釣り合っていないのであろうか。このようなかたちで疑問を提示するならば、それは、与えられるべき答えを示唆している。

州において、必要とされる知識は、州全体にわたって統一的で、すべての市民が程度の差はあれ精通している現行の法律と、範囲が限られており、あまり複雑でもなく、したがって、あらゆる階層の人びとの関心と話題の対象となっている州内の全般的な事柄とに関係している。合衆国の大きな舞台はきわめて異なった光景をしめす。法律は共通であるなどとはとてもいえず、各州ごとに異なっている。他方、連邦全体にかかわる事柄は、きわめて広汎な国土全体にゆきわたり、それとつながっている各地の事情によってはなはだしく複雑にさせられ、したがって、それらについての知識が帝国の各地域の代表によってもちこまれる中央の議会以外では、正しく理解されるのに困難を伴う。なお、すべての州の事情、さらには、法律についても、各州から選ばれた代表はいくぶんかの知識をもっているべきである。各州の通商、港湾、商慣行、および規制について通じることなくして、どうすれば統一的な法律によって外国貿易が適切に調整されうるであろうか。こうした点についての、あるいはまた、ほかの点についての各州それぞれの事情についての知識なくして、どうすれば州間の通商はしかるべく調整されうるのであろうか。もし、議員たちが、各州の課税に関する法律や地域事情に親しんでいないとすれば、どうすれば税は慎重に賦課され、効果的に徴収されうるのであろうか。各州が互いに異なっている州内事情についても、同じくいくぶんかの知識をもっていなければ、どうすれば民兵についての統一的な規律が適切に得られるのであろうか。これらの問いは、連邦の立法の主要な対象であり、代表が広汎な見聞を習得すべき内容を説得力豊かに示唆している。それほど重要ではない立法対象については、それに見合った程度の見聞が必要となるであろう。

各州の事情に通じるうえでのさまざまな困難は、かなりのところまではだんだんと減っていくというのは事実である。もっとも忍耐を要する作業は、政府を適切に発足させ、連

ことに年ごとに改正することは、年ごとに法律を改正することは、

邦の最初の法体系を築くことである。最初に起草された法律を改正することは、年ごとにやさしくなるし、その数は少なくなるであろう。政府の過去の議事録は、あたらしい議員たちにとって見聞を広める確実で正確な拠り所となるであろう。連邦の情勢は、しだいに市民全体の好奇心と話題の種になっていくであろう。さらに、各州の市民のあいだの交流が緊密になれば、各州の習慣や法律は、ひとつに融合していくであろうし、それぞれの州内事情についての各州市民の知識の交換が進んでいくであろう。しかしながら、このように困難は軽減していくけれども、連邦の立法作業は、あたらしさとむずかしさにおいて、各州の立法作業を今後もはるかに凌いでいくにちがいないから、その作業を行なうことになっている人びとに定められた〔州議会議員より〕長い任期を正当化するであろう。

連邦の下院議員が習得すべき知識で、これまで言及されてこなかった部門は、外交に関する知識である。われわれ自身の通商を調整するには、下院議員は、合衆国とほかの諸国との条約だけではなく、それらの国々の通商政策や法律にも通じていなければならない。また、国際法についてもまったく無知であることは許されない。というのは、それが国内における立法の固有の対象であるかぎり、国際法は連邦政府で考慮すべき事柄になるからである。また、下院は外交の交渉や決定過程には直接参加しないけれども、国務を担当している各部門間に必然的にうまれる関係により、それらの諸部門は、通常の立法過程にお

いて関心を向けるに値することが多いし、ときには、立法による承認と協力とを特別に要請することもある。外交に関する知識のある部分は、まちがいなく、個人の書斎で習得されうるであろうが、ほかの部分は、共通の情報源からのみ引き出されうる。けれども、外交に関する知識はすべて、立法部における在任期間をとおして、外交に実際に注意を払うことによって、もっとも効果的に習得されるであろう。

おそらくそれほど重要ではないけれども、知っておいた方がよい考慮すべき要件がほかにある。代表の多くが旅行するよう強いられる距離とそうであるがゆえに必要となる準備とは、任期が二年に延ばされた場合よりも、任期が一年に限られているときの方が、議員の職を務めるにふさわしい人びとにとってやっかいな障害となるであろう。この問題については、現行の連合会議の代議員の事例からは議論を引き出すことができない。かれらが毎年選出されているというのは、そのとおりである。しかし、かれらの再選は、各邦の議会にとってほぼ当然のこととみなされている。人民による代表の選出には、これと同じ原則をあてはめられないだろう。

それらの邦議会のすべてで起こっているように、連邦下院議員の一部は、すぐれた資質をもち、何度も再選されることによって、長い経歴をもつ議員となり、やがて、完璧なまでに公務に精通するようになり、しかも、そのような利点を利用しないではいられないだろう。新人の代表の割合が増えるほど、議員の大半のもつ見聞が狭いほど、かれらは、仕掛けられた罠に落ちていきやすくなるであろう。この記述は、連邦下院と連邦上院との関係にも同じようにあてはめうる。

州においてすら、その規模が大きく、議会の会期が年一回だけである場合、不正選挙は究明され無効とされても、次の選挙までの期間が短いので、その決定が効力を発揮しえないというのが、頻繁な選挙がもつ利点と表裏の関係にある欠点である。どのような不正手段を用いてであろうと、当選が得られるならば、不正行為をはたらいた議員は、問題なく議席を占め、自分の目論見を達成するのに十分な期間、その席にとどまるのはまちがいない。かくして、不正に当選するために不正な手段を用いることに、きわめて有害な動機づけが与えられる。連邦の立法部の選挙が一年ごとであれば、この慣行は、とりわけ遠方にある州にとっては、きわめてゆゆしい悪弊になるであろう。連邦議会の両院は、当然のことながら、選挙、議員の資格および当選について決定を下す。しかし、不正であるかどうか論争中の選挙の事例の審査を簡略化したり促進したりするために経験によってしめされる改善策がなんであろうと、不正な当選者がその議席から追放されるまでに一年の大半が経過してしまうのは避けられないので、予想される結末は、議席を獲得するための不正かつ不法な手段にたいする抑制はほとんど見あたらないということであろう。

これまでの考察をまとめてみれば、二年ごとの選挙は、すでに見てきたように、人民の自由にとって安全であるのと同じように、連邦全体の事柄にとっても有益であることを、われわれは確信してもよいのである。

一七八八年二月九日

第五四篇　下院議員の割当て　マディソン〔ハミルトン〕
下院議員の割当て数の基準となる人口を計算する際に、奴隷を五分の三人として算定するという憲法案の規定を弁護している。

第五五篇　下院議員の総数　マディソン〔ハミルトン〕
下院議員の数を増やすべきであるという主張にたいしては、議員数の多い議会は理性ではなく情念によって支配されるようになると反駁するとともに、下院議員の総数が少ないからといって、共和政を腐敗させることはないと論じている。

第五六篇　前篇のつづき　マディソン〔ハミルトン〕
下院議員の数が少ないと、有権者の利益についての適切な知識を得られないという反対論にたいして反駁している。

第五七篇　憲法案は少数支配をもたらす傾向をもつという批判について　マディソン〔ハミルトン〕
代表制は共和政体の特質であるが、それは寡頭政には陥らないと論じる。なぜなら、代表に選挙民への忠誠や共感をもたせる紐帯が幾重にも存在しているからである。

第五八篇　将来の下院定数の増加について　マディソン〔ハミルトン〕

人口増ほどには議員数は増えないのではないかという批判を反駁している。他方で、規模の大きい議会は不安定になりやすく、また、外見における民主化に反して、実際には少数支配が進行すると論じている。また、人民を代表している下院は、州を代表している上院にたいして優位に立つという指摘も行なっている。

第五九篇　選挙に関する規定について　ハミルトン

連邦議会が連邦議会議員の選出方法を定めるという規定を弁護している。

第六〇篇　代表と有権者との関係

ハミルトン

ニューヨーク邦の皆さんへ。

連邦政府の選挙についての制御しえない権限を州の立法部に委ねるならば、かならずや危険を招くということをわれわれは了解した。次に、もうひとつの側にある危険、すなわち、連邦政府の選挙を規律する最終的な権限を連邦それ自体に託することから生じる危険とはなんであるのかについて調べてみよう。いかなる州も連邦への代表制に参与できなくするためにこの権限が用いられると申し立てられてはいない。少なくともこれについては、すべての人が関与していることが、すべての人の安全となるであろう。しかし、この権限は、選挙の行なわれる場所を特定の区域に制限するとともに、市民全体が選挙に参加するのを不可能にすることによって、かれらの多くが排除されたなかで、特別待遇を受けたある階層の人びとを選出しやすくするようなやり方で用いられると申し立てられている。あらゆる荒唐無稽な想像のなかで、これがもっとも荒唐無稽にみえる。まず、起こりうるこことを理性的に判断すれば、手に負えず常軌を逸した行動のような傾向が全国議会に見られるようになるという考えにはいたらない。さらに、もし、そのように不適切な精神が全国議会に入り込めるとしたら、それは、まったく異なったはるかに紛れもないかたちで、みずからをあらわすと確信をもって断定してもよいであろう。

いわれているような企みが起こりえないことは、それが実行に移されたならば、かならずや州政府によって統率された大多数の人民の即時の反乱をひきおこすということを考えただけでも、十分に推察されるであろう。自由の特質をよくしめすこの権限〔選挙を定める権利〕が、騒然とした党派対立があるような時期に、勝ちを収めた高圧的な多数派によって、ある特定の階層の市民について侵害されるかもしれないと想像するのはむずかしくはない。しかしながら、アメリカのような状態にあるきわめて開明的な国において、人民による革命をひきおこすことなしに、政府の術策によって、そのように基本的な特権が大多数の人民の損傷となるように侵害されることは、まったく想像できないし、信じられもしない。

この総括的な見方に加えて、前出の問題についての不安をすべて解消するさらに明快な根拠がある。全国的政府を構成する人材の多様性、さらには、政府の各部門におけるかれらの活動の仕方の多様性は、思惑を同じくして不公平な選挙のやり方を考案することに対して、克服しがたい障害となるにちがいない。連邦の各地域の人民のあいだには、社会の異なる階層や境遇に対する人民の代表の対応にさまざまな違いをうみだすのに十分なほど、財産、才能、習慣、および習俗の差がある。また、同じ政府のもとでの親密な交流は、気質や感情を徐々に同化させるであろうが、それでも、程度の差こそあれ、癖や好みのどれをとってみても、違いをいつまでも温存する精神的および物理的な原因がある。けれども、この件に関してもっとも大きな影響をもつことになる要因は、政府の各構成部門を構築する方法の違いであろう。下院は直接人民によって、上院は州の立法部によって、大統領は人民によりその目的のために選出された選挙人《エレクターズ》によって、それぞれ選出されるので、ある特定の階層の有権者を特別扱いするように、これらの各部門を結びつける共通の利害がうまれる可能性はほとんどない。

上院についていえば、「時期と方法」だけが、同院に関して全国的政府に委ねるように提案されているけれども、それらについての規則が、上院議員の選択に影響を与える精神を左右しうるとは考えられない。各州の立法部の全体の判断が、そのような外部的要因によって影響を受けることなどありえない。この見解は、それだけで、憂慮されている特別待遇は決して試みられないだろうとわれわれを納得させるはずである。上院は、どのような動機により、みずからが含まれるわけでもない特別待遇に同意する必要があるのであろうな。あるいはまた特別待遇は、それがもう一方の議院には適用されないというのであれば、どのような目的で、一方の議院についてだけ設けられたのであろうか。この場合、一方の議院の気質は、他方の議院の気質に対抗する。また、われわれは、州の立法部の自発的な協力を同時に想定しなければ、特別待遇は上院への任命を含むと想定することはできない。もし、州立法部の自発的な協力が必要であるということであれば、問題となっている権限がどこにおかれるのか、すなわち、各州の手のなかにおかれるのか連邦の手のなかにおかれるのかは、どちらでもよくなる。

だが、全国議会においてこの気まぐれな特別待遇の目的はなんであるのだろうか。それが行なわれるのは、異なった産業のあいだに差別をもちこむためにであるのか、あるいは、財産の種類に応じて、はたまた、財産の多寡にしたがって差別をもちこむためにであろうか。特別に扱われるのは、土地利益なのか、金銭利益なのか、それとも、商業利益なのか、製造業利益なのか、そのいずれなのだろうか。あるいは、憲法反対派にお決まりの言葉でいえば、特別待遇は、社会のほかの人びとをすべてを排除するとともに、かれらの人格を貶めて、「裕福で生まれの良い」人びとを引き立てようとしているのであろうか。

もし、この特別待遇が、産業や財産においてなにか特定の類型に属する人びとに有利になるように行なわれるのであれば、特別待遇を求める競争は、土地利益と商業利益とのあいだにあることがただちに了解されるだろう。そして、わたしは、これら二つの利益は、いずれも、すべての州議会において優勢となるよりも、全国議会において優勢となることの方がはるかに起こりにくいと断言することをはばからない。考えられるのは、州議会よりも全国議会の方が、どちらかの利益に不当な特恵を与えがちな行為が出てくる心配がずっと少ないということである。

各邦は、程度の差こそあれ、農業と通商とに専心している。すべてとはいわないまでも、ほとんどの邦において、農業の方が盛んである。しかしながら、いくつかの邦における通商は、そこでの支配権をほとんど二分するほどであるし、ほとんどの邦においても、大きな影響力を共有している。二つの利益が優越する割合に応じて、全国議会への代表は配分されるであろう。そして、代表は、各邦に見られるよりも、より多様な利益からよりさまざまな割合で選ばれることになるがゆえに、全国議会の代表制は、各邦における代表制よりも、固定した特別待遇によって、どれか特定の利益を擁護するようなことはなくなるであろう。

おもに土地の耕作者からなる国においては、特別待遇のない代表制が布《し》かれていれば、概して、土地利益が政府内で優勢となるにちがいない。土地利益がほとんどの州の立法部において優勢となるならば、通常はそこでの多数派をそのまま反映する全国議会の上院においても、その利益は優越的地位を維持するはずである。それゆえ、土地所有階層を商人階層の犠牲にすることが、連邦議会の上院の望む目的であるとは考えられない。この国の情勢から連想される概観をこのように上院の場合に当てはめてみると、わたしの見解によれば、邦権力を盲信している人びとは、自分たちの原則に照らし合わせてみて、州の立法部が外部からの影響力によりその義務から逸脱すると疑念をいだくことはないはずだ。むしろ、実際には、少なくとも、連邦下院の最初の構成には、同じ情勢が同じ結果をもたらすにちがいないので、商人階層に対する不適切な優遇は、上院からと同様下院からもほとんど期待しえないであろう。

とまれ、憲法案への反対論を支援するかのように、それとは反対の優遇が全国的政府に生じ、連邦の統治を土地所有階層が独占できるよう同政府に努めさせようとする危険はないのかと問いが出されるかもしれない。そのような優遇を想定してみても、それによりただちに被害を受ける人びとに恐怖心を植え付けるようなことはほとんどありえないから、この問いに対して長々とした答えは必要ではないだろう。まず第一に、ほかの論説〔第三五篇〕であきらかにした理由により、固定した特別待遇が、連邦の構成諸州の議会においてよりも連邦議会において跋扈《ばっこ》するようなことはあまり考えられないと記しておけば十分であろう。第二に、土地所有階層は、事物の道理として、それが望むような圧倒的に優越的な地位を享受するはずであるから、この階層を優遇するために憲法に違反しようという衝動は起こらないであろう。そして第三に、人民全体の繁栄の源泉をたどることになれている人びとの多くは、通商の効用を強く確信しているので、通商の重要性をもっともよく理解している人びとを繁栄の源泉の運営にまったく参与できなくすることによって生じる致命的な打撃を通商に加えようとしないにちがいない。通商の重要性は、歳入ひとつをとってみても、公的に対処せざるをえない緊急の要請が通商の利益となることにたえず悩まされている一団の憎悪に対して、それを効果的に擁護するにちがいない。

わたしは、異なった産業や財産のあいだの差別に根ざした特別待遇が起こるのかどうかについて論じるにあたって、簡明であることをこころがけよう。なぜなら、憲法反対派ののべていることをわたしが理解するかぎり、かれらは、別のかたちの差別を予想しているからである。かれらは、われわれに警戒させようとしている特別待遇の対象として、かれらが「裕福で生まれの良い」という括り方でよんでいる人びとを思い描いているようにみえる。これらの人びとは、残りの同胞市民のうえに忌まわしくも君臨する位置へと昇格させられているようだ。しかしながら、この昇格は、代議体の小ささに由来する必然的な結果であるか、あるいは、その代議体の選出において選挙権を行使する機会を人民全体から奪うことによって生じるにちがいない。

しかし、想定されている特別待遇の目的に適うように企てられる選挙を行なう場所の差別は、どのような原理に基づいているのであろうか。いわれているように、裕福で生まれの良い人びとの居場所は、各州の特定の場所に限られているのであろうか。かれらは、驚くべき本能や予見によって、それぞれの州において、共通の居住場所を確保しておいたのであろうか。かれらは、タウンや都市だけで出会うことになっているのであろうか。それとも、逆に、かれらは、貪欲さか幸運かが、かれらの、あるいはかれらの祖先の運命を決したところにしたがって、国中に散らばって住んでいるのであろうか。もし、こちらの方が事実であれば（賢明な人ならばだれでもそうであることを知っている）[1]、選挙の場所を特定の地域に限定する政策は、ほかのどの点に照らしても、受け入れられるものではないし、それ自体の目的をも覆すということはあきらかではないだろうか。実際には、選挙人もしくは被選挙人のどちらかについて財産資格を設ける以外、憂慮されている特別待遇を裕福層に与える方法は見あたらない。しかし、全国的政府に委託されることになっている権限には、このような権限は含まれていない。全国的政府の権限は、時期、場所、および方法を定めることに明示的に制限されている。ほかの論説〔第五九篇〕でしめしたように、選挙人および被選挙人の資格は、憲法によって定義のうえ規定されており、立法部が変更することはできない。

しかしながら、議論のための議論として、いわれているような特別待遇を図る手段が成功し、同時に、義務感やそのような試みにともなう危険への憂慮から起こる良心の呵責《かしやく》は、国の指導者たちの胸中で克服されるものとみなしてみよう。それでも、人民の大部分の抵抗を鎮圧することができる軍事力の助けなしに、かれらが、そのような試みを実行に移すことを望みうると主張できるようには、わたしには思えないのである。その目的に見合った武力がありえないことは、これまでの論説の各所〔とくに、第二四篇―第二九篇〕で明確にしめしてきた。しかし、いま考察している反対論は実体のないことが白日の下にさらされるように、かりに、そのような武力が存在し、全国的政府はそれを実際に保有していると想定されるとしよう。すると、どうなるであろうか。社会の基本的権利を侵害する意図とその意図を満足させる手段とがあれば、その意図に突き動かされた人びとは、お気に入りの階層に特別待遇を与えるよう選挙法をでっちあげるという馬鹿げた仕事に耽るということが考えられるであろうか。かれらは、自分たちの権限を即座に拡張するのにもっとも適した行動を取ろうとはしないであろうか。どのように用心を重ねてみても、選挙法の起草者にとっては解任、恥辱、あるいは破滅に終わるかもしれない不確実な手段に頼るよりも、かれらは権力簒奪というたった一回の決定的な行動によってその公職を独占しつづけようと大胆に決意するのではないであろうか。自分たちの権利を自覚しているだけではなく、それに固執してもいる市民たちが、それぞれの州において、遠く離れた僻地《へきち》から選挙が行なわれる場所へと大挙して押し寄せ、暴君たちを打倒し、それに代えて、人民のもつ究極の権威を侵害されたことに報復する人物をおこうとするのを、かれらは恐れるのではなかろうか。

一七八八年二月二三日

(1)　南部諸邦とニューヨーク邦においては、とりわけあてはまる。

第六一篇　前篇のつづき・結論　ハミルトン

ニューヨーク邦の選挙規定について論じている。

第六二篇　上院の構成

マディソン〔ハミルトン〕

ニューヨーク邦の皆さんへ。

下院に関する憲法上の規定について検討し、留意すべきであると思われる反対論について答えたので、次に上院の考察に移ろう。連邦政府の上院議員について検討されることになる項目は、次のとおりである。Ⅰ上院議員の資格。Ⅱ州立法部による上院議員の任命。Ⅲ上院における平等な代表。Ⅳ上院議員の数およびその任期。Ⅴ上院に付与された権限。

Ⅰ、上院議員について提案されている資格は、下院議員の資格とは異なり、年齢が高いことと、市民権の期間が長いことである。下院議員は二五歳以上でなければならないのに対し、上院議員は三〇歳以上でなければならない。また、下院議員は七年以上アメリカ市民であった者でなければならないのに対し、上院議員は九年以上市民であった者でなければならない。これらの区別がいかに適切であるのかは、上院議員が負わされている責務の性質によって説明される。上院は、より広い見聞とより安定した人格を必要としているので、それは同時に、上院議員がこれらの長所をもつのにもっともふさわしい年齢に達していることを要求する。また、上院は、外国との交渉に直接参与するので、外国生まれであったり、外国の教育を受けていたりすることに付随する偏見や慣習からまったく切り離されている人でなければ、その責務は遂行されるべきではない。九年という期間は、公共の信託に与《あずか》りうる能力や才能をもつ帰化市民を排除することと、全国議会に外国の影響をおよぼす経路を開くかもしれない帰化市民を無差別かつ性急に受け入れることとの、ほどよい中庸を得ているようにみえる。

Ⅱ、第一点と同じように、上院議員が州の立法部によって任命されることについてくわしくのべる必要はない。政府のこの部門を構築するにあたって考案されえたさまざまの形態のなかで、憲法会議によって提案されているものが、おそらく、もっとも世論に合致している。それが推奨されているのは、選り抜きの人物の任命を促すとともに、連邦政府の形成において州政府の権威を確保し、州政府と連邦政府との便利な連絡役となる代理人を州政府に与えるという二つの利点をもつからである。

Ⅲ、上院における平等な代表もまた、大邦と小邦との対立する意見のあいだの妥協の結果であることはあきらかであり、多くの議論を必要としない。ひとつの国家へと完全に組み込まれた国民のあいだでは、各選挙区は人口に応じて政府に参与すべきであり、ひとつの連盟によって結合している独立した主権国家のあいだでは、現模にちがいがあっても、各加盟国は連合議会《コモンカウンシル》に平等に参与すべきであるというのが、もし本当に正しいのであれば、国家的性格と連合的性格の両方を兼ね備えた複合共和国において、政府は、比例代表と平等代表の二つの原理を混合して樹立されるべきであるというのは、理由のないことではないようにみえる。しかし、理論の結果ではなく、「友好の精神、および、われわれの特異な政治的情勢には欠かせない相互の尊重と譲歩の」結果であると広く認められている憲法の一部を、理論の基準で裁断してみても無駄なことである。目的に見合った権限をもつ共通の政府は、人民の声によって、しかも、アメリカの政治的情勢によって、さらに声高に要求されているのだ。大邦の意向によりよく調和した原理にしたがって樹立される政府は、小邦には受け入れられそうにない。そうなると、大邦にとって残されている選択肢は、提案されている政府か、それともさらに反発を招く政府のどちらかである。どちらを選ぶかに際して、賢明な助言は、より少ない悪を受け入れることであるにちがいないし、また、生じうる弊害について無益な予想に耽るよりも、犠牲を適度に抑える有益な結果について熟慮することであるにちがいない。

この精神によれば、各州に与えられた平等な投票権は、各州に留保してある主権の一部を憲法によって承認することであると同時に、その残された主権を保持するための手段でもあるといえよう。各邦は、単一の共和国に誤って統合されることを可能なかぎりのあらゆる手段で防ごうと切に望んでいるので、そうであるかぎり、平等な代表は、小邦にとってだけではなく大邦にとっても受け入れられるはずである。

上院の設置にかかわるこの構成条件がもたらすもうひとつの利点は、それが不適切な立法行為にたいするひとつの障壁になることを証明するにちがいないということである。いかなる法律や決議も、まず、人民の多数の同意、つぎに、連邦諸州の多数の同意なしには、制定されえない。立法にたいするこの複雑な点検確認は、場合によっては、有益でもあるし有害でもあるということ、小州には共通するけれどもほかの諸州のものとは異なる利益が、平等な代表が保障されていない場合にさらされることになる危険を考えれば、小州に有利になる独特の障壁をもつこの点検確認は、より理に適っているということを認めなければならない。しかし、大州は、歳出にたいする支配権により、つねに、小州のこの特権が不当に行使されるのを防ぐことができるし、また、法律の制定が容易であり、かつ多すぎることが、これまでの邦政府がもっとも陥りやすい弊害であるようにみえるので、憲法のこの部分は、多くの人びとが考えているよりも、実際には、はるかに役に立つということもありうる。

IV、次に考察すべきは、上院議員の数とその任期である。これら二つの点について正確な評価を下すためには、上院によって果たされるべき目的を検討することが適当であろうし、その目的を突きとめるためには、上院という制度を欠いている場合に、共和国が被るにちがいない不都合を考えてみる必要があろう。

一、政体を統治する人びとが、政体の構成員〔人民〕への義務を忘れ、かれらからの大切な信託を踏みにじるということは、ほかの政体にくらべて少ないとはいえ、共和政体にともなう災厄のひとつである。この観点からすると、立法部の第二院としての上院は、第一院とは明確に区別されるとともにそれと権力を分割しているので、あらゆる場合において、政府への健全な抑制となるにちがいない。もし第二院がなければ一院の野心や腐敗だけで事足りる、権力簒奪や背信の企みにおいて、二つの独立の議院の同意を必要とすることにより、立法部は、人民のための予防措置を二倍にしているのである。これは、きわめて明確な原理にもとづいた予防策であり、いまや合衆国では十分に理解されているので、それについて敷衍《ふえん》する必要はないであろう。わたしは、ただ、両院の不吉な結合が起こりえないかどうかは、二つの議院の気風がどれくらいちがうのかによるので、適切な方策のすべてにおいて必要とされる調和や共和政体本来の諸原理となじむかぎりにおいて、両院を分けておくことが賢明であるはずであるとのべておくにとどめる。

二、上院の必要性は、多人数からなる一院制の議会ではすべて、衝動的で過激な情念の刺激に屈しやすく、党派指導者により度をこした有害な決議に引き込まれやすい傾向があることからも、少なからずしめされている。この点に関する事例は、ほかの国々の歴史からだけではなく、邦連合の議事録からも数かぎりなく引用しうるであろう。しかし、反駁されるべくもない見解は証明してみせなくてもよい。記されるべきは、この欠陥を匡正《きょうせい》する議院は、それ自体がこの欠陥を免れていなければならず、したがって、あまり数が多くてはならないということである。さらにいえば、この議院は強い安定性をもつべきであり、したがって、相当に長い任期にわたって、その権能を保持すべきである。

三、上院によって補われるもうひとつの欠陥は、立法の目的や原理について十分な理解が欠けていることである。大部分は私的な欲求を追求するために招集され、短期間その職にあり、公務と公務のあいだの時間を自国の法律、情勢、および全体の利益の考察に費やそうという持続的な動機によっては動かされない人びとからなる議院は、すべてがかれらに委ねられれば、立法についての信託を履行するに際して、さまざまな重大な過ちを免れるわけにはいかないであろう。アメリカが現在直面している困難の少なからざる部分は、邦政府の不手際に帰せられるべきであり、しかも、それらの不手際は、その張本人たちの意図ではなく頭脳から生じているということは、もっとも確実な根拠に基づいて断言してもよい。実際のところ、われわれのおびただしい数の法律、それらの信用を貶めている法律の廃止、法律についての釈明、および法律の改正のすべては、知識の欠如をしめす数かぎりない記念碑であり、新会期の前会期に対して毎回行なわれる数かぎりない非難となっているが、入念に構成された上院から期待しうる支援には値打ちがあると説く人民への数かぎりない勧告以外のなにものでもない。

よい政府は二つのことを含んでいる。第一に、人民の幸福という政府の目的の遵守であり、第二に、その目的がもっともよく達成される手段についての理解である。政府によっては、これら二つの性質をいずれも欠いているし、ほとんどの政府は、第一の性質を欠いている。わたしは、アメリカの諸政府において、第二の性質についてあまりにも注意が払われてこなかったと断言することを憚《はばか》らない。連邦憲法はこの過ちを免れている。そして、とくに注目すべきは、この憲法が、第一の性質をよりよく保障するような方法で、第二の性質について規定を設けている点である。

四、新人議員がいかに有能であろうとも、かれらがたえず参入してくるために生じる議会の不安定さは、政府において安定した機構が必要であることをなによりも訴えている。各邦においては、選挙のたびごとに、代表の半数が交替していることがわかる。人間の交替から見解の変化が起こり、見解の変化から方策の変化が起こるにちがいない。けれども、たとえすぐれた方策からすぐれた方策への変化であっても、取られる方策がつねに変わるということは、深慮という原則と成功の見通しとにことごとく反する。この所見は、個人の生活についても立証されるけれども、国務については、より重要であるだけでなく、よりあてはまる。

不安定な政府のもたらす有害な結果をたどるならば、一巻の書物を満たすであろう。わたしは、数えきれないほどの有害な結果の源泉となっていると考えられるいくつかの害悪についてだけのべるにとどめる。

まずなによりも、不安定な政府は、諸外国からの尊敬と信頼、そして、国家の名声に結びついている利点のすべてを失う。計画が一貫していないとか、あるいは、そもそもなんの計画もなしに身辺を処理しているとみなされている人は、たちまちのうちに、見識のある人びとすべてから、本人の不安定さや愚かさの格好の餌食とみなされるようになる。かれのより親しい隣人たちは、かれを憐れむかもしれない。しかし、だれもかれと運命をともにしようとはしないであろうし、少なからず、かれを利用して財産を築く機会を摑《つか》もうとする人びとがいるであろう。国家と国家の関係は、この個人と個人の関係と同じである。ただし、国家は、おそらく、個人とくらべて慈愛の情をあまりもちあわせていないので、相手の犯す過ちをむやみに利用するのを避けようとする抑制もあまり働かないという気分を滅入らせるような違いがある。したがって、国政において見識と安定性とを欠いている国家はおしなべて、より見識を備えた隣国のより一貫した政策によって、いつでも損害を被らされうると予測してかまわない。しかしながら、この問題について最良の教訓は、不幸にも、自国の情勢の実例によってアメリカにもたらされている。アメリカは、自国が友好国からなんの尊敬もかちえていないこと、自国が、不安定な諸邦議会と混乱した国情に乗じた投機に関心をもっている国々の餌食になっていることに気づいている。

不安定な政策が国内におよぼす影響は、さらに悲惨である。それは、自由そのものの恩恵を毒している。もし、法律が、その条文があまりにも長すぎるために読むことができないとか、その内容が矛盾しているために理解することができないとか、あるいは、もし、それが公布されるまえに廃止されたり修正されたり、あるいは、それがあまりにも頻繁に変更されているために、今日は法律であることを知っていても、だれも明日は法律であることを予測できないとかいうのであれば、人民の選出した人びとによって法律が制定されるとしても、それは、人民にとってほとんどなんの役にも立たないであろう。法律は行動の基準であると定義されているけれども、ほとんどだれにも知られずあまり固定していない法律は、どうすれば基準でありうるのだろうか。

政府の不安定さがおよぼすもうひとつの影響は、少数の抜け目のない人びと、冒険的な人びと、金銭をもった人びとに、勤勉ではあるが事情に通じていない一般大衆にくらべて、不当な利点を与えることである。通商や歳入に関するあたらしい法令、もしくは、各種の財産の価値になんらかのかたちで影響を与えるあたらしい法令はすべて、その変更に注目し、それがもたらす結果まで見通すことができる人びとに、あたらしい収穫、すなわち、かれらによって育成されたのでなく、大多数の同胞市民の汗と心配《こころくば》りとによって育成された収穫をもたらす。これは、法律は多数者のためにではなく少数者のために制定されるということがいくぶんかの真理を伴って主張されうるような事の次第である。

別の見方をすれば、不安定な政府からは大きな損害が生じる。議会への信頼の欠如は、うまくいくかどうかや利益をあげられるかどうかが現行の制度の継続にかかっている有益な企てをすべて頓挫させる。いったい、慎重な商人は、自分の計画は実行されるまえに違法となってしまうということ以外、なにもわからないときに、自分の財産を通商のあたらしい分野につぎ込むであろうか。農民や製造業者が、その準備作業や先行投資が自分を不安定な政府の餌食にしないであろうという確信をもつことができないときに、どうして奨励された特定の開拓や工場の建設に全力を尽くすであろうか。一言でいえば、安定し一体性をもつ全国的政策の支援を必要とする大規模な内陸開発も称賛に値する事業も、なんら進捗しえないであろう。

しかしながら、もっとも悲しむべき影響は、きわめて多くの欠陥を露呈し、人民の期待の大きい希望を挫く政府に対して、人民の心を捉えていた政府への愛着や敬意が失われていくことである。個人と同じように、政府も、真に尊敬に値しなければ長く尊敬されないし、ある程度の秩序と安定がなければ真に尊敬に値しないであろう。

一七八八年二月二七日

第六三篇　上院議員の任期

マディソン〔ハミルトン〕

ニューヨーク邦の皆さんへ。

上院の効用を説く理由の五番目は、〔アメリカには〕国家の名声について当然もつべき感覚がないことである。政府に選り抜きの安定した構成員がいなければ、すでに論じた理由から生じる不見識で気まぐれな政策によって、諸外国の尊敬が失われるだけではなく、全国議会は、国際世論の尊敬と信頼とを得られないし、それらに値するためにおそらく必要である国際世論への敏感な理解力ももてないであろう。

ほかの国々の判断に関心を払うことは、あらゆる政府にとって二つの理由により重要である。第一に、ある特定の計画や方策のもつ長所とは別に、その計画や方策が賢明で称賛に値する政策の所産であると他国にみえることは、さまざまな理由により望ましい。第二に、成否がおぼつかない場合、とりわけ、全国議会がはげしい情念や目先の利益によって歪んだ判断しかしめせないとき、公平な世界がもつであろう見解もしくはすでにもっている見解が、したがいうる最良の基準となるであろう。諸外国に名声を欠いていることによって、アメリカが失わなかったものがあろうか。また、アメリカのとる諸方策の公正さや妥当さが、他国の公正な人びとにはそれがどう写るかという観点をとおして、つねに、あらかじめ判断されていたならば、アメリカは、どれほど多くの過ちや愚考を免れたことであろうか。

しかしながら、国家の名声についての感覚がいかに必要であるとはいえ、それが、人数が多く不安定な代議体によっては十分に備えられえないのはあきらかである。その感覚は、公的な方策に関する称賛や非難がかなりの程度各個人に共有されるほど人数が少ない場合か、もしくは、公的な信託を長期にわたって付与されているので議員の誇りと威信とが社会の評判や繁栄と密接に結びついている議院においてのみ見いだされうる。ロードアイランドの半年任期の下院は、同邦のはなはだしく不公正となった諸方策を審議したとき、それらの方策が諸外国や同胞諸邦にどう見られるかという観点からなされた議論に左右されたことなどおそらくほとんどなかったのであろう。他方、もし、選り抜きの少数の人びとが集まる安定した議院の同意が必要とされていれば、国家の名声にたいする配慮があったはずであるから、それだけでも、まちがった方向にみちびかれたかの人民たちがいま陥っている苦難を防いだということは、ほとんど疑いえない。

わたしは、六番目の欠陥として、人民にたいして政府が本来もつべき責任が重大な事態において欠如しやすいということをつけ加えておく。この責任の欠如は、ほかの場合にはまさにこの責任をうみだす選挙が、しばしば行われていることから生じている。おそらく、この指摘は、あたらしいだけではなく、逆説的にもみえるであろう。にもかかわらず、説明を加えられたならば、それは、重要であるとともに否定しがたいということが認められるにちがいない。

責任は、理にかなっているためには、責任をもつ当事者の権力の範囲内にある目的に限られねばならず、効果的であるためには、政府の構成員によって迅速かつ適切に判断を下されうるその権力の執行と関連していなければならない。

政府の目的は、二つに大きく分類できる。ひとつは、それぞれが単独で、しかもだれにでも直ぐわかる作用をもつ方策に依存するものであり、もうひとつは、漸進的でしたがっておそらく見えにくい作用をもつかもしれないけれども十分に選択され十分に関連した諸方策の継続に依存するものである。あらゆる国の全体の持続的な福利にとって、第二の範疇がもつ重要性は、説明するまでもない。また、議会が、短い任期で選ばれているために、全体の福利がその多くを依存している一連の方策のうち一つか二つ以上は実行できない場合には、一年間だけ雇用された家扶や小作人が六年以内では満たすことができない職務や土地の開墾にまっとうな責任を取りえないのと同じように、最終的な結果について責任を負えるはずがない。さらに、数年にわたるさまざまな業務から生じた事柄について、年次ごとの議会がそれぞれどれくらいの影響力を分けもっているのかを人民は評価することができない。定数が多い議院の代表たちに、選挙民に即時に、個別的に、しかもだれにでもわかるように作用する同議院の行為についてすら、個人的な責任をもたせることはどう考えても相当にむずかしい。

この欠陥にたいする適切な匡正策は、継続的な関心と一連の諸方策を必要とするような目的に備えるだけの十分な任期をもち、それらの目的の達成に公正かつ効果的に責任を取りうるもうひとつの議院を立法部に設けることである。

これまで、入念に構成された上院がいかに必要であるかをしめす事情を、もっぱら人民の代議院のみに関連させて論じてきた。わたしがいま語りかけている偏見によって目をくらまされず、甘言によって腐敗させられてもいない人民にたいして、そのような制度は、人民自身の一時的な過ちや錯覚から人民を守る手段として必要な場合もあるとためらうことなくつけ加えよう。社会のもつ冷静で慎重な判断力が、あらゆる政府において、究極的には、統治者たちの識見を支配すべきであるし、すべての自由な政府においては、実際、支配するであろう。他方、人民が、気まぐれな情念や違法な優遇に刺激を受けたり、あるいは、私欲にまみれた人びとの巧妙に仕組まれた不実な代表行為に誤ってみちびかれたりして、あとになると自分たちで大いに後悔したり非難したりすることになる方策を要請する瞬間が政治にはある。この危機的な瞬間に、理性、正義、および真理が人民の精神にその力を取り戻すまで、誤った方向に進むのを抑制し、人民が自分たち自身に向ける攻撃を控えさせておくのに、節度をもち尊敬されている市民の一団が介在することはいかに有益であろうか。もし、アテナイ人の政体が人民自身の情念の専制に対する周到な安全策を講じていれば、アテナイの人民がしばしば避けることができなかった苦悩は、それほど厳しくはなかったのではなかろうか。もし、そうであったならば、人民の自由は、同じ市民たちに対して、ある日は毒薬を命じ、次の日には彫像を命じているというぬぐい去りがたい非難を免れたのかもしれない。

広大な領域に遍在している国民は、狭い地域に蝟集《いしゅう》している人びとのように、はげしい情念に感染することも、不正な方策を結託して遂行するという危険に陥ることもありえないといわれるかもしれない。わたしは、これがきわめて重要な区別であることを否定しようとは思わない。逆に、わたしは、以前ある論説〔第一〇篇〕で、これこそが連邦共和国を推奨する主たる理由のひとつであることを示そうと試みた。同時に、この利点は、補助的な予防策を設けるのを無用にするとみなされるべきではない。より小さい共和国にともなう幾多の危険からアメリカの人民を守っている広大な国土は、同時に、私欲にまみれた人びとが巧みに結託して仲間うちで分け合うことに成功した偽代表の影響力のもとに、小共和国の場合よりも長くとどまりつづけるという不都合に、人民をさらすのだということも記しておいた方がよいであろう。

元老院《セネット》をもたずに長つづきした共和政はないと歴史がわれわれに教えていることを思いおこすならば、これまでの考察のすべてにかなりの重みがつけ加えられる。スパルタ、ローマ、およびカルタゴは、実際に、その特徴が適用されうる数少ない国家である。スパルタとローマには、それぞれ、終身の元老院があった。カルタゴの元老院の構成についてはあまり知られていない。状況証拠からすれば、それは前二者と、この点においては、異なってはいなかったと考えられる。少なくとも、元老院が人民が浮動するのを防ぐ碇《いかり》となるような何らかの性質をもっていたこと、そして、元老院から選ばれた小人数の会議が終身で任命されただけではなく、欠員が生じたときにはみずから補充したことはたしかである。これらの事例は、アメリカの気質と相容れないし、模倣するには不適当ではあるけれども、にもかかわらず、古典古代のほかの共和政が変転きわまりない存在であったのとくらべると、安定と自由とを調和させるような制度が必要であることをじつにわかりやすく証明している。わたしは、アメリカの民主政体を近代や古典古代のほかの民主政体から区別する諸要因や、ある事例からほかの事例へと議論を進めるときに細心の慎重さを必要とする諸要因について自覚していないわけではない。しかしながら、この見解には一理あることを認めたとしても、なお、これらの事例をわれわれの関心の対象としないわけにはいかない類似点が多くあるといってもよいであろう。すでに見てきたように、上院という制度によってのみ埋め合わせられうる欠陥の多くは、人民によって頻繁に選挙される定数の多い議院や人民それ自体に共通している。その議院には、上院のような組織による制御を必要とする特有の欠陥がある。人民は、故意に自分たちの利益を裏切ることは決してありえない。しかし、かれらの利益は、人民の代表によって裏切られるかもしれないし、その危険は、別々の相異なる議院の同意がすべての公的な決定において必要とされる場合よりも、立法に関するすべての信託がひとつの代議体の掌中に委ねられている場合の方が、あきらかに大きいであろう。

アメリカの共和政とほかの共和政とでもっともはっきりした違いは、代表制の原則である。それは、前者を動かす軸であり、後者にとっては、少なくとも、古典古代の共和政には知られていなかったと考えられている。以前の論説〔第一四篇〕での論証においてもこの相違を用いたことは、わたしが、その相違が存在するのを否定もしなければその相違の重要性を過小評価もしないということを示しているであろう。それゆえ、わたしは、古典古代の政体が代表制に無知であったという見解は、通常これに与えられている緩やかな定義を考えれば、かならずしも正しくはないとのべることにあまり戸惑いを覚えない。古典古代の共和政についての立ち入った考察はここで行なう必要はないであろうから、わたしは、わたしの行論を補強するいくつかの周知の事実にふれよう。

ギリシアのもっとも純粋な民主政においては、行政機能の多くは、人民自身によってではなく、人民によって選ばれ、行政機能について人民を代表する官吏により遂行された。ソロンの改革よりまえは、アテナイ人は、毎年人民全体によって選出される九人の執官により統治された。かれらに委託された権限の程度は、きわめて曖昧なままとなっていたようである。ソロンの改革よりあとの時代では、最初は四〇〇人、あとになると六〇〇人の代表よりなる議会が、毎年人民によって選ばれ、立法機能について人民を部分的に代表した。というのは、代表たちは、立法機能について人民と関係をもっていただけではなく、人民に立法を発議する排他的権限をもっていたからである。カルタゴの元老院は、その権限や任期がどのようなものであれ、人民の選挙によって選出されていたようにみえる。古典古代のすべてとはいわないにしても、ほとんどの民主政体についても同じような事例をたどることができる。

最後に、われわれは、スパルタでは監督役に、ローマでは護民官職にであう。二つの官職は、定員はきわめて少ないけれども、毎年人民全体によって選出され、付与された全権のほとんどについて人民の代表であるとみなされていた。クレタのコスモス〔1〕もまた、毎年人民によって選出され、代議体の選挙において選挙権が人民の一部にのみ付与されていたという点をのぞけば、スパルタやローマの制度と似たような官職であると、著述家たちに理解されてきている。

まだ多くの事実がつけ加えられるであろうが、これらの事実からだけでも、代表制の原理は、古典古代の人びとには決して知られていなかったのでも、かれらの政体においてまったく見過ごされていたのでもなかったということがあきらかである。これらの政体とアメリカ諸邦の政体との本当の違いは、アメリカにおいては人民が、全員参加のかたちで一体となって政府に参与することから完全に排除されていることにあるのであって、古典古代の政体の統治から人民の代表が完全に排除されていることにあるのではない。しかしながら、このような違いがあるとみなしたとしても、それは、合衆国の方をきわめて有利な位置におくことも認めなければならない。ただし、この利点をすべてひきだすためには、われわれは、それを、広大な領土というもうひとつの利点と切り離さないように注意しなければならない。というのは、いかなる形態の代議政体であれ、ギリシアの民主政が行なわれていた狭い領域でうまくいくというのは信じられないからである。

憲法案にたいする激烈な反対派は、理性により示唆され、実例により証明され、われわれ自身の経験に照らしながら主張されているこれまでのすべての議論に反論するにあたって、人民によって直接任命されておらず任期が六年ある上院は、政府においてしだいに危険なまでの優位を勝ちとっていき、ついには、政体を専制的な貴族政に変えるにちがいないと繰り返すことでおそらく満足するであろう。

この大ざっぱな答えにたいしては、次のように大ざっぱに論駁すれば十分なはずである。自由は権力の濫用によってだけではなく自由の濫用によっても脅かされるかもしれない。前者のみならず後者の例も数多くある。合衆国では、あきらかに、前者よりも後者の方が懸念されるべきである。けれども、もっときちんと論駁してもかまわないであろう。

専制的な貴族政への革命が達成されるまえに、上院は、まずみずからを腐敗させなければならず、ついで、州の立法部を、さらに、連邦下院を、最後に人民全体を腐敗させなければならないということが確認されるべきである。専制の樹立を試みるまえに、上院がまず腐敗させられるべきであるというのはあきらかである。上院は、州の立法部を腐敗させることなしにその試みを遂行できない。というのは、そうしなければ、上院議員の定期的な入れ替わりが上院全体を再生させるはずだからである。連邦下院についても同じように首尾よく腐敗させる手段を講じなければ、上院と対等に政府を構成する同院の抵抗が、専制の試みをかならずや頓挫《とんざ》させるであろう。そして、人民それ自体を腐敗させなければ、あたらしい下院議員の参入により、瞬く間に、すべては元の木阿弥になってしまうであろう。提案されている上院は、人間業《わざ》のうちにあるなにか手際のよい方法で、これらすべての障害を切り抜けて、無法な野心に満ちた目的に到達できるとまじめに信じる人がいるのだろうか。

もし理性がこの疑いを咎《とが》めるとすれば、同じ判決は経験によっても下される。メリーランド憲法は、もっとも適切な例を提供してくれる。この邦の上院は、連邦の上院と同じように、間接的に人民によって選出され、連邦上院より一年だけ任期が短い。また、この上院は、その任期のあいだに生じた欠員を補充する驚くべき特権をもっている点で連邦上院と異なっているし、しかも、連邦上院については三分の一ずつ改選というかたちで規定されているような交替制に服するわけでもない。ほかにもいくつかこまかい違いがあり、それらは、連邦の上院は直面してはいないまことしやかな反論にメリーランドの上院をさらすであろう。それゆえ、もし、連邦上院が大声で叫ばれているような危険を実際に含んでいるのであれば、少なくとも似たような危険の徴候が、これまでに、メリーランド上院によって露呈されてきているはずである。しかし、なんらそのような徴候はあらわれていない。逆に、連邦憲法のなかの同じ部門を恐ろしげに眺めているのと同類の人びとによって当初いだかれていた警戒心は、二院制度が試みられる過程で、しだいに薄らいできている。そして、メリーランド憲法は、同憲法のこの部門の健全な働きにより、おそらく連邦のどの邦の憲法も比肩しえない評判を日々獲得しつつある。

だが、もし、この問題についての警戒心を静めうるものがあるとすれば、それは、イギリスの事例であるにちがいない。そこでは、元老院〔貴族院〕は、六年ごとに選出されたり、特定の一族や財産に限定されて選出されたりするのではなく、裕福な貴族からなる世襲の議院である。庶民院は、二年ごとに人民全体により選出されるのではなく、七年ごとに選出され、その大部分は、人民のほんの一部によって選ばれる。将来いつの日か、合衆国において実証されるであろう貴族政的な権力簒奪と専制とは、まぎれもなく、ここに、完璧な姿で見えるはずである。しかしながら、連邦憲法反対派には残念なことに、イギリス史がわれわれに教えるところによれば、この世襲の議院は、庶民院のたえざる権限侵害に対してみずからを守ることすらできないでおり、実際、国王の支持を失ったとたん、たちまちのうちに、庶民院の重みにつぶされてしまった。

この問題について古典古代がわれわれに伝えているかぎりでは、そこでの事例は、すでに用いた推論を支持している。スパルタでは、人民によって毎年選出される監督役が、終身の元老院を凌ぎ、たえずその権限を強化してゆき、ついには、すべての権力をみずからの手中に収めた。人民によって選ばれたローマの護民官は、よく知られているように、ほとんどあらゆる抗争において、終身の元老院を圧倒し、最後は、それに対してほぼ完全に勝利した。この事実は、護民官の数が一〇名に増やされたあとですら、護民官のすべての行為には全員一致が必要とされたことを考えあわせると、よりいっそう注目に値する。これは、自由な政府のなかで人民を身近においている部門は抵抗しがたい力をもっていることを証明している。これらの事例にカルタゴをつけ加えることができる。ポリュビオスの証言によれば、カルタゴの元老院は、すべての権力をその渦のなかに引き込んだのではなく、第二次ポエニ戦争が始まったときには、元来もっていたほとんどすべての権限を失ってしまっていた。

こうして事実を集めてみると、連邦の上院は、だんだんと権力簒奪を重ねていって、それを人民から遊離した貴族政的な議院に変えていくことはできないであろうという反論の余地のない証明を得られる。また、もし、そのような革命が人間のもつ予見能力では防ぐことのできない原因により生じたとしても、人民をみずからの側につけた下院は、いつでも、憲法をその本来の形態と原理とに復元させることができるであろうとわれわれは信じてもかまわない。上院は、人民の直接代表のもつ下院の力に対しては、人民全体の愛着や支持を下院と分け合えるように見識のある政策と公共善への邁進とを示さなければ、みずからの憲法上の権限すら維持できないであろう。

一七八八年三月一日

〔1〕 cosmi. 裁判権をもっている役職。

第六四篇　上院の条約締結権

ジェイ

ニューヨーク邦の皆さんへ。

特定の個人にたいする敵対者や特定の手段にたいする反対者は、どちらの場合も、非難に値する事柄だけにかぎって非難することはめったにないというのは、正当な見解であって、目新しくはない。このように考えなければ、憲法案を十把一からげにして非難し、そのなかでもっとも非の打ち所のない条項を手厳しく論じる人びとの動機を説明するのはむずかしい。

第二節[1]は、**上院の出席議員の三分の二の同意があれば**、上院の助言と同意により条約を締結する権限を大統領に与えている。

条約を締結する権限は、とりわけ、それは戦争、和平、および通商に関連しているので、重要な権限のひとつであり、したがって、それは、その目的にもっとも適した人びとにより公共善にもっとも資する方法で行使されるように、最高の信頼度を確保するような方式と警戒措置とをもって委託されなければならない。憲法会議は、次の二つの点に配慮していたようである。第一に、同会議は、その特別の目的のために人民によって代理に任じられた選挙人団により大統領が選出されるように定めた。第二に、同会議は、上院議員の任命を州の立法部に委ねた。それぞれの選出についてこのような方式をとることは、人民の総意を要件とする選挙よりもはるかにすぐれている。というのは、後者においては、党派的な熱狂に突き動かされた活動が軽率で欲得ずくの人びとの怠惰、無知、および希望や恐怖を利用するために、わずかの有権者の投票によって当選する人が出てくることが多いからである。

上院議員を任命する州の立法部や大統領を選出する選挙人団は、たいていは、もっとも見識をもった尊敬すべき市民から構成されるであろうから、それらの人びとの関心と投票とは、資質と徳においてもっとも秀でており、人民が信頼すべきたしかな根拠を見いだす人物にのみ向けられると考えることができる。憲法案はこの点について特に配慮している。大統領職から三五歳未満の者を、上院議員の職から三〇歳未満の者を除外することによって、憲法案は、選挙人を、その人となりについて、人民が判断するだけの時間をもつとともに、はかない流星のように眩惑したり欺いたりするきらびやかな才気と愛国心の装いによって人民が騙されることのないような人びとに限っている。賢明な王はつねに有能な大臣に仕えられているという所見に十分な根拠があるのならば、選抜された選挙人の一団は、どこにどのような人がいるかについて、王以上に広汎で正確な知識をもっているので、かれらによる任命は、思慮深さと眼識については少なくとも王と同じ水準に達するであろう。これらの考察から当然みちびかれる結論は、そのようにして選出される大統領と上院議員とは、各州との関係とであれ諸外国との関係とであれ、考慮すべきわが国の国益をもっともよく理解し、それをもっともうまく促進することができ、人格の高潔さが信頼の念をいだかせるし、実際それに値する人びとのなかからつねに選ばれるであろうということである。そのような人物ならば、条約を締結する権限は安心して委ねられるであろう。

どのような職務を遂行するのであれ、そこには統一的な指針が絶対に必要であることは広く知られており、認められてもいるけれども、国務におけるその重要性は、いまだに民衆の意識には十分に浸透してはいない。短い周期で頻繁に参入したり離脱したりしている議員から構成されている下院にいま論じている権限を委ねるよう望んでいる人びとは、利害関係や周囲の事情をすべて念頭において慎重に考慮されるべき大きな目的、資質だけではなく、正確な知識や場合によっては十分な時間をもっていることによってはじめて考案し実行することができる手段によってのみ着手され成し遂げられるような大きな目的を達成するには、そのような議院ではどう考えても不適当であるにちがいないということに思いをめぐらしてはいないようだ。したがって、憲法会議において、条約を締結する権限は有能で誠実な人びとに委ねられるべきであるというだけではなく、これらの人びとは、国務に精通し、それを処理するための統一的な指針を作成して提示するのに必要な期間、その職にとどまるべきであるとも規定したことは賢明であった。その任期は、政治的な見聞を大いに広げるとともに、積み重なっていく経験がしだいしだいに自国にとって有益となる機会をかれらに与えるように定められている。また、同会議は、上院議員について改選を行なう際に、選挙のたびごとにそれらの重大な国務がすべて新人議員たちにひきつがれるという不都合を除去するという点において少なからず配慮していた。というのは、現職の上院議員の相当数を在任させておくことによって、職務に関する知識の連綿とした継受のみならず、統一性と秩序とが維持されるはずだからである。

貿易と航海に関する事項が、入念に作成され慎重に遂行される統一的な指針によって管轄されるべきであるということ、われわれの条約と法律はともに、その統一的な指針に調和すべきであるし、その作用を円滑にするよう締結・制定されるべきであるということを認めない人はあまりいない。この条約および法律と統一的な指針との調和や適合が注意深く維持されることはきわめて重要であり、また、この見解が正しいと同意する人びとは、条約にも法律にも上院の同意を必要とすることによって、統一的な指針が十分に活かされるということを認めるであろう。

条約の性質がどのようなものであれ、その交渉の過程では、完全な秘密保持と迅速な処理が要請される場合がしばしば生じる。情報を握っている者がそれを露見させる心配がないのであれば、もっとも有益な情報を入手しうることもあろう。この心配は、金銭目当てのためであれ、友情のためであれ、そのような動機に突き動かされる人びとに影響をおよぼすのであって、したがって、疑いなく、このいずれかの範疇に属する人びとの多くは、大統領の秘密保持には信頼を寄せるが、上院の秘密保持を信用しないし、ましてや、大人数の下院にはいっそう不信感をもっているであろう。それゆえ、憲法会議は、条約締結権の行使については、条約を締結する際に大統領は上院の助言と同意により行動しなければならないけれども、情報の管理については適切な考慮にしたがって取り扱うことができるというように、十分な措置を講じた。

人間の行動に関心を向けたことがある人ならば、そこにはいくつもの波があるのに気づいたにちがいない。その波の長さ、強さ、方向にはなんの一貫性もなく、まったく同じかたち、同じ大きさの波はめったにない。国政において、これらの波を見きわめ利用することが、国政を統轄している者の務めである。そして、この点で経験豊かな人びとは、一日一日が、いや、一刻一刻が貴重である場合がしばしば起こると教えてくれる。戦いでの敗北、国王の死、大臣の罷免、もしくは、そのほか事態の現状や現局面に割り込んで変化をもたらす要因は、もっとも好ましい波をわれわれの希望に反する方向に変えてしまうかもしれない。戦場においても閣議室においても、過ぎ去ろうとするのを捕まえるべき瞬間があり、いずれの場合でも、統轄する立場にある人は、その瞬間を利用できるように判断を委《まか》されるべきである。これまで、われわれは、秘密保持と迅速な処理とを欠いていたことにより、幾度となく致命的な損害を被ってきたので、もしこうした点が配慮されなかったのならば、憲法案は弁解しがたい欠陥をもっていたであろう。外交交渉において、最高度の秘密保持ともっとも迅速な処理とを通常必要とする案件は、交渉の目的を達成するのを促進するという以外、国民の目にはなんら重要ではない準備的かつ補助的な処置である。大統領は、これらについて措置を講じることになんの障害も見いださないであろうし、上院の助言と同意を必要とするような事態が生じたら、いつでも上院を招集することができる。かくして、憲法案は、わが国の条約交渉が、一方では、手腕、知識、人格の高潔さ、および入念な検討から得られる利点を、他方では、秘密保持と処理の迅速さとから得られるあらゆる利点をもてるように規定していることがわかる。

しかし、すでに論じてきたほかのほとんどの条項と同じように、この条項についても、反対論が考えだされて主張されている。

ある人びとは、この条項になにか過誤や欠陥があるからではなく、締結された条約は法律と同じ効果をもつようになるので、条約は立法の権限を付与された人びとによってのみ締結されるべきであるとの理由で不満をもっている。これらの紳士諸氏は、法廷の判決や州知事が憲法に則って与えた命令は、それらが適用されるすべての人びとにとっては、立法部によって制定された法律と同じように正当であり拘束力をもつということを理解していらっしゃらないようである。憲法に基づいたあらゆる権力の行使は、それが行政部によるものであれ司法部によるものであれ、立法部に由来しているのとなんら変わりがないほど、合法性と法的な拘束力とをもっているのであり、したがって、条約を締結する権限にどのような名称が与えられ、それが締結されたときにどのような拘束力をもつのであれ、人民は、きわめて適切に、立法部とも、行政部とも、司法部とも異なる機関に条約締結権を委ねるはずである。かれらが立法部に法律を制定する権限を与えたからといって、同じように、市民が拘束され影響をうけるほかのすべての主権的行為の権限を立法部に与えるべきだということにはならない。

別の反対論者たちは、提案されている方法で条約が締結されるのには賛成しているけれども、それが国の最高法規になることには反対している。かれらは、議会の法律と同じように、条約はいつでも廃止できなければならないと主張しているし、そのように信じていると公言している。このような考えは、この国特有の新奇な考えのようであるが、あたらしい真実と同様あたらしい過ちもしばしばあらわれるものらしい。これらの紳士諸氏は、条約とは取引の別名にすぎず、相手方を絶対的に拘束するのにたいし、自分たちについては拘束されるのが適当とみなす範囲と程度において拘束するような取引をわれわれと行なう国民を見つけるのは不可能であるということを考えてみられるとよい。法律を制定する人びとがそれを改正したり廃止したりするのは疑いないし、条約を締結する人びとがそれを変更したり廃止したりすることも論じるまでもない。ただし、条約は、締結する両当事者の片方のみによってではなく、双方によって締結されるのであり、したがって、まず条約を結ぶ際には双方の同意が必要であるのと同様、その後それを変更したり廃止したりするためにも、双方の同意を欠いてはならないということを忘れないようにしよう。かくして、憲法案は、条約の拘束力を拡大しているわけでは、まったくない。条約は、今後どのような時期においてもどのような政府においてもそうであるように、現在も拘束力をもち、立法部の法律の規制力の範囲をはるかに越えているのである。

一般に共和国においては、警戒心は有益であるけれども、人体における胆汁と同じように、政治体においてそれがあまりにも溢れすぎると、人間の目と政治体の目はともに、その病弊ゆえに、まわりの対象のうえに映じることになる幻影によってきわめて欺かれやすくなる。おそらく、この理由により、大統領と上院はすべての州の利益に公平な目を注がずに条約を締結するのではないかという不安と懸念をいだく人たちが出てくるのであろう。また、なかには、三分の二の上院議員は残りの三分の一を抑圧するのではないかと疑って、それらの紳士たちは自分たちの行為についてきちんとした責任を取りうるのかどうか、かれらが腐敗した行動をとったとき、処罰されうるのかどうか、かれらが不利な条約を締結したとき、どのようにすればその条約を廃棄しうるのかと問う人びともいる。

すべての州は、平等に、しかも、選挙民の利益を促進する能力にも意欲にももっとも溢れている人びとによって上院に代表されているから、各州が、とりわけ、ふさわしい人物を任命することに配慮し、任命されたその代表にきちんと出席するように要求しつづけるならば、同議院においてみな同等の影響力をもつであろう。合衆国がひとつの国家としての形態とひとつの国民としての性質とを帯びるようになるにつれて、全体の福利はますます関心をもたれるようになるのであり、もし、合衆国という政体が、全体の福利は全体を構成している各部分および各構成員の福利を増進することによってのみ促進されるということを忘れるならば、それは弱体な政体になるにちがいない。大統領と上院議員には、かれらやかれらの家族および財産が、社会のほかの人びとと同じようには拘束もされず影響も受けないような条約を締結する権限はないであろう。そして、実際、かれらは、国民の利益と異なる個人的な利益をもっていないので、前者を蔑《ないがし》ろにしようという気にはとてもならないであろう。

腐敗についていえば、それを想像することはできない。大統領と上院の三分の二がそのような品位を欠いた行動をとることがありうると考える人びとは、世間とのつきあいにおいてはなはだ不運な目にあったか、そのような印象をきわめてもたれやすい心の持ち主であるにちがいない。その考えは、あまりにも乱暴あまりにも一方的であるので、受け入れられない。しかし、もしそのようなことが起こったとしても、腐敗したやり方でわれわれから手に入れた条約は、ほかのすべての詐欺的契約と同じように、国際法に照らしてまったく無効である。

大統領や上院議員の責任についていえば、どうすればそれを強化できるのかはなかなかわからない。名誉、宣誓、評判、良心、愛国心、家族の愛情や愛着など人間の精神に影響をおよぼすと考えられるかぎりのものは、かれらの責任遂行を確実にする。要するに、憲法は、かれらが力量と高潔さをもつ人物であるよう最大限の配慮を払っているので、われわれは、かれらが締結した条約は、あらゆる条件を考えたうえで締結されうるものと同じ利点を有していると確信できる根拠がある。また、処罰と名誉の失墜にたいする恐れがいだかれるかぎり、弾劾に関する条項により、非行のないようにすることへの動機づけが十分に与えられている。

一七八八年三月五日

〔1〕 連邦憲法第二条第二節二項。

第六五篇　弾劾裁判所としての上院の役割　ハミルトン

上院が弾劾裁判権をもつという規定を弁護している。本篇の最後では、弾劾裁判にかんして、たとえ憲法会議の案よりもすぐれたものがあったとしても、それをもって憲法案全体を判断すべきではないと論じている。

第六六篇　前篇のつづき　ハミルトン

弾劾裁判権を上院に委ねることへの反対論を検討している。

第六七篇　大統領職の設置　ハミルトン

以下七七篇まで、大統領職について説明を行なっている。この篇では、大統領とイギリス国王との違いを大統領のもつ任命権を例にして論じている。

第六八篇　大統領の任命方法　ハミルトン

大統領選挙人制度の利点を指摘し、あわせて、副大統領の任命方法にも言及している。

第六九篇　大統領とイギリス国王およびニューヨーク邦知事との比較　ハミルトン

ほかの行政首長と比較しながら大統領職の特質を捉えている。

第七〇篇　強力な行政部――その単一性

ハミルトン

ニューヨーク邦の皆さんへ。

強力な行政部は共和政体の本質とは矛盾するものであるという考えがあり、現にその主張者も少なくない。およそ共和政体を理解しこれに期待をよせている者としては、こうした考え方がなんら根拠のないものであることを、少なくとも希望せざるをえない。さもないと、同時に自分たちの原理に対する非難を認めることなくしては、その真実性を認めることはできないことになるからである。行政部が活力的であることは、およそよき政府の本質であり、その主要な性格の一つなのである。それは外部よりの攻撃に対して、社会を守るのに不可欠なものであり、法を着実に施行してゆくためにも、司法の正常な運営を時に乱す不法・横暴な徒党に対して財産を守るためにも、また野望・派閥・無政府の陰謀や攻撃から自由を保障するためにも不可欠なのである。ローマ史に精通していないものでも、ローマ共和国が、ローマを征服し破壊せんと脅かす外敵の侵入に対抗するために、また暴政を目論む野心満々たる個人の陰謀に対抗するために、さらに政府全体の存在を危殆ならしめるような社会全階層に及ぶ煽動に対抗するために、いかにしばしば独裁官という厳めしい名をもった絶対的な権力を握っている一人の男の力に頼らざるをえなかったかを、よく知っているはずである。

しかし、ここでこの問題についての議論を重ね、例証を積み上げる必要もなかろう。そもそも、行政部が脆弱《ぜいじゃく》であることは、政府機能が弱まっていることを意味し、政府機能が弱まっていることは、とりもなおさず悪政が行われていることにほかならない。うまく運営されていない政府など、理屈で何といおうと、実際には悪しき政府にほかならないのである。

したがって、およそ良識ある人ならば、だれしも活力的な行政部が必要であることに同意するものと前提して、さて残された問題は、ではこの活力を構成する要素はいったい何なのかということを調べることである。はたして、活力を構成する要素は、およそ共和政的考えに存在する〔自由や権利の〕保障を構成する要素と、どの程度矛盾なく結合しうるものなのであろうか。また、憲法会議の提案している憲法案は、どの程度この活力と保障という結合をなしとげているのであろうか。

行政部の活力を構成する要素としては、第一に単一性、第二に持続性、第三に適当な給与上の措置、第四に十分な権限があげられよう。

これに対して、共和政的考えに存在する〔自由や権利の〕安全性を保障する要素として、行政部が、第一に人民にしかるべく依存していること、第二に人民に対してしかるべき責任を負っていることがあげられよう。

その思想の堅実さ、その見解の公正さのゆえをもってほまれ高い政治家たちは、行政部は単一の人間によって、立法部は多数の人間をもって構成されるべきをよしとするという見解を表明している。彼らは、行政部にとって必要な条件は活力であり、それはただ一人の掌中に権力があるときに最もよく実現されうるとみなしているが、これはまったく妥当な見解といわなければならない。また彼らは、立法部は慎重な審議と分別とに最も適しており、人民の信頼を集め、その権利と利益とを保障するために、最もよく考案されたものであるとみなしているが、これまた妥当なところである。

単一性が活力を増すものであることは、異論のないところであろう。決定・活動・秘密・迅速という特性は、一般に多数の人間の行為よりは、一人の人間の行為に伴うことがはるかに多いものである。そして、人数が増えるに従って、これらの特性はしだいに失われてしまうことになる。

行政部の単一性は、次の二つの方法によってこれを消滅させられうる。すなわち、一つは、同程度の威厳と権能とをもった二人あるいは二人以上の行政官に行政権力を与えることによってである。第二は、行政権力を表面上は一人に与えてはいるが、その行為の全部あるいは一部が、実はその行政官に対する助言者〔行政参議〕という資格による他人の監督や助力に服さなければならないということによってである。第一の場合についていえば、ローマの二名の執政官制がよい例であろう。第二の場合についていえば、アメリカ各邦の憲法のいくつかにその例を見いだすことができる。ニューヨークとニュージャージーが、もし私の記憶にまちがいなければ、単一の人物に完全に行政権を委託しているただ二つの邦である。(1) いまのべた行政部の単一性を損なう二つの方法についても支持者がいるが、ことに行政参議制を支持する者は数多い。しかし、この二つの方法は、かりに同じ程度でないにせよ、いずれも容易に反駁できるものであり、多くの点で両者関連して検討されうるものである。

他国の経験も、この問題についてあまり参考にはならないが、もし何かを教えてくれているとすれば、行政部の複数制に魅惑されてはならないということであろう。たとえば、ギリシア人は、執政官二人制を実験した後、結局一人制にしてしまった。ローマの歴史も、複数の執政官の間の確執や、時おり執政官を代行した複数の軍事護民官の間での確執によって、共和国に災禍を加えることになった幾多の事例を記している。しかし、逆に複数制の最高行政官が、国家にとって何か特別に役立ったという事例は一つも伝えられていないのである。むしろ複数の執政官の間での確執がそれほど多くもなく、それほど致命的でもなかったことのほうが驚くべきことといわなければならない。もっとも、ローマ共和国がほぼ常時おかれていたその独特な環境を考え、国の事情から必要とされ、執政官たちによって遂行された政府機能の分割という賢明な政策に注目するならば、それほど確執のなかったのも当然といえよう。貴族たちは、その古くからの権威と威厳とを守るために、平民たちとたえず争ってきた。執政官たちは通常この貴族層から選出されており、したがって貴族層の特権を守るという個人的利害では一致していたのである。こうした彼らの間で協同する動機に加えるに、次のごとき理由もあった。つまり、ローマ共和国の軍隊がその帝国の境界を遠く広げるにいたった後は、執政官たちは彼らの間で行政管轄をくじで分割し、一人はローマに残ってローマ市およびその周辺を統治し、もう一人は遠隔の領土を統治するというのが確立された慣行となっていたのである。この便利な方法が、そうでもしなければおそらくローマ共和国の平安を乱したであろう葛藤や確執を防ぐのに、大いに役立ったにちがいない。

しかし、ここで遠く模糊たる歴史的探究などおいて、純粋に理性と良識との命ずるままに考えてみるならば、いかに修正を加えた形であれ、行政首長の複数制という考えは、やはりこれを是認するよりは否認すべき理由のはるかに多いことを認めざるをえないのである。

二人または二人以上の人間が、何か共通の計画や仕事に従事する場合には、つねに意見の相違が生ずる危険性がある。もし、それが、同程度の威厳と権能とを与えられた公共の信託とか公職であるならば、個人的な競争心とか、悪意すら生ずるおそれがある。そのいずれかのゆえに、あるいはこれらすべての原因のゆえに、きわめて激しい闘争が起こりやすい。もし、そうした闘争が起これば、公職の尊厳性は傷つけられ、権能は弱まり、彼らが分けもった計画や運営は混乱してしまう。もし不幸にしてこうした争いが複数の人間よりなる一国の行政首長の間で起こるならば、それは、国家の非常事態に際して、政府の最も重要な方策を妨害し、挫折せしめてしまうかもしれない。さらに悪いことには、その争いの結果、社会は和解しがたい頑迷な派閥に分裂し、行政首長を構成する幾人かの人間に、別々に従属するということにもなりかねないのである。

人間というものは、単にその計画に参与しなかったからとか、あるいはその計画が嫌いな人間によってなされたからというだけの理由で、物事に反対することもまれではない。しかし、もし彼らがあらかじめ相談を受け、そのうえでたまたま承認しがたいということになると、彼らは、自分の反対を、自己に対する誠実な義務の故であるとみなすようになる。彼らは、名誉によってしばられていると思い込み、およそ自分は誤ったことがないという確信に基づいて、彼らの考えに反して決定されたことが成就するのを何が何でも妨げようとしているように見える。この傾向が行きすぎ、絶望的な状態に立ちいたることがいかに多いか。また社会全体の利益が、世間的名声があるために、自分の気持ちや気まぐれを世間一般の関心事たらしめることのできる人びとの虚栄・慢心・強情の犠牲とされることがいかに多いか。こうした傾向を、その性高潔にして寛容なる人たちは、おそれをもってしばしば指摘せざるをえないのである。現在公衆の前に提示されている問題は、おそらくその結果において、人間性にひそむ卑しむべき弱さ、いやむしろ忌むべき悪さを、残念ながら証明することになろう。

自由な政府の原則に立つ以上、前述した〔複数よりなる構成という〕理由から来る不便さは、立法議会を形成する際には当然甘受しなければならない。しかし、その不便さを行政首長の構成にまでもち込むことは、その必要もないしまた賢明でもない。複数制は行政部においても最も有害である。立法議会においては、決定を迅速にすることは、しばしば有益というよりはむしろ有害を意味する。立法部内部における意見の相違や党派の衝突は、時に有益な法案の成立を妨げることもあるにせよ、しばしば慎重な審議をもたらし、多数派の行きすぎを抑制するのに役立つことが多い。しかし一度決議が採択されれば、反対はただちに中止せざるをえなくなる。決議は法であり、それに反抗すれば罰せられることになるからである。ところが行政部内の確執には、複数制の不都合さを緩和したり償ったりするのに役立つ状況というものはないのである。行政部にあっては、確執は徹底しており、宥和されない。確執はとどまるところを知らないのである。そして、その確執の関係している計画や方策の執行を最初から最後まで妨げ弱めることになる。行政部を構成する不可欠の要素である強力性と迅速性という行政部の特質に相反して働き、しかもそれを償うようなよいことは何ひとつもたらさないのである。ことに行政部の活力が国民の安全保障にとってかなめである戦争遂行の場合には、行政首長職の複数制からは危惧されることが多いのである。

以上の考察が、主として第一の場合に、つまり同等の威厳と権能とをもった複数制の行政首長職の場合――もっともこの案を支持するものはそれほど多いとは思われないが――にあてはまるものであることは、これを認めなければならない。しかし、また、以上の考察は、同程度にとはいえないが、やはりかなりの重みをもって、行政参議会制、つまり、表面上は単一の行政首長が行政活動をするのに、その同意が憲法上必要とされているような行政参議会制についてもあてはまるものである。たとえば、行政参議会内のある徒党が、巧みに全行政機構の機能を妨害しこれを麻痺せしめることもできよう。かりにそのような徒党が存在しないにしても、単に内部に見解や意見の相違があるだけでも、行政機能は、常時脆弱化し、行政活動は遅滞するようになってしまう。

しかし、行政部複数制に対する最大の反対論の一つで、複数制の第一の場合にも第二の場合にもあてはまるのは、複数制は、行政官の失策を隠蔽し、責任を消滅させるという反対である。この場合、責任といっても二種類あり、一つは非難〔されるべき行為〕に対する責任であり、二つは処罰〔されるべき行為〕に対する責任である。前者は、ことに選挙職の場合には、きわめて重要である。公けの信託を受けた人間は、法的処罰を受けるような行為を犯すよりは、むしろこれ以上信任しておくに値しないような行為をすることのほうが多いものである。だが、行政部を複数制にすると、いずれの場合においても、その責任の所在が見わけがつきにくくなる。行政部内で相互に非難し合っている状況では、現にいったいだれを非難すべきなのか、いったいだれに一つの、あるいは一連の有害な方策に対する刑罰を科すべきなのか、ということが、しばしば決定しがたくなる。責任が巧みに、かつもっともらしく次から次へと転嫁されてゆくので、世論としても真の責任の所在がどこにあるのか判明しえないままになってしまう。国家的な失策や災難を招くかもしれないような状況というのは複雑をきわめていることが多いので、多数の者がそれぞれ程度や種類の異なった権限をもって行動しているようなときには、全体としてはたしかに失政のあったことは明確であっても、このような災難がもたらされたのは真実のところいったいだれの責任に帰すべきなのかを明確にのべることが、事実上不可能になりかねないのである。「私〔の決定〕は、行政参議会によってくつがえされたのである。行政参議会は、その中で意見がはなはだしく分裂していたので、この問題についてこれ以上よい決定に達することは不可能であった」。これや、これに類似した口実が、うそかほんとうかわからないが、つねに用意されるのである。しかも、事件の底にある秘密の原因について徹底的に吟味するという厄介な仕事を引き受け、人の反感を買うことをあえてしようというものはいない。かりに、あまり成果に期待できないその仕事をあえて引き受けるだけの熱心さをもった市民が出てきたとしても、もし関係当事者の間で馴れ合いが成立すれば、事件を曖昧模糊たるヴェールでおおってしまい、当事者のだれがいったい具体的にはいかなる行為をしたかを不明確にしてしまうことなど、いともたやすいことである。

ニューヨーク邦の知事が行政参議会と共同するただ一つの例として、公職の任命がある。そこでも、現在検討している見解からみて、多くの過ちが行われてきた〔第六九篇〕。たとえば、重要な公職に対して言語道断な任命がなされてきている。事実、ある事例のごときは、それがあまりにもはなはだしいので、すべての当事者の間で事の不当さについて意見の一致をみたほどである。事件の調査がなされると、知事は参議会の参議の責任であるとこれを非難し、参議会のほうでは知事の指名の責に帰した。その間、人民としては、いったいだれの影響力のゆえに、彼らの利益がかくも不適任で不適当きわまる人物の手に委ねられるにいたったか、まったくわからずじまいのままなのである。ただし個々人に対する遠慮から、私としてはここで具体的な人物に言い及ぶことは差し控えたい。

以上の考察から明白なように、行政部の複数制は、行政部に委託した権力が忠実に行使されることを確保する二つの最大の保障を、人民から奪いとることになりやすい。その二つの保障とは、一つは世論による抑制である。複数制の下では、まちがった方策に対する非難が多数の相手に分散してしまい、いったいだれが非難されるべきなのかが不明確になるため、世論の抑制的効果はその効力を失ってしまう。保障の第二は、人民の信任した人物の失策を容易かつ明白に発見し、彼らをその職から解き、その必要がある場合には現実に刑罰を科する機会である。

イギリスにおいては、国王は恒久的な行政首長であり、彼はその行政のためには責任を負わず、その身体は神聖であるというのが、公共の安全のために確立された公理になっている。したがって、イギリスでは国王への助言について国民に対して責を負うべき一つの国制上の参議会〔内閣〕を国王に付置することが最も賢明な方法であった。これなくしては、およそ行政部門には何らの責任体制もないことになってしまうが、それは自由なる政府にあっては、およそ認めがたいことである。だがそのイギリスの場合でも、参議会は自分たちの与えた助言について責を負うが、国王は参議会の決定には拘束されないのである。国王は、その職務の遂行にあたっては、自分の行為に関しては完全な主人であって、自分に付与された参議会に従うのもこれを無視するのも、まったく彼の自由なのである。

しかし、共和国においては、すべての行政職はその職務上の行為に関して個人的に責任を負わなければならない。イギリス国制にあっては行政参議会の必要を主張する理由も、共和国の場合にはあてはまらないし、かえって共和政に反することになる。イギリスのような君主国においては、行政参議会は、行政首長〔国王〕の免責に対する代替物となり、ある程度行政首長が罪過なきように国家的正義に対して保障する人質になる。しかし、アメリカのような共和国においては、行政参議会は、憲法上意図され必要とされている行政首長自身の責任を消滅するか、激減させてしまうことになろう。

行政首長に参議会を付置するという考えは、アメリカ各邦憲法で広く受け入れられているが、これは元来、権力は一人の人間より多数の人間の掌中にあるほうが安全であるという共和政的な権力不信の公理に由来しているのである。もしこの公理が行政部の場合にもあてはまることがかりに認められるとしても、その面での利点は、反対面での数多い欠点を償うものにはならないことはやはり主張せざるをえない。私としては、その原則は行政権には全くあてはまらないと思う。この点、むしろ、かの著名なジューニアスがその言たるや「深遠かつ堅実にして天才的」とたたえた著作家の「行政権は、それが単一であるときこそ、限定される」(2)という意見にあきらかに賛成する。つまり、人民の不信と監視の対象としては、単一の対象であったほうがはるかに安全なのである。一言にしていえば、行政部を複数化することは、自由にとって都合がよいどころか、むしろ危険なのである。

行政部を複数化する場合に求められるべき〔自由や権利への〕安全性が、結局得られにくいことは、少し考えただけでもよくわかろう。共謀を不可能にするためには、数をよほど増やさなければならないし、そうでなければ安全性の根拠となるより、かえって共謀の危険の原因となってしまう。個々人が結合した場合の信用や影響力は、彼らが別々になっている場合の信用や影響力より、はるかに自由にとって恐るべきものとなる。したがって、権力が〔一人ではなく〕少数の人間の掌中におかれ、ある巧妙な指導者によって、彼らの利益や見解が一つの共同の計画に容易に結合されてしまうような場合には、権力が一人の人間の掌中に帰するよりも、はるかに濫用されやすく、また一度濫用されればはるかに危険なのである。というのは、権力が一人の人間の掌中に帰する場合には、彼はまさしく一人であるという理由のために、もっと厳重に監視され、すぐに疑われ、しかも他の者と協同しているときほど大きな影響力をふるうことはできないからである。ローマの十人官——

その名はまさにその数を示しているが(3)――は、その中の一人が権力を握っている場合よりも、はるかに彼ら全体による権力収奪が危惧されていた。だれも、この十人官制よりも多数の人間によって構成される最高行政官制を提案する者はいないであろう。現に六人から一二人までが、行政参議会の員数として示唆されてきている。このうち最大限の数をとっても、共同謀議を企てるに多すぎるというほどの数でもない。そのような共謀は、アメリカにとっては、個人の野心よりも、もっと恐るべきものとなろう。つまるところ、自分の行為に対して責任を負う行政首長に付属する参議会など、一般的にいって、彼の善意にとっては邪魔物になろうし、彼の悪意にとってはしばしば便利な道具となり、共犯者となろうし、彼の過失にとっては常によき隠れみのとなるであろう。

私は、費用の問題について云々することは差し控えたい。ただし、行政参議会が、もしその制度が主たる目的とするところに十分応ずるだけの人数で構成されるとすれば、自分の居住地から政府所在地まで引っ越して来ざるをえない参議たちへの報酬は、国庫の支出経費の中で大きな項目となり、そのあまり明確ではない効用に釣り合わないほど高額になってしまうであろうことはたしかである。

なお、この憲法案が発表されるまでは、どの邦の出身者であれ、およそ良識ある者で、その体験に照らして、わがニューヨーク邦の行政部の単一性がわが邦憲法の最もすぐれた側面の一つであることを認めない者は、私の会った限りではまずはいなかったことを一言つけ加えておきたい。

一七八八年三月一五日

(1) ニューヨーク邦は行政参議会をおいているが、それはただ公職任命の目的のためだけにである。ニュージャージー邦は、知事の諮問にあずかるために、行政参議会を設置している。しかし、同邦憲法の条文にみると、行政参議会の決定は、別に知事を拘束するものではないようである。

(2) De Lolme. 〔ジューニアス(Junius)とは一八世紀イギリスの匿名の評論家。Jean Louis de Lolme, *The Constitution of England*, 3rd ed., London, 1781 よりの引用。〕

(3) 〔原文 Decemvirs は〕一〇名の意。

第七一篇　大統領職の任期

ハミルトン

ニューヨーク邦の皆さんへ。

行政首長職に持続性をもたせることは、前にのべたように、行政権能に活力をもたせるために必要な、第二の条件であった。この条件は、次の二つの目的と関係をもっている。すなわち、第一に、行政首長は、長い任期を有していれば、その憲法上の権限を行使するにあたって、個人的に確固としていられるという点である。第二に、行政首長の任期が長ければ、彼の下で採用される行政組織がそれだけ安定するという点である。第一の点についていえば、任期が長ければ長いほど、その重要な利点はますます大きくなる可能性が高いことは明らかである。およそ人間は、彼の保有しているものに対しては、それを保有する期間が確定しているか不安定であるかに従って、その関心を増したり減じたりするものである。つまり、長期の確固とした地位に基づいて享受しているものとくらべると、一時的な不確定な資格で保有しているものに対してはそれほど執着しない。もちろん、後者のためよりは、前者のためにこそ危険を賭けるであろう。このことは、通常の種類の財産についてもいえることであるが、同様に、政治的な特権・名誉・責任についてもあてはまることである。このことから推測すると、いずれごく近いうちに、自分はその職をやめなければならないという意識の下で、行政首長の資格で行動しているものは、あまりその官職には関心をもたないことになる。その結果、その権限を独自の判断で行使したり、あるいは自分に向けられる悪評、社会全体のかなりの部分あるいは議会の多数派の間にすら、かりに一時的とはいえ広まることもありうる悪評に敢然と向かったりして、そのために何らかの重大な非難を受ける危険を冒すまでもないと考えるようになるであろう。もし再選されない限り、彼としては職をやめるほかないかもしれないとなると、しかも彼自身としては職を続けたいということであるならば、彼は職を失いはしないかという恐れと、職を続けたいという望みとが混じりあって、ますます彼の誠実さも崩れ、その不屈の精神も脆くならざるをえなくなる。いずれの場合にも、脆弱と不決断とがその地位の特色となってしまうことであろう。

社会全体であれ議会内であれ、そのときの支配的風潮に対して、行政部が従順に従うことこそ、行政部としての最善の道であると考えている人たちもいる。しかし、そのような人びとは、そもそも政府の設立されている目的についても、また公共の福祉を促進する真の三段についても、たいへん粗雑な考え方をしているものといわざるをえない。共和政原理が要求しているものは、社会の慎重に考えられた意見が、政治の運営を託されている行政部の行動を支配すべきことである。公衆の偏見にこびてその真の利益を裏切る者の手練に人びとがまどわされる結果、人びとがいだく偶発的な感情の波や一時的な衝動に対して、行政部がいちいち無条件に従うことなど要求しているのではない。人民は、通常、**公共の福利**を意図しているものであると考えるのは正しい。これは、人民が過ちを犯している場合にも、〔その意図は正しかったのだという意味で〕あてはまることが多い。しかし、人民が公共の福利を促進する手段についても、常に正しい考えをいだいているなどと思わせぶりをする追従者に対しては、人民の良識はむしろこれを軽蔑することであろう。人民は、その経験からして、自分たちがときどき過ちを犯すことをわきまえている。へつらい、おべっかを使う者の手練手管、野心家・強欲の輩・絶望の徒の誘惑、その真価以上に民衆の信用を博している者、あるいはそうした信用を博したいと願っている者たちの術策、こうした者に常時つきまとわれているにもかかわらず、人民がそれほど過ちを犯していないことのほうがむしろ不思議なほどである。人民の利益とその気分とがくいちがうようなことがある場合には、人民によってその利益の擁護者として任命された者としては、人民に冷静に考える余裕を与えるために、人民の一時的な気の迷いに抵抗することこそ、その義務なのである。行政官のこの種の行動が、人民をその過ちの致命的な結果から救った事例、また人民の不評を買うことを覚悟の上で、人民に奉仕するだけの勇気と度量をもった人物が人民の永遠の感謝のしるしを与えられた事例は、いくらでも数えることができよう。

しかし、かりに行政部が人民の気持ちには無制限に服従しなければならないとしても、行政部がなにも立法議会の気分にも同様に服従しなければならないと主張することは妥当ではない。議会は、時に人民と対立することもある。また、時には人民が、立法部と行政部との争いに完全に中立であることもありうる。いずれの場合にも、行政部が自己の所信を敢然と決意をもって実行しうるだけの立場におかれていることが望ましいことは、いうまでもない。

権力の諸分野を分立させておくことが望ましいとする原則は、また同時に、各部門が相互に独立していられるように、権力分立が構成されていなければならないことを教えるものである。もし、行政部も司法部も全面的に立法部に献身するように構成されているとすれば、いったい何のために行政部や司法部を立法部から分立させたことになろうか。そのような権力分立は単に名目的なものにすぎず、権力分立が元来設けられた目的を達成することは不可能にならざるをえない。法律に服従することと、立法機関に依存することとはまったく別のことである。法律への服従は、よき政府の基本原理と合致するが、立法機関への依存は、その基本原理に反するものであり、その憲法形態がいかなるものであれ、すべての権力を一つの掌中に結集してしまうことになろう。立法権能が、他の権能を吸収する傾向をもつことについては、すでにいくつかの篇〔第四八篇・第四九篇〕で例をあげて十分に説明してきた。ことに純粋な共和政体をとっている政府の下では、この傾向は抑制しようがないほどである。議会の人民の代表たちは、自分自身があたかも人民自身であるかのごとき錯覚に陥っているかに見えることが少なくない。そして、議会以外のどこからのものであれ、少しでも反対のきざしが見えるとたちまち苛立ち、気分を悪くし、それを露骨に示す。その様子は、行政部であれ司法部であれ、その権利を行使することが、あたかも議会の特権を侵害し、議会の威信を脅かすものであると思っているかのごとくである。議員たちは、他の部門に対し横暴にも支配を及ぼさんとしているかに見えることも少なくない。しかも、議員たちは通常人民をその味方につけているので、非常な勢いで行動するのが常であり、政府の他部門の者としては、憲法上の均衡を維持することがはなはだもってむずかしくなる。

議会が行政部の任命権を有していない限り、行政部の任期が短くとも、それは議会からの行政部の独立性には関係ないではないかという疑問も生ずるかもしれない。この疑問に対するひとつの答えとしては、すでに右にのべた原理——つまり人間というものは短期の地位にはあまり関心をもたず、この短期の地位のために、大きな不便や危険を冒すことはしないものであるという原理から答えることもできよう。それほど確定的ではないにしても、より明白なもうひとつの答えとして、議会は人民に対して影響力を有しており、たまたま議会の邪悪な計画に対して正面から抵抗したため、議会の恨みを買い、議会にとって不快な存在となってしまった人物〔行政首長〕の再選を妨げるために、その影響力を用いるかもしれない、ということがあげられよう。

さらに、〔憲法案が提案しているような行政首長の〕四年間の任期が、はたしてその目的にかなうものかどうかという問題もあろう。もし、〔短かすぎて〕目的にそぐわないとなれば、〔逆に〕四年より短い任期、つまり少なくとも行政部の野望に対する安全保障という点からは好ましい短期の任期のほうが、より長期ではあるが、やはり行政首長の確固たる独立性を喚起するというには依然として不十分な任期より好ましいのではないか、という問題もあろう。

四年の任期あるいはその他の一定の任期が、はたして意図されている目的を完全に達成するものかどうかは、確答できない。しかし、任期の長さが政府の精神と性格とに実質的な影響を及ぼす点、それだけ目的達成の方向に役立つということはいえよう。いずれにせよ、そのような任期の始まりと終わりとの間には、常にかなりの期間がある。その期間の間は、任期終了の見通しはまだまだ先のことなので、ある程度の強固な意見をもった者ならば、任期終了の予測によってその行動を左右されることもないであろうし、また任期終了の到来するまでに、自分のとろうとしている方策の妥当なゆえんを社会に理解させるだけの余裕がある、と望んでしかるべきであろう。新しい選挙によって、公衆が彼の行動をどう思っているかを表明すべき時期が近づくにつれて、彼の自信も、またそれにともなって彼の確固とした態度も弱まってゆくということは、いかにもありそうなことである。とはいえ、彼がその職にある間に、彼の選挙民の間で尊敬と好意をかちえる機会があったわけであり、同様に、彼の自信も彼の確固とした態度も、その間に選挙民に支持されるにいたっていることであろう。したがって、彼は、その英知と誠実さとを示す成果に応じて、また同胞の内で得てきた尊敬と信頼度とに応じて、自信をもって思いきって行動することもできよう。四年の任期は、一方では、行政部の安定化に役立ち、行政部をして政府の中できわめて重要な部門とすることであろうが、だからといって、行政部が公共の自由にとって危険であるという主張をもっともとするほど長くはない。もし、イギリス議会の下院が、単に新しく税を課するときにはそれに同意するか、あるいは反対するだけの権限というきわめて弱い存在にすぎなかった当初から、急速に、国王の大権や貴族の特権を、自由な政府の原則と矛盾しないと思われる限度に縮小し、下院自体は立法部の中で貴族院と対等の一院の地位までのぼったことを考え、また下院がある場合〔クロムウェルの時代〕には、君主政と貴族政とを同時に廃止し、国家ならびに国教会内の古い制度を一掃することができたことを考え、さらに最近の場合のように、改革案が実現されそうになって国王の心胆を寒からしめることができたこと(1)を考えれば、合衆国大統領のように限定された権限しか与えられない四年任期の選挙による行政首長のいったい何をおそれる必要があるというのであろうか。憲法が彼に与えている使命も果たせないようにしておこうというのであろうか。もし行政首長の任期が短く、行政首長の確固たる態度に疑念を残すというものであれば、その疑念は、彼の権力侵害を疑う猜疑心とは矛盾するものであることだけをつけ加えておこう。

一七八八年三月一七日

(1) これは、フォックス氏のインド法案のことである。同法案は下院を通過した後、上院において否決されたが、この法案は全国民のまったく満足するものであったといわれている。〔一七八三年、外務大臣であったチャールズ・J・フォックスが、インド統治機構の全面的改革案を下院に提出し、三分の二の多数で通過したが、国王ジョージ三世は上院に対して、同法案に賛成の投票をするものは、国王の個人的な敵とみなす、と伝えたといわれている。結局、同法案は一三票の差で、上院において否決された。〕

第七二篇　大統領の再任について　ハミルトン

大統領を務めた者が、再度その職に就くのを禁止した場合の弊害について列挙している。

第七三篇　大統領職の報酬についての保障と拒否権　ハミルトン

立法部による権力簒奪を防ぐ手段としてだけではなく、立法部が不適当な法案を可決するのを防ぐ手段としても拒否権を捉えている。また、ハミルトンは、大統領のもつ拒否権は条件付きであり、大統領が法案の成立を阻止するためには議会の三分の一以上の同意が必要である点を指摘している。

第七四篇　大統領の統帥権と恩赦権　ハミルトン

恩赦権を反逆罪との関係で考察している。

第七五篇　大統領の条約締結権　ハミルトン

条約の締結権を大統領と上院とが共同所管することが適当であることを強調する一方で、下院がこれに加わることの不都合を指摘している。ハミルトンによれば、下院は、見聞の広さ、見解の一致、決断力、秘密保持、臨機応変さなどの条約締結に必要な諸要件を欠いている。

第七六篇　大統領の公務員任命権　ハミルトン

人間の本性および性質についての見解を紹介しつつ、公務員の任命にともなう諸問題を考察している。

第七七篇　結論　ハミルトン

前篇からひきつづいて、公務員任命権について論じている。最後に総括として、連邦の行政部は、人民への適切な依存と適切な責任という共和政の諸原理と行政部に必要とされる活力とを調和させていることを確認している。

第七八篇　司法部の機能と判事の任期

ハミルトン

さて次に提案されている政治機構案の司法部門の検討に移ることとしたい。〔第二二篇で〕現行の連合制度の欠陥を論述した際、すでに連邦司法部が有用かつ不可欠であることをはっきりと指摘した。抽象的には、連邦司法部の設立の妥当性そのものは、別にだれにも否定されていないゆえ、そこで展開した議論をまたここで繰り返す必要はないであろう。いままで疑問が提出されてきたのは、ただ連邦司法部の構成方法とその管轄の範囲に関するものだけだからである。したがって、以下の観察も、これらの点に限定することにしたい。

連邦司法部の構成には、次の諸問題が含まれている。一、判事の任命方法。二、判事の在職任期。三、各種の裁判所への司法権の分割とその相互関係。

第一、判事の任命方法について。一般の連邦公務員の任命方法と同じであり、前二篇ですでに十分に議論してきたので、ここであらためて繰り返すことは無益であろう。

第二、判事の在職任期について。これは主として、判事の在職期間、その報酬の支給、その責任に対する措置に関するものである。

憲法会議案によれば、合衆国によって任命される判事はすべて、非行のない限り〔すなわち終身〕その職にあるものとされている。これは多くの各邦憲法の承認しているところと合致しており、なかでもニューヨーク邦憲法と合致している。連邦憲法案に反対するものは、判事終身制の妥当性をも問題にしているが、それはまさしく、反対者たちが、ただ反対に血道をあげて、その想像力も判断力も乱れてしまっていることを示すよい例といえよう。司法部の職にあるものに対し、非行のない限りという基準をもってその任期とすることは、たしかに政治の運営に対する近代的改善の最たるもののひとつなのである。君主国にあっては、判事終身制は君主の専制に対するすぐれた防塞の役割を果たしている。同様に、共和国にあっても、判事終身制は、議会の権力侵害と圧制とに対するこれまたすぐれた防塞の役割を果たすのである。しかも、判事終身制は、法の堅実・厳正・公平な執行を確保するのに、いかなる形体の政府の下にあっても、考えうる最も便利な手段なのである。

政府各部門を注意深く検討してみるならば、権力分立制をとっている政府にあっては、司法部は、その職能の性格上、憲法の認める政治的権利にとって最も危険の少ないものであることは、だれの目にも明らかであろう。というのは、司法部は、そうした権利を妨害したり侵害したりする力をもつことの最も少ない部門であるからである。この点、行政部は名誉を配分するのみならず、社会を守る剣をもおびている。立法部は、財布を握っているのみならず、市民一般の権利と義務とを規制する規則を定めることができる。これに反し、司法部は剣にも財布にも縁はなく、社会の力も富もこれを左右することはできず、どんな実際的な決定もこれを下すことはできないのである。司法部は、つまるところ力も意志ももたず、ただ判断するにすぎない、といって誤りではなかろう。しかも、その判断を有効に実施するために、結局は行政部の助けをかりなければならないのである。

この問題について以上のごとく簡単にみただけでも、そこからいくつかの重要な結果が認められてくる。すなわち、権力の三部門の中で、司法部が比較の余地なく一番弱い部門であることは、争うまでもなくたしかである(1)。したがって、他の部門のいずれかを攻撃しようとしても、勝てる見込みはありえない。そこで司法部自身を他の部門の攻撃から守ることができるよう、考えられる限りの措置が必要なのである。個々人に対する圧迫が、時に裁判所によって行われることがありえても、人民全体の自由一般を裁判所が危殆ならしめることなどありえない。もちろん、司法部が議会と行政部との両者から完全に独立している限りのことである。というのは、「裁判権が、立法権や行政権から分離されていない限り、自由は存在しない(2)」ということには私も同感だからである。つまるところ、自由は司法部だけからならば、とくにおそれるべき何ものもないが、司法部が、他の政府部門のいずれかと結合するならば、あらゆることをおそれなければならない。またそのような結合の実際的効果はすべて、名目上、表面上の分離にもかかわらず、実際には司法部が他部門に依存することから生じざるをえなくなる。司法部の本来の弱さからして、司法部は他の部門によって圧倒され、脅かされ、左右される危険性をたえずもっている。その点、終身任期制ほど、司法部の安定と独立とに寄与しうるものはないのである。といったもろもろの理由からして、判事の終身任期制は、したがって、司法部の構成にとって不可欠の要素であり、公共の正義と公共の安全とにとっての大いなる城塞であるとみなされてしかるべきなのである。

裁判所の完全なる独立は、権力を制限する憲法にとっては、ことに欠くことのできないものである。ちなみに、権力を制限する憲法とは、立法権に対して特定の例外、たとえば私権を剝奪する法と遡及《そきゅう》処罰法などを通過させてはならないことなどを規定した憲法を意味する。この種の権力制限は、裁判所という仲介を経なければ実際には守りえないのである。つまり、憲法の明白な趣旨に反する一切の立法行為を無効であると宣言するのが裁判所の義務なのである。これなくしては、特定の権利または特権の維持もすべて無に帰することになろう。

立法行為を憲法に違反しているゆえに、無効と宣言する裁判所の権利に関して、この理論は結局司法部の立法権に対する優位を意味することになるのではないかと想像することから、若干の混乱を生じてきている。他の機関の行為を無効と宣言できる権能は、その行為の無効を宣言された機関の権能に対しては、必然的に優位に立たざるをえないという主張もなされている。この違憲立法審査制の理論は、アメリカ邦憲法すべてにおいて非常に重要性をもっているゆえ、そのよって立つ理論的根拠を簡単にでも検討することは当然であろう。

委託された権限に基づくいかなる行為も、その権限が行使される基礎となっている委任状の文言に反する限り無効である、という立場ほど明確な原理に立つものはない。それゆえ、いかなる立法行為も、憲法に違反する限り有効たりえないのである。もしこれを否定するとなると、代理人が本人より偉大であり召使が主人の上に立ち、人民の代表が人民自体に優越し、与えられた権限によって行動すべきものが、その権限が認めていないことをなしうるのみならず、その権限が禁止していることまでなしうることになってしまう。

立法機関自体が、立法部の権限についての憲法上の判定者であり、その権限について立法部の下す解釈が他の諸部門との関係においても終局的なものである、という主張に対しては、そういう主張は憲法案のいかなる特定の条項からも推論できない以上、当然の前提としては認められないと応えたい。人民の代表機関が、その意思を選挙民の意思の代りとなすことができるなど、憲法が意図することは考えられない。むしろ、何よりも立法部をその権能として与えられた権限の範囲内にとどめおくために、裁判所が人民と立法部との仲介機関となることを意図したと考えるほうが筋がとおっている。法の解釈こそ、裁判所の適当にして固有の領域である。憲法とは、まさしく根本法なのであり、かつ判事たちによって根本法とみなされるべきものにほかならない。したがって、憲法の意味を確定し、また立法機関の制定する特定の法律の意味を確定することは、判事の権限に属することなのである。もし憲法と法律との間に調停しがたい矛盾が生じたとすれば、優越する拘束力と効力とが優先されるべきことは当然である。いいかえれば、憲法が議会制定法に優先し、人民の意図がその代理人の意図に優先すべきなのである。

しかし、こう結論したからとて、それは司法権が立法権に優位していることを意味するものではけっしてない。ただ、人民の権力こそ司法権に対しても立法権に対しても、優位に立つべきことを意味しているにすぎない。すなわち、制定法の形で表明された立法部の意思が、憲法の形で表明された人民の意思に反するときには、判事は、制定法によってではなく、憲法によって支配されるべきであるということを意味するにすぎない。判事は、根本法ならざる法によってではなく、根本法そのものによって、その判決を下すべきなのである。

二つの矛盾した法の間を決定する場合に、裁判所が裁量権を行使することは、周知の事例によって例証されている。たとえば、全体としてあるいは部分的に相互に矛盾し、しかもいずれも他を廃棄する条項や表現を含んでいない二つの法律が同時に存在する、ということがよく起こる。そうした場合、それらの法律の意味と施行とに決着をつけるのは、裁判所の管轄である。もし、何らかの公正な解釈によって、二つの法律が相互に調和されうるものならば、理性も法も両者を調和させるべく力を合わせることであろう。しかし、もしそれが不可能ならば、一方の法律を有効とし、他方を排除しなければならないことが当然必要となろう。その相対的な効力を決定するにあたり裁判所の基準となるのは、時間的にいって、後法は前法に優先すべきであるという原則である。しかし、これは単に解釈上のひとつの原則なのであって、別に実定法に基づくものではなく、ことの自然と道理とに基づくものである。これは別に立法部の規定によって裁判所に課せられた規則ではなく、裁判所自体が、法の解釈者としてのその行動の指針とするために、真理と道理とにかなったものとして、みずから採用した原則にほかならない。平等の権能に基づく相互に矛盾した法律の間にあっては、その権能の最も最近の意思を表明する法律が優先性をもつべきである、とするのが合理的であると裁判所は考えたわけである。

しかし、優位の権能と従属的な権能、本来的な権能と派生的な権能とに基づく相互に矛盾した法律については、ことの自然と道理とに照らしてみても、むしろこの原則の反対こそ妥当なものとみなされるべきであろう。すなわち、優位の権能に基づく前の法律は、下位の従属的な権能に基づく後の法律に対して優先すべきであることが道理にかなっている。したがって、ある特定の制定法が憲法に矛盾するときには、憲法を遵守し制定法を無視することが司法裁判所の義務となろう。

裁判所が憲法と法律との矛盾という口実の下に、立法部の合憲的な意思にかえて自己の選択を通すかもしれないと云々してもあまり意味はない。というのも、このことは二つの矛盾した制定法の場合にも起こりうることであり、また一つの制定法に対するいかなる判決に対しても起こりうることであろうからである。裁判所は法の意味を宣言しなければならないのである。それが、もし裁判所が**判断**のかわりに**意思**を行使するとなると、結果において、立法機関の選択にかえて自己の選択を行うことになる。ということになれば、それは立法機関から独立した判事はあってはならないことになろう。

したがって、権力を制限する憲法にとって、司法裁判所は立法部の権力侵害を防ぐ防塞であると考えるならば、あの困難な義務を誠実に遂行するために必要な判事の独立心を支えるのにもっとも役立つ判事終身任期制を当然に支持することになろう。

この判事の独立性は、人間の激情から、憲法と個人の権利とを守るのにやはり欠くことができないのである。ちなみに、この人間の激情は、何か企図する人間の術策により、あるいは特定の危機の影響により、時に人びとの間に広まり、まもなく良識と慎重な審議とに席をゆずるものとはいえ、それまでの間政治の中に危険な変化をもたらしたり、社会の少数派に対して重大な圧迫を加えたりする傾向をもっている。共和政体の基本原理としては、現行の憲法が人民の福祉と矛盾するにいたったと思われるときには、人民はいつでも憲法を改正あるいは廃止できることを認めるものである。しかし、この原理から推論して、たまたま一時的な傾向として、人民の多数が現行憲法の規定と矛盾する立場に立つことが起こっても、その理由によって、人民の代表は憲法のそれらの規定を侵犯しても差し支えないということにはならない。また憲法違反が立法機関のもっぱら一部徒党の陰謀から生じたときとは異なり、こうした人民の多数の意思に基づいて生じたときには、裁判所は、むしろこの憲法違反を黙過する義務があるなどということにはならないのである。この点については、憲法案の支持者たちは、その反対者たちとは意見を異《こと》にしてゆずるものではないと信じている。(3)すなわち、人民が一定の厳粛な権威に基づいた行為で、既存の憲法の成文を廃止あるいは改正するまでは、個々の人民であれ、全体としての人民であれ、憲法の成文によって拘束されている。そして、〔憲法に反したいという〕人民の意見を想定したり、あるいは現実にそうした人民の意見を知悉していても、いまのべたように一定の権限に基づいた行為があるまでは、人民の代表は憲法の成文から逸脱することは許されない。もっとも、立法部による憲法違反が、社会の多数の声によってそそのかされて起こったような場合には、判事たちが、憲法の忠実な番人としてその義務を遂行するためには、ただならぬ強固な決意を必要とするであろうことは、容易にうなずける。

しかし、判事の独立性が、社会に時おり起こる激情の効果を妨げるのに欠くことのできない安全弁として役立つというのは、単に憲法違反に関係してだけではない。こうした激情は、特定の階層の個人的権利が、不当な、一方的な法律によって侵害されるということに及ぶこともある。この場合にもまた、そのような法律の苛酷さを緩和し、その施行を限定するという面で、判事の断固たる態度がきわめて重要となってくる。判事の断固たる態度は、すでに成立した法律の直接的な過ちを緩和するのに役立つのみならず、将来立法部をしてそのような法律を成立させないようにする抑制力としても役に立つ。いいかえるならば、立法部は、不当な意図を実現するに当たって、裁判所がそれに疑惑をいだき、それを妨げることが予想される場合、彼らもよく考えてみると動機そのものが不正だということに気づくことによって、その計画をゆるめるのやむなきにいたるわけである。これこそ、あまり気がついている者はいないが、アメリカ各邦の政治の現状を大きく変えることが期待されている状況なのである。司法部の高潔さと寛容さとがいかに有益であるかは、すでに一つの邦のみならず、多くの邦において痛感されている。判事の高潔と寛容とは、その卑劣な期待をくじかれた者にとっては好ましくないであろうが、広く有徳無私の人びとの評価と称賛とをかちえるにちがいない。思慮深い者ならば、どんな立場にある者にせよ、裁判所におけるこうした高潔・寛容を生み強めるようなものなら何であれ、それを重んずべきであろう。というのは、不正の精神によって、かりに今日何か得することがあっても、明日には案外その犠牲者にならないとも限らないからである。そして、そのような不正の精神の必然的に及ぶところとして、公私の信頼の基礎は崩れ、そのかわりに全般的な不信と不幸とが生まれてくることは、いまや何人といえどもよく気づいているにちがいない。

以上のべてきたような、裁判所にとって不可欠とも思われる憲法上の権利および個人の権利に対する強固かつ全面的な尊重は、期間を限定されてその職にある判事からは期待すべくもない。一定期間を限っての任命ということでは、いかによく規制されていても、まただれが任命しても、やはり、判事にとって不可欠な独立性は守られないことになろう。たとえば、もし判事任命権が、行政部か立法部かいずれかの機関に与えられているとすれば、任命権をもつ機関に対して、判事たちが不当に従順になるという危険性が生じてくる。もし、両者が任命権をもっているとすれば、判事たちはそのいずれの機嫌も損ねまいとするようになる。また、もし人民に任命権があるならば、あるいは判事任命のために特別に人民によって選任された機関に任命権があるならば、民衆の間の人気をどうしても配慮するようになり、憲法および法律以外の何ものをも考慮してはならないという準拠を守っているとはいえなくなろう。

さらに、判事の任期の終身制を主張する重要な理由があるが、それは、判事の職が必要とする資格の性質に由来するものである。自由なる政府の利点にともなうやむをえない不便のひとつとして、法規が膨大な量にのぼる、ということがしばしば指摘されるが、その通りである。裁判所において勝手気ままな判決が下されることを防ぐためには、裁判所に提訴される具体的な事例における判事たちの義務を明確にする厳密な規則や先例によって、裁判所が拘束されている必要がある。人間の愚かさ、悪さから出てくる各種各様の係争のことを思えば、この種の先例の記録が膨大な量にのぼることもまたやむをえないであろうし、またそれらの先例について十分な知識を得るには、長期にわたる営々たる勉学が必要とされるにちがいない。したがって、判事の地位につくに足るだけ、法律について精通しているものは、社会にはごくわずかしか存在しないことになる。さらに、そこから通常認められる人間性の腐敗をしかるべく考慮に入れると、判事として必要な人格の高潔さと法律上の知識とをかね合わせてもっているものの数はさらにいちだんと少なくなる。以上のように考えてくると、政府としては、判事に適した人材についての選択の余地はけっして大きくないことがわかる。また一定の期間に限って判事に在職してもらうことは、そうした人材が、判事の席につくために、儲けのよい弁護士の実務をやめることを当然より難しくし、その結果、裁判の運営を、それを有用かつ威厳をもって遂行するには能力も資格も不足な人物の手に委ねるおそれがあることがわかる。わが国の現状に鑑みると、またわが国の将来を予測すると、この点での不利は一見想像されるより大きいものとなりそうである。もっとも、問題の他の面で生じている欠陥にくらべるとそれほど大きくはないことも認めなくてはならない。

全体として、憲法会議が、判事の任期の点につき終身制を確立している諸憲法を、賢明にも模範として行動したことは疑いの余地のないところである。この点で憲法案は、非難されるべきどころではない。むしろ、もしこのよき政府たるに重要な側面を欠いていたならば、まさに許すべからざる欠点をもつことになったであろう。なお、イギリスの経験も、この判事終身制のすばらしさについて、豊かな例証を提供している。

（1）　かの有名なるモンテスキューは、三部門について次のごとく記している。「上述した三つの権力の中で、司法権はあってなきに等しい」。『法の精神』第一巻一八六頁（邦訳、岩波文庫版、上、二九七頁〕。

（2）『法の精神』第一巻一八一頁〔同、二九二頁〕。

（3）“Protest of the Minority of the Convention of Pennsylvania” 及びルーサー・マーティン〔Luther Martin〕の演説など参照。〔ペンシルヴェニア憲法批准会議の少数派抗議文は、参考文献Ⅱ(3) Storing, ed., *The Complete Anti-federalist*, Vol. 3 所収。マーティンは、憲法会議へのメリーランド邦代表の一人で、連邦憲法案に反対し、メリーランド邦議会で長時間に及ぶ報告演説で詳しい反対論をのべている。参考文献Ⅱ(1) *The Records*, Vol. 4, pp. 172-232 参照。〕

〔一七八八年五月二八日発行マクリーン版『ザ・フェデラリスト』第二巻、二九〇―二九九頁で、初めて発表。したがって、この篇以下は、それまでの篇と異なり、ニューヨーク邦の皆さんへ、という呼び掛けの言葉はない。〕

第七九篇　判事の報酬についての保障と判事の責任　ハミルトン

判事の報酬、任期、責任、年齢についてふれている。

第八〇篇　連邦司法権の管轄範囲　ハミルトン

連邦司法権のおよぶ範囲を列挙している。

第八一篇　連邦の最高裁判所と下級裁判所との権限　ハミルトン

司法権についての最終的判断権を最高裁判所に委ねることは立法権を侵害することになるという反対論を反駁している。さらに、ハミルトンは、下級裁判所と最高裁判所のそれぞれの管轄権について論じている。

第八二篇　連邦裁判所と州裁判所との関係　ハミルトン

連邦の裁判所と州の裁判所とがともに所管することになる訴訟についてくわしくのべ、その場合、州裁判所の控訴審は連邦最高裁判所になると論じている。

第八三篇　陪審制について　ハミルトン

憲法には刑事事件については陪審制が設けられているが、民事事件についてはなんの規定も設けられていないという反対論に対して、規定はなくても民事事件についても陪審制が採用されていることをあきらかにしている。ただし、ハミルトンは、陪審制が自由な政府の守護神であるという議論を批判している。

第八四篇　そのほかの反対論について　ハミルトン

憲法案には権利の章典が含まれていないという反対論を反駁している。ハミルトンは、権利の章典がなくても憲法には権利が保障されているとのべたあとで、権利の章典を憲法案に盛り込むことが不適当であると論じ、さらには、憲法それ自体が権利の章典であると主張している。

第八五篇　結　語

ハミルトン

本論集の主題について第一篇で告げておいたとりあえずの分け方にしたがえば、「連邦憲法案が諸君自身の邦の憲法と類似していること」と「この連邦憲法案を採択することによって、共和政治の保持が、そして、自由、財産がさらに保障されるであろうこと」という二つの点がまだ議論されていない。しかしながら、これらの論点については、これまでの論述のなかで先取りして十分に論じ尽くされているので、いまさら、すでにのべられてきたことをより敷衍して繰り返すこと以外はほとんどなにもできないし、そもそも、論究の到達した段階とそれに費やされた時間とは相俟って、それを許さない。

連邦憲法会議の憲法案とこの邦の政府を構成している法律とは、前者がもつ実際の長所と同じように、推定上の欠陥の多くについても似ているというのは注目に値する。憶測されている欠陥のなかには、行政部の再任資格、行政参議会の欠如、正式の権利の章典の欠如、出版の自由に関する規定の欠如がある。われわれの考察の過程で指摘されてきたこれらを含む幾多の欠陥は、連邦のために提案されている憲法と同じように、この邦の現行憲法についても見いだされる。したがって、邦憲法についてはいとも簡単に黙認した欠陥を憲法案については攻撃できるような人は、一貫性をもっていると自負しにくいはずである。また、われわれのなかで、自分の生活している政府の献身的な賛美者であると公言しながらも、連邦憲法会議の憲法案に対して激しく反対している人びとについて、わが邦の憲法も同じようにいやおそらくそれ以上に非難を受けやすい事項に関して、かれらが憲法案を攻撃している猛烈さほど、その不誠実さと欺瞞的態度をよりよく証明しているものはない。

検討中の憲法案の採択にともない共和政治、自由および財産にたいして得られる保障としては、主として次のような点があげられる。連邦の維持は、局地的な党派争いや暴動を抑えるし、それぞれの州で有力な人物が、指導者層や人気を博している人びとから信用と影響力とを奪い取り、人民の専制者となろうとする野心を抑えつけもする。連邦の解体が招きやすい外国による陰謀の機会を減らすことになる。連邦が解体した状態で起こる諸州間の戦争からかならず生じる軍隊の拡充を防ぐ。各州に共和政体を確実に保障する。貴族の称号を徹底的かつ全面的に排除する。財産と信用の基礎を損ない、すべての階層の市民の胸中に相互不信を植えつけ、倫理のほぼ全面的な低下をひきおこしてきた慣行を州政府が繰り返すのを予防する。

同胞市民諸君、かくして、わたしは、みずからに課した任務を果たし終えた。それがどれほどうまくいったのかについては、諸君の行動が判断を下すはずである。少なくとも、わたしとしては、諸君が、わたしの務めを貫く精神として諸君に断言したことを裏切らなかったと認めてくださるものと信じている。わたしは、純粋に諸君の判断に語りかけてきたのであり、党派的な立場から政治を論じる人びとの名誉をあまりにも汚し、憲法反対派の言動によって少なからず掻きたてられてきた辛辣な言葉は避けてきた。憲法案の支持者にたいして見境もなく浴びせかけられてきた人民の自由にたいする陰謀という非難のなかには、あまりにも不当であまりにも悪意に満ちたものもあるので、胸中深くその非難を反駁しようと思っている人びとすべての憤りを招かずにはおかない。裕福で生まれが良く高位にいる人士にむけられたえることのない非難は、すべての良識ある人びとをうんざりさせてきた。また、公衆の目から真理を遠ざけておくために、さまざまのやり方で行なわれてきた許しがたい隠蔽や虚偽は、誠実な人びとからの強い異議をよびおこした。これらの事情により、わたしは、しばしば、本来意図していなかった表現を弄することを強いられたのかもしれない。実際、わたしは、過敏さと中庸との葛藤を覚えることが多かった。そして、たとえ、過敏さの方がまさる場合がいくらかあったにせよ、それは頻繁にすぎるものではなかったというのがわたしの弁解となるであろう。

さて、ここで、これまでの論説において、憲法案は、それに浴びせられた非難にたいして十分に擁護されてこなかったかどうか、憲法案は、公衆の承認を得るに値するとともに、人民の安全と繁栄とに不可欠であると証明されてこなかったのかどうかを自問しておこう。人はだれでも、みずからの良心と理解のかぎりを尽くして、これらの問いにみずから答えなければならないし、みずからの判断の誠実で冷静な命令にしたがって行動しなければならない。これは、だれもが免れることを許されない義務である。また、これは、社会の紐帯を形成しているあらゆる責務によって、真摯かつ誠実に履行するよう求められている、いな、強いられている義務なのである。偏った動機、特殊利益、高慢な意見、一時的な情念や偏見にしたがって、みずからが果たすべき役割を誤って選択するならば、それは、自分自身にたいしても、自分の国にたいしても、自分の子孫にたいしても、まったく正当化されえない。党派に頑迷に執着しないように注意しようではないか。自分が決断を下さなければならない問題は、社会の特殊利益ではなく、国家の存在自体であることを思い起こそうではないか。さらに、承認か拒否かを決しなければならない憲法案に、すでに、アメリカ人の多数は承認を与えているのを忘れないようにしようではないか。

わたしは、憲法案を採択するよう諸君に薦めている議論に全面的に確信を抱いており、憲法案へ反対する議論に説得力をいささかも見いだしえないということを隠そうとは思わない。わたしは、この憲法案は、われわれの政治状況、習慣および世論が承認しうる最善のものであり、アメリカ革命がうみだしたどの憲法よりもすぐれていると確信している。

この憲法は完全無欠であると主張はしないという憲法案の支持者たちの譲歩は、憲法反対派に少なからぬ勝利感を与えている。かれらは主張する。「なぜ、われわれは不完全なものを採択しなければならないのか」。「なぜ、憲法を変更不可能なかたちで制定するまえに、それを修正し、完全になるようにしないのか」。このような主張は、かなりもっともらしく聞こえるかもしれないが、ただもっともらしいだけである。まず第一に、憲法支持者たちの譲歩の程度は、相当誇張されているということをのべておく。かれらは、憲法案には致命的な欠陥があり、実質的に変更しなければ、社会の権利と利益とをそれに安心して委託しえないと認めるようになったといわれている。譲歩をした人びとの意図を付度《そんたく》するかぎり、この見方は、かれらの真意をまったくねじ曲げている。この憲法案の支持者のなかで、同案はすべての点において完全ではないけれども、それはすぐれており、この国の現在の世論や諸事情を考えるならば最善のものであると同時に、分別のある人が望みうる安全をすべて保障しているという見解を表明しない人はいないであろう。

次に、わたしは、完璧な案を荒唐無稽にも追求して、国難を長びかせ、連邦を飽くなき実験の危険にさらすことは、無謀きわまりないとみなしていると答える。わたしは、不完全な人間から完全な作品を得られるとは考えてはいない。あらゆる集合体の討議の結果は、どうしても、それを構成している諸個人の良識と見識だけではなく誤謬や偏見も含まざるをえない。一三の別個の邦を友好と連合との共通の同盟に包み込もうとする契約は、どうしても、多くの異なる利益や性向の妥協とならざるをえない。そのような構成要素から、どうすれば完璧さが得られるのだろうか。

最近、この町で出版されたあるすぐれた小冊子(1)には、さきの憲法会議が招集され、討議し、そして結論に達したときと同じ条件とはいわないまでも、時宜を得た争点についていくらかでも好ましい条件のもとであらたに憲法会議を開催することは、まったく不可能であることを示すのに、反駁しがたい理由が挙げられている。その小冊子はそれ自体広く読まれていると思うので、わたしは、そこで用いられている議論を繰り返しはしない。それは、その著者の住む邦の同胞すべてにとって熟読に十分に耐えうることはたしかである。しかしながら、憲法修正という問題を考察する際になお考慮されねばならず、しかし、公衆にはいまだに提示されていないひとつの観点がある。わたしは、なによりも、その観点から憲法修正について概観することなくして、この論説を終わらせるわけにはいかない。

憲法案にあらかじめ修正を加えるよりは制定後に修正を行なう方がはるかに容易である

ことは、確固たる論証に耐えうるようにわたしにはみえる。現行の憲法案に変更が加えられたとたん、憲法案の採択という観点からすれば、それは、あたらしい憲法の原案となり、ふたたび各邦の決定を仰がねばならない。したがって、連邦全体にわたってそのあたらしい憲法を確立し終えるには、一三の邦の同意を必要とするであろう。それに対し、もし、提案されている憲法が、原案のまますべての邦によっていったん承認されれば、その変更は、いつでも、九州の同意が得られれば可能になる。とすると、憲法典の原案を採択するときとくらべて、採択後の修正は、一三対九(2)の割合でその可能性が高くなる。

それだけではない。合衆国の憲法であるためには、多種多様な構成要素を含むことは避けられないのであり、その憲法のなかで一三の独立した邦がそれぞれの利益および利益についての判断をめぐって調和させられなければならない。もちろん、われわれは、憲法案の作成に携わる代議体のなかに、争点ごとの異なった部分的連携を見いだすであろう。ある争点について多数派を形成した人びとの多くは、別の争点では少数派になるであろうし、さらに別の争点では、それまでのどちらとも異なる結びつきが多数派となるかもしれない。かくして、契約の当事者をすべて満足させるようなやり方で、全体を構成することになる構成要素をすべて練り上げて調整する必要がある。また、最終案への全体の同意を取りつけるのに、障害と犠牲とはとてつもなく増えていくのである。その増殖の仕方が、構成要素の数や当事者の数に比例しているのはまちがいない。

しかし、憲法がいったん制定されたならば、修正はすべて単一の提案であり、個別的に提示されうる。その場合、ほかの争点との関係で取り引きを行なうというような調整や妥協はなんら必要ではない。必要とされる州の意思がただちに問題を決するであろう。したがって、九州もしくは一〇州が、ある条項の修正を望んで結びつけば、その修正はまちがいなく実現するはずである。こうしてみると、ある条項を修正することと最初に完璧な憲法を制定することとでは、容易さの点において比較にならない。

憲法制定後の修正が起こりうるということに異議を唱えて、全国的政府の運営を委ねられた人物は、いつでも、いちど与えられた権限を一分たりとも手放したがらないと主張されている。わたしとしては、熟慮の末に有益であると考えられた修正は、政府の組織についてなされるのであって、政府の権限の量とは関係がないと強く確信していることを認める。そして、この点だけをとってみても、いま取りあげた反論には説得力がないとわたしは思う。また、わたしは、別の観点からしても、この反論にはほとんど説得力がないと考える。公共の精神や人格の高潔さをある程度はあてにできるとしても、そもそも**一三の州**を統治することは本来的にむずかしいために、わたしの考えるところによれば、全国的政府の統治者には、たえず、構成員のしごくまっとうな要求に応ずる精神を欠かさないことが要請されているのだ。さて、反論が取るに足りないことを疑問の余地なく証明する考察をさらにつづけることができる。その考察とは、九州が同意したときにはいつでも、全国的政府の統治者は、その問題につきほかに選択肢がないというものである。憲法案の第五条において、連邦議会は、「各州中三分の二の州（現在では、九州）議会の請求あるときは、修正発議のための憲法会議を招集しなければならない。いずれの場合でも修正は、各州四分の三の州議会によって承認されるか、または四分の三の州における州憲法会議によって承認されるときは、この憲法の一部として効力を生じる」。この条項の文言は確定命令である。連邦議会は「憲法会議を招集しなければならない」。この条項には、連邦議会の裁量の余地は残されていない。したがって、統治者たちは憲法改正をいやがるだろうという熱弁はすべて、消えてなくなる。また、地域的な利益に影響をおよぼすような憲法修正の場合、三分の二もしくは四分の三の州の議会を合意させることはむずかしいかもしれないけれども、人民全体の自由や安全にかかわっている争点であれば、そのような合意を得ることがむずかしいと憂慮する必要はどこにもない。われわれは、全国的政府の権利侵害行為に対する防壁を州の立法部が築こうとする習性を十分信頼してもよいのだ。

もし、これまでの議論が誤っているのなら、わたしは空頼みをしていることになるのであろう。というのは、わたしの考えによれば、修正論議の反対論にたいするわたしの反駁は、政治についてのあるひとつの真実が数学的な証明による検証に耐えうる希有な例のひとつであるからである。この問題をわたしと同じ観点から眺める人びとは、たとえ、憲法の修正を切望しているとしても、自分たちの目的にいたる最短の道として、あらかじめ憲法案を採択しておくことが適当であると同意せざるをえない。

憲法の制定に先だって、それを修正しておこうという熱意は、さきに引用した小冊子の著者と同じく独創的で信頼しうる著述家の次のような見解が真理であると認めることができるならば、修正論者たちの胸中において和らいでいくにちがいない。(その著述家はいっている。)「君主政であれ共和政であれ、大きな国家もしくは社会を統一的な法律のうえで均衡を保たせることは、至難の業であり、いかに幅広い理解力をもっていようとも、人間の英知は、たんに理性と熟慮しかないのであれば、それを実現することはできない。多くの人びとの判断がその作業に結集しなければならない。**経験**がかれらの作業をみちびき、**時間**がその作業を完成へとむかわせ、不都合であるという**感覚**が、初期の試みや実験に不可避的にともなう過誤を匡正するに違いない(3)」。これらの賢明な見解は、連邦を真摯に望む者すべてにとって中庸という教訓を含んでおり、それらの人びとが**時間**と**経験**なくしては達成しえないものを追求するにあたって、無秩序、内戦、邦間のたえまない相互離反、あるいは、勝ち誇る煽動者の軍事独裁に身をさらされないようにかれらに用心させるであろう。政治的に融通が利かないというのがわたしの欠点なのかもしれない。しかし、わたしは、現在の状態においてひきつづき存在している危機を想像の産物として扱いたがる人びとと同じような心の平安を得ることはできないと告白する。わたしからみれば、**全国的政府**をもたない**国家**は無惨な見せ物である。平穏がゆきわたっているときに、全人民の自発的な同意によって憲法を制定することは**驚異**であり、わたしは、それが実現することを震えんばかりの思いを抱いて期待している。わたしは、根気強い努力の果てに一三邦のうち七邦について築いた足場を失い、競技場の大半を走り終えたあとでふたたび最初から走りなおすということを、いかなる道理ともなじませることはできない。わたしは、あらたに憲法を作成する試みがどのような結果になるのかをさらに深く憂慮する。なぜなら、この邦やほかの邦で、**有力な人物たち**が、いかなる形態をとるのであれおよそ統轄的な全国的政府に反対していることを知っているからである。

一七八八年三月二八日

（1）この小冊子は、“An Address to the People of the State of New York” という表題がつけられている。〔著者は、『ザ・フェデラリスト』の執筆者の一人であるジョン・ジェイである。〕

（2）憲法の修正を発議するには三分の二、それを承認するには四分の三の邦の同意が必要であるから、一〇といった方がよいのかもしれない。

(3) Hume's *Essays*, Vol. I, p. 128: "The Rise of Arts and Science."

アメリカ合衆国憲法〔案〕（一七八七年）

〔前　文〕

われわれ合衆国の人民は、より完全な連邦《ユニオン》(a more perfect union)を形成し、司法制度を樹立し、国内の平穏を保障し、共同の防衛のために備え、全体の福祉を増進し、われわれ自身とわれわれの子孫のために自由の祝福を確保することを目的として、アメリカ合衆国のために、この憲法を制定し、これを確立する。

第一条　〔連邦議会とその権限〕

第一節　この憲法によって与えられるいっさいの立法権は、合衆国議会(Congress of the United States)に属し、同議会は上院(Senate)および下院(House of Representatives)により構成される。

第二節　〔一項〕　下院は、各州人民が二年ごとに選出する議員で組織される。各州における有権者は、その州議会の、議員数が多いほうの一院の有権者の資格要件を備えていることを要する。

〔二項〕 何人も、年齢二五歳に達しない者、合衆国市民になってから七年たっていない者、また選挙されたときその選出された州の住民でない者は、下院議員となることができない。

〔三項〕 下院議員および直接税は、この連邦《ユニオン》に加入する各州の人口に比例して、各州のあいだに割り当てられる。各州の人口とは、自由人の総数をとり、この中には一定期間労務に服する者を含み、納税義務のないインディアンを除外し、それに自由人以外のすべての人数〔奴隷人口〕の五分の三を加えたものとする〔修正第一三、一四条により改正〕。人口の調査は、合衆国議会の最初の集会から三年以内に行ない、その後一〇年ごとに、法律の規定に従って行なうものとする。下院議員の数は、人口三万人に対し一名の割合を超えることはできない。ただし、各州は少なくとも一名の下院議員をもつべきものとする。上述の調査がなされるまで、ニューハンプシャーは三名、マサチュセッツは八名、ロードアイランドおよびプロヴィデンス拓殖地は一名、コネティカットは五名、ニューヨークは六名、ニュージャージーは四名、ペンシルヴェニアは八名、デラウェアは一名、メリーランドは六名、ヴァジニアは一〇名、ノースカロライナは五名、サウスカロライナは五名、ジョージアは三名を選出することができるものとする。

〔四項〕　各州選出の下院議員に欠員を生じた場合には、その州の知事はその補充のために選挙の命令を発しなければならない。

〔五項〕　下院は、その議長(Speaker)およびその他の役員を選任する。そして弾劾(impeachment)訴追を行なう権限を専有する。

第三節　〔一項〕　合衆国上院は、各州から二名ずつ選出される上院議員(Senator)で組織される。上院議員の選出は、各州の州議会によって行なわれ、その任期は六年とする。各上院議員は、一票の投票権を有する。〔選出の方法は、修正第一七条一項により改正〕

〔二項〕　第一回選挙の結果にもとづいて、上院議員が招集されたときは、直ちにこれをできるだけ同数の三組に分ける。そして第一組の議員は二年目の終わりに、第二組の議員は四年目の終わりに、第三組の議員は六年目の終わりに、それぞれ議席を失うものとする。議員の三分の一を二年ごとに改選するためである。もし、いずれの州においてであれ、州議会の休会中に、辞職その他の理由により〔その上院議員に〕欠員を生じた場合には、その州の知事は、次の州議会が開会され補充を行なうまでのあいだ、臨時の任命をすることができる。〔選出の方法は、修正第一七条二項により改正〕

〔三項〕　何人も、年齢が三〇歳に達しない者、合衆国市民になってから九年たっていない者、または選挙されたときにその選出された州の住民でない者は、上院議員となることができない。
〔四項〕 合衆国の副大統領は、上院の議長(President)となる。ただし、可否同数のときをのぞき、投票権をもたない。
〔五項〕 上院は、議長以外の同院の役員を選任する。また副大統領が欠席するか、あるいは合衆国大統領の職務を行なう場合には、仮議長(President *pro tempore*)を選任する。
〔六項〕 上院はすべての弾劾事件を裁判する権限を専有する。この目的のために招集される場合には、議員は宣誓あるいは確約をすることを必要とする。合衆国大統領が裁判される場合には、最高裁判所首席裁判官を議長とする。何人といえども、出席議員の三分の二の同意がなければ、有罪の判決を受けることがない。
〔七項〕 弾劾事件の判決は、免職にすること、および合衆国の名誉職、信託もしくは報酬を受ける公務に就任、在職する資格を剝奪すること以上に及ぶことはできない。ただし、このように有罪の判決を受けた者でも、なお法律の規定によって、訴追、裁判、判決、処罰を受けることを免れない。
第四節 〔一項〕 上院議員および下院議員の選挙を行なう時期、場所および方法は、各州において州議会の定めるところに従う。しかし、連邦議会は、いつでも法律によりその規則を制定もしくは変更することができるものとする。ただし、上院議員の選挙を行なう場所に関してはこの限りでない。

〔二項〕　連邦議会は、少なくとも毎年一回集会することを要する。その開会の時期は、法律により別段の定めない限り、一二月の第一月曜日とする。〔修正第二〇条により改正〕

第五節　〔一項〕　各議院は、その議員の選挙、選挙結果の報告および資格について裁定を行なう。各議院は、議員の過半数をもって、議事を行なうに必要な定足数とする。定足数にみたない場合は、当日休会することができ、また各議院の規定する方法により制裁をもって、欠席議員の出席を強制することができる。

〔二項〕　各議院はそれぞれ議事規則を定め、院内の秩序をみだした議員を懲罰し、また三分の二の同意によって議員を除名することができる。

〔三項〕　各議院は、それぞれ議事録を作成し、秘密を要するものと各議院の判定する事項をのぞくほかは、随時これを公表すべきものとする。各議院の議員の賛否は、議題のいかんにかかわらず、出席議員五分の一の請求あるときは、これを議事録に記載しなければならない。

〔四項〕　連邦議会の会期のあいだ、いずれの議院も他の議院の同意がなければ、三日の期間を超えて休会し、またはその議場を両議院の開会中の場所から他に移すことはできない。

第六節〔一項〕上院議員および下院議員は、その職務に対し、法律により確定され、合衆国国庫から支出される報酬を受ける。両議院の議員は、反逆罪、重罪および公安を害する罪によるほか、いかなる場合にも会期中の議院に出席中、もしくはこれに往復の途上において、逮捕されない特権を有する。議員はまた、議院内における発言もしくは討議について、議院以外において法的責任を問われない。

〔二項〕上院および下院の議員は、その在任期間中に、新設され、あるいは増俸があった合衆国の文官職に就任することはできない。また何人といえども、合衆国の公職にある者は、その在職中両議院いずれの議員となることもできない。

第七節〔一項〕歳入の徴収に関するすべての法律案は、まず下院において提議されなくてはならない。ただし、他の法律案におけると同じく、上院はこれに対し修正案を発議し、もしくは修正を付して同意することができる。

〔二項〕下院および上院を通過したすべての法律案は、法律となるに先立ち、合衆国大統領に送付されることを要する。大統領はこれを可とすれば、これに署名する。否とすれば、これに拒否理由をそえて、これを発議した議院に還付する。その議院は、その拒否理由の全部を議事録に記録し、法律案を再議に付する。再議の結果、その議院が三分の二の多数をもって、その法律案の通過を可決したときは、法律案は大統領の拒否理由書とともに他の議院に回付され、他の議院でも同様に再議に付される。そして再び三分の二の多数をもって可決された場合には、その法律案は法律となる。すべてこれらの場合に両議院における表決は、指名による賛否の表明によってなされ、法律案に対し賛否の投票をなす人びとの氏名は、それぞれの議院の議事録に記載されるものとする。もし大統領が法律案の送付を受けてから一〇日以内(日曜日を除く)にこれを還付しないときは、その法律案は署名を得た場合と同様に法律となる。ただし、連邦議会の閉会により、法律案を還付することができない場合は法律とはならない。

〔三項〕　すべて両議院の同意を必要とする命令、決議もしくは表決(休会の決議をのぞく)は、これを合衆国大統領に送付する。その効力を生ずるためには、大統領の承認を得ることを要する。もし大統領の承認のない場合には、上院および下院の三分の二の多数により、法律案の場合と同様の規則および制限に従って、再び可決されることを要する。

第八節　〔一項〕　連邦議会は以下の権限を有する。合衆国の債務の支払い、共同の防衛および全体の福祉の目的のために、租税、関税、間接税、消費税を賦課徴収する権限。ただしすべての関税、間接税、消費税は、合衆国を通じて画一なることを要する。

〔二項〕 合衆国の信用において金銭を借り入れる権限。
〔三項〕 諸外国との通商、および各州間の通商、ならびにインディアン諸部族とのあいだの通商を規制する権限。
〔四項〕 合衆国全体を通じ、統一的な帰化の規則、および破産に関する統一的な法律を制定する権限。
〔五項〕 貨幣を鋳造し、その価格および外国貨幣の価格を規律し、また度量衡の基準を定める権限。
〔六項〕 合衆国の証券および現行通貨の偽造に関する罰則を定める権限。
〔七項〕 郵便局および郵便道路を建設する権限。
〔八項〕 学術および技芸の進歩を助けるため、著作者および発明者に対し、一定の期間それぞれの著作および発明に関する独占的権利を保障する権限。
〔九項〕 最高裁判所の下に、下級の諸裁判所を組織する権限。
〔一〇項〕 公海において犯された海賊行為ならびにその他の重罪および国際法に対する犯罪を定義し、これを処罰する権限。
〔一一項〕 戦争を宣言し、捕獲免許状を付与する権限、陸上および海上における捕獲に関する規則を設ける権限。

〔一二項〕　陸軍兵を募集し、これを財政的に維持する権限。ただし、この目的のためにする歳出の予算は、二年をこえる期間に及ぶことはできない。
〔一三項〕　海軍を建設し、これを維持する権限。
〔一四項〕　陸海軍の統制および規律に関する規則を定める権限。
〔一五項〕　連邦の法律の執行および反乱の鎮圧ならびに侵略の撃退の目的のために、民兵(militia)の召集に関する規定を設ける権限。
〔一六項〕　民兵の編成、武装および規律に関し規定し、合衆国の軍務に服すべき民兵の一部について、その統制を規定する権限。ただし、各州は民兵の士官を任命し、および連邦議会の規定する軍律に従い、民兵を訓練する権限を留保する。
〔一七項〕　ある州が譲渡し、連邦議会が受領することにより合衆国の政府の所在地たるべき地区(ただし一〇マイル平方をこえてはならない)に対して、いかなる事項に関しても、専属的な立法権を行使する権限。要塞、武器庫、造兵廠《しょう》、造船所およびその他必要な建造物の建設のために、関係する州の議会の同意を得て、土地を購入した場合には、これらの諸地域の上に、同様の権利を行使する権限。
〔一八項〕　以上の諸権限、およびこの憲法により、合衆国政府またはその部門もしくはその公務員に対して与えられた他のいっさいの権限を行使するために、必要にして適切な(necessary and proper)すべての法律を制定する権限。

第九節 〔一項〕 現在の諸州中どの州にせよ、入国を適当と認める人びとの移住および輸入に対しては、連邦議会は一八〇八年以前にはこれを禁止することはできない。しかし、その輸入に対して、一人に対し一〇ドルを超えない租税もしくは入国税を課することができる。

〔二項〕 人身保護令状(writ of *habeas corpus*)の特権は、反乱あるいは侵略に際し公共の安全にもとづく必要のある場合のほか、停止してはならない。

〔三項〕 裁判によらないで私権を剝奪する法(bill of attainder)あるいは遡及《そきゅう》処罰法(*ex post facto* law)は制定してはならない。

〔四項〕 人頭税その他の直接税は、上に〔第二節三項〕規定した調査あるいは計算にもとづく割合によるのでなければ賦課することができない。〔修正第一六条により改正〕

〔五項〕 各州から輸出される物品には、租税あるいは関税を賦課することができない。

〔六項〕 通商あるいは収税を規律することによって、一州の港湾に対して、他州の港湾にくらべて有利な条件を与えてはならない。またある一州に出入することを目的とする船舶を強制して、他州において入港させ、出港手続きを経、または関税の支払いをさせることはできない。

〔七項〕　国庫からの支出はすべて、法律で作成される歳出予算(appropriations)に従ってのみ行なわれる。いっさいの公金の収支に関する正式の決算書を随時公表することを要する。

〔八項〕　合衆国は貴族の称号を授与しない。合衆国政府の下に報酬を受けもしくは信託を受ける公職にある者は、連邦議会の承認を得るのでなければ、いかなる国王、君主もしくは外国から、いかなる贈与、俸給、官職もしくは称号をも受けることはできない。

第一〇節　〔一項〕　各州は条約、同盟もしくは連合を締結し、捕獲免許状を付与し、貨幣を鋳造し、信用証券を発行し、金銀貨幣以外のものをもって債務弁済の法定手段とし、裁判によらないで私権を剝奪する法、遡及処罰法もしくは契約上の債務を損なうような法律を制定し、あるいは貴族の称号を授与することはできない。

〔二項〕　各州は、その検査法施行のために絶対に必要な場合をのぞき、連邦議会の同意を得ずに、輸入品または輸出品に対し、輸入税または輸出税を賦課することはできない。各州によって輸出入品に賦課された輸出入税の純収入は、合衆国国庫の用途にあてられる。この種の各州法律は、すべて連邦議会による修正および規制に服する。

〔三項〕　各州は、連邦議会の同意を得ずに、トン税を賦課し、平時において軍隊あるいは軍艦を保有し、他州もしくは外国と協約もしくは協定を結ぶことはできない。また、現実の侵略を受けるか、猶予できない急迫の危険がある場合でない限り、連邦議会の同意を得ずに戦争行為を行なうことはできない。

第二条　〔大統領とその権限〕

第一節〔一項〕　行政権は、アメリカ合衆国大統領に属する。大統領の任期は四年とし、同一任期で選任される副大統領とともに、以下に定めるような方法で選挙される。

〔二項〕　各州はその州議会の定める方法により、その州から連邦議会に送りうる上院および下院の議員の総数と同数の選挙人(electors)を任命する。両院の議員、あるいは合衆国政府の下に信託もしくは報酬を受ける公職にある者は、選挙人に任命されることはできない。

〔三項〕　選挙人は各々その州に会合し、秘密投票によって二名を選挙する。そのうちの少なくとも一名は、選挙人と同一州の住民でないことを要する。選挙人は投票得点者および各得点の表を作り、これに署名し証明をしたうえ封印を施して、上院議長にあて、合衆国政府の所在地に送付しなければならない。上院議長は、上院議員および下院議員の臨席を求めたうえ、すべての証明書を開封したのち投票を計算する。最多数の得票が選挙人総数の過半数である場合には、その最多数の得票者が大統領となる。過半数を得た者が二名以上に及びその得票が同数の場合には、下院は秘密投票により、そのうちの一名を大統領に選任しなければならない。また、もし過半数を得た者のないときは、表中最多数の得票者五名につき、同一方法により下院が大統領を選任する。ただし、この方法により大統領を選挙する場合には、投票は州を単位として行ない、各州の下院議員はそれぞれ一州一票を有するものとする。この場合、定足数は全州の三分の二から一名または二名以上の議員が出席することによって成立し、大統領の選出には、全州の過半数を必要とする。右の諸方法のいずれかにより大統領の選定を終えた後、〔次に〕最多数の選挙人の投票を得た者が副大統領となる。しかし、もしそのとき同数の得票者が二名以上あれば、上院はそのうちから秘密投票によって副大統領を選任しなければならない。

〔修正第一二条により改正〕

〔四項〕　連邦議会は選挙人選任の時期を定め、また彼らの投票を行なう日を定めることができる。その日は合衆国全体を通じて同じ日でなければならない。

〔五項〕　出生による合衆国市民もしくはこの憲法採択のときに合衆国の市民である者でなければ、大統領に選ばれることはできない。また年齢三五歳に達しない者、合衆国内に居住してから一四年たっていない者も、大統領となることはできない。

〔六項〕　大統領が免職されるか、死亡または辞職した場合、またはその権限および義務を遂行する能力を失った場合は、その職務権限は副大統領に委譲される。連邦議会は法律により、大統領および副大統領について、免職、死亡、辞職もしくは不能力の場合を規定し、その場合に大統領の職務を行なうべき公務員を定めることができる。この公務員は、その規定により、右のような執務不能の状態が解消するか、もしくは大統領が選出されるまで、その職務を行なう。

〔七項〕大統領はその職務に対して定時に報酬を受け、その額は彼の任期のあいだ増減されることはない。大統領はその任期のあいだ、合衆国もしくはどの州からも他のいかなる報酬をも受けることはできない。

〔八項〕大統領はその職務の遂行を開始する前に、次のような宣誓もしくは確約をしなければならない。「私は合衆国大統領の職務を忠実に遂行し、全力を尽くして合衆国憲法を維持し保護し擁護することを厳粛に誓う(もしくは確約する)」。

第二節〔一項〕大統領は合衆国の陸海軍、および現に召集されて合衆国の軍務に服する各州の民兵の最高司令官(Commander-in-Chief)である。大統領は行政各部省の長官から、それぞれの部省の職務に関する事項につき、文書によって意見を徴することができる。彼はまた合衆国に対する犯罪につき、弾劾で有罪の場合をのぞき、刑の執行延期および恩赦を行なう権限を有する。

〔二項〕　大統領は、上院の助言と同意を得て、条約を締結する権限を有する。ただしこの場合には、上院の出席議員の三分の二の同意が必要である。大統領はまた、大使その他の外交使節ならびに領事、最高裁判所の裁判官を指名し、またこの憲法に任命に関し特に規定はないが、法律をもって設置される他のすべての合衆国公務員を指名し、上院の助言と同意を得て、これを任命する。ただし、連邦議会は、適当と認める場合には下級公務員の任命権を、法律をもって、大統領のみに、あるいは裁判所に、もしくは各省の長官に与えることができる。

〔三項〕　大統領は、上院の閉会中に公務員の欠員が生じた場合には、その欠員を補充することができる。ただし、その任命は次の会期の終わりに効力を失う。

第三節　大統領は、随時、連邦の状況（the State of the Union）につき情報を連邦議会に与え、またみずから必要にして良策なりと考える施策について議会に対し審議を勧告するものとする。大統領は非常の場合には、両議院あるいはその一院を招集することができる。また閉会の時期に関して両院のあいだに意見の一致を欠く場合には、みずから適当と考える時期まで休会させることができる。大統領は大使その他の外交使節を接受する。彼は法律の忠実に執行されることを配慮し、また合衆国のすべての公務員を任命する。

第四節　大統領、副大統領および合衆国のすべての文官は、反逆罪、収賄罪あるいはその他の重大なる罪過につき弾劾され、かつ有罪の判決を受けた場合には、その職を免ぜられる。

第三条〔連邦司法部とその権限〕

第一節　合衆国の司法権は、一つの最高裁判所と、および連邦議会が随時制定設置する下級裁判所とに属する。最高裁判所および下級裁判所の判事は、非行のない限り(during good behavior)、その職を保ち、またその職務に対し定時に報酬を受ける。その額は在職中減額されることはない。

第二節〔一項〕　司法権は次の諸事件に及ぶ――すなわち、この憲法、合衆国の法律および合衆国の権能により締結されまた将来締結されるべき条約にもとづいて発生するすべての普通法《コモンロー》ならびに衡平法《エクイティ》上の事件。大使その他の外交使節および領事に関する事件。海法上の事件および海事裁判に関するすべての事件。合衆国が当事者の一方である訴訟。二つ以上の州のあいだの訴訟。一州と他州の市民とのあいだの訴訟〔修正第一一条により限定〕。相異なる州の市民のあいだの訴訟。相異なる諸州の付与にもとづく土地の権利に関する一州の市民間の訴訟。および一州またはその市民と、他の国家または外国市民もしくは臣民とのあいだの訴訟。

〔二項〕　大使その他の外交使節および領事に関する事件、およびある州が一方の当事者であるすべての事件については、最高裁判所は第一審の裁判管轄権を有する。前項にのべたその他の事件については、最高裁判所は、連邦議会の定める例外の場合をのぞき、またその定める規則に従い、法律および事実に関し、上訴審の裁判管轄権を有する。

〔三項〕　弾劾事件をのぞき、すべての犯罪の裁判は陪審制によって行なわれる。裁判はその犯罪が行なわれた州で行なわれる。ただし、犯罪地がいずれの州にも属さないときは、審理は、連邦議会が法律で指定する場所で、これを行なうものとする。

第三節　〔一項〕　合衆国に対する反逆罪を構成するのは、ただ合衆国に対して戦いを起こし、あるいは合衆国の敵に援助および助言を与えてこれに加担する行為に限る。何人も、同一の明白な犯行に対する二人の証人の証言があるか、あるいは公開の法廷における自白によるのでなければ、反逆罪の宣告を受けることがない。

〔二項〕　連邦議会は反逆罪の刑罰を宣告する権限を有する。しかし、反逆罪にもとづく権利の剝奪のうち、血統汚損(corruption of blood)または財産没収(forfeiture)については、その刑罰を受けた者の生存中にのみこれを行なうことができる。

第四条　〔州と他州および連邦との関係〕

第一節　各州は、他州の法令、記録、および司法手続きに対して十分の信頼および信用を与えなくてはならない。連邦議会は、これらの法令、記録、および司法手続きを証明する方法およびその効力について、一般の法律によって規定することができる。

第二節 〔一項〕 ある州の市民は、他のいずれの州においても、そこの市民のもつすべての特権および免除を等しく享有する権利を有する。

〔二項〕 ある州において反逆罪、重罪もしくはその他の犯罪をもって告発された者が、裁判を逃れて他州内にあることが発見されたときは、その逃れ出た州の知事の要求があれば、その犯罪の裁判管轄権を有する同州に移すために引渡されなくてはならない。

〔三項〕 何人も一州においてその法律の下に服役または労働に従う義務ある者は、他州に逃亡した場合でも、そこの州の法律または規則によって、右の服役または労働から解除されるものではなく、右の服役または労働に対し権利を有する当事者の請求に従って引渡されなくてはならない。

第三節 〔一項〕 新しい州は、連邦議会の決定によってこの連邦《ユニオン》への加入を許されるものとする。しかし、既存の州の管轄内に新しい州を形成もしくは創設し、または二つ以上の州、またはその一部である諸地方が合併して一州を形成するためには、連邦議会と関係諸州の州議会との同意を必要とする。

〔二項〕 連邦議会は、合衆国に直属する領地(territory)またはその他の財産を処分し、これに関し必要なすべての規定および規則を制定する権限を有する。この憲法のどの規定も合衆国または特定の一州の有する権利を損なうように解釈されてはならない。

第四節　合衆国は、この連邦内の各州に共和政体を保障する。また侵略に対し各州を防護し、また州内の暴動に対し、州議会もしくは(州議会の招集が可能でないときは)州知事の請求に応じて保護する。

第五条　〔憲法改正手続き〕

連邦議会は、両議院の三分の二が必要と認めるときは、この憲法に対する修正(amendment)を発議しなければならない。または各州中三分の二の州議会の請求あるときは、修正発議のための憲法会議(Convention)を招集しなければならない。いずれの場合でも修正は、連邦議会が提案する承認(ratification)の二方法中の一に従って、各州四分の三の州議会によって承認されるか、または四分の三の州における州憲法会議(Conventions)によって承認されるときは、あらゆる意味において完全に、この憲法の一部として効力を生じる。ただし、一八〇八年以前に行なわれる修正によって、第一条第九節一項および四項の規定に変更をきたすことはできない。また、いずれの州もその同意なくして、上院における平等の投票権を奪われることはない。

第六条　〔国の最高法規〕

〔一項〕　この憲法の確定以前に契約されたすべての債務および締結されたすべての約定は、この憲法の下においても連合〔規約〕(Confederation) の下におけると等しく合衆国に対して有効である。

〔二項〕　この憲法、これに従って制定される合衆国の法律、および合衆国の権限によりすでに締結されまた将来締結されるすべての条約は、国の最高法規 (the supreme law of the land) である。この最高法規によって、各州の裁判官は、各州憲法または州法律中に反対の規定ある場合といえども、拘束される。

〔三項〕　上記の上院ならびに下院議員、各州議会の議員、および合衆国ならびに各州のすべての行政官ならびに司法官は、宣誓あるいは確約により、この憲法を支持すべき義務を負う。しかし、合衆国のいかなる公職または信託による職務についても、その資格として宗教上の審査を課せられることはない。

第七条　〔九邦の承認による確定の規定〕

各邦中、九邦の憲法会議による承認があるときは、この憲法はその承認を行なった諸邦のあいだにおいては十分に確定されたものとする。

一七八七年、アメリカ合衆国独立第一二年、九月一七日、列席諸邦全部一致の同意をもって、憲法会議においてこれを定めた。その証明のために、われわれはここに署名する。

ジョージ・ワシントン、議長にしてヴァジニア代表

ニューハンプシャー——ジョン・ラングドン、ニコラス・ギルマン

マサチュセッツ——ナサニエル・ゴーラム、ルーファス・キング

コネティカット——ウィリアム・サムエル・ジョンソン、ロジャー・シャーマン

ニューヨーク——アレグザンダー・ハミルトン

ニュージャージー——ウィリアム・リヴィングストン、デイヴィッド・ブリアリ、ウィリアム・パタソン、ジョナサン・デイトン

ペンシルヴェニア——ベンジャミン・フランクリン、トマス・ミフリン、ロバート・モリス、ジョージ・クライマー、トマス・フィッツシモンズ、ジェ

イリド・インガソル、ジェイムズ・ウィルソン、グーヴヌア・モリス
デラウェア――ジョージ・リード、ガニング・ベッドフォード Jr.、ジョン・ディキンソン、リチャード・バセット、ジェイコブ・ブルーム
メリーランド――ジェイムズ・マックヘンリー、ダニエル・オブ・セント・トマス・ジェニファ、ダニエル・キャロル
ヴァジニア――ジョン・ブレア、ジェイムズ・マディソン Jr.
ノースカロライナ――ウィリアム・ブラウント、リチャード・ドッブス・スペイト、ヒュー・ウィリアムソン
サウスカロライナ――ジョン・ラトレッジ、チャールズ・コーツワス・ピンクニー、チャールズ・ピンクニー、ピアス・バトラー
ジョージア――ウィリアム・フィユー、エイブラハム・ボールドウィン

書記ウィリアム・ジャクソンこれを認証する。

〔以上のアメリカ合衆国憲法(案)は、一七八八年六月、九邦の承認を得て発効、同年九月に承認ずみの一一邦の間で選挙が行なわれることが決まり、一七八九年四月、一一州により新政府が発足する。一三州すべてが承認、合衆国に参加するのは一七九〇年五月のこととなる。〕

解　説

巻頭の「訳者まえがき」でもふれたが、ここに抄訳した『ザ・フェデラリスト』は、元来きわめて具体的な政治的目的、すなわちアメリカ合衆国憲法案に対するニューヨークの人びとをはじめ、広くアメリカの人びとの承認を得ることを目的として、当事者である三人の政治家により、新聞紙上に発表された八五編に及ぶ論文集である。その点、いわゆる思想家が書斎にこもって、一人で熟慮し推敲して書き上げた古典とは趣を異《こと》にしている。そこで、本書が記されるに至った政治的状況、歴史的背景を顧みることがやはり必要であろう。

背景としての独立と連合規約

本書でしばしば「新しい憲法」と記される「アメリカ合衆国憲法」案が、フィラデルフィアで開かれていた「憲法会議」でようやくまとまり、各邦《ステイト》代表により署名されたのは一七八七年九月一七日のことであった。その年の五月から開かれていた憲法会議では、代表の多くのあいだでは、いわば「旧《ふる》い憲法」である既存の連合規約を根本的に改正して、「新しい憲法」を作る方向ではほぼまとまっていた。もとより大きな邦と小さな邦、北部と南部、農業と商業などの利害の調整に苦労し、後に「妥協の束ね」とよばれるように、そこには多くの調整・妥協が必要とされた。しかし、一三の国家の連合体としての The United States を、それ自体一つの国家に再構成しようとの方向、中央に一定の権限をもった全国的な政府を樹立しようとの方向においては、それに反対し署名しなかった者もいたにせよ、憲法会議の代表の多くは原則として同意していたのである。しかし、その憲法案も、さらに一三邦それぞれの憲法会議で審議され、最小限度その九邦の承認をえなければ発効しないことになっている。最終決定者、憲法制定権力者は、彼ら憲法会議の代表たちではなく、この案を見て反応する各邦の人びとなのである。「新しい憲法」案が、はたしてアメリカ各邦の指導者たち、一般の人たちに受け入れられるかどうかは、必ずしも定かではなかった。事実、憲法案が広く世に公開され、各邦で審議される段階となると、やはり激しい反対論が広く展開され、各邦における憲法案承認の帰趨《きすう》は混沌としていた。たとえばロードアイランド邦はこの憲法会議に参加することもせず、したがって同邦がこの憲法案を承認する可能性もきわめて少なかった。

今日まで二〇〇年以上続いており、幾多の修正があったものの、その基本的構造においては変わらない、世界最年長の成文憲法アメリカ合衆国憲法が、その誕生においてアメリカ各邦の人びとの承認をえるのが、なぜそれほど難しかったのであろうか。なぜアメリカが一つの国家になることが警戒されたのであろうか。ここで『ザ・フェデラリスト』刊行の背景として、やや迂遠の話に思われるであろうが、やはりその一〇年以上前に起こったイギリス領一三植民地の独立にまでさかのぼらなければならない。

本来イギリス人諸植民地であったヴァジニアをはじめとする一三の植民地が、イギリスから分離したいわゆる「アメリカの独立」とは、当時北米大陸に居住していた人びとにとっては、何を意味していたのであろうか。先住民であるいわゆるインディアン、そして強制的にアフリカより移住させられた奴隷を除けば、一三の植民地の人びとは、ほとんどがイギリス人(より正確にはグレイト・ブリテン島の人びと)、若干のヨーロッパ大陸からの移住者、ないし彼らの子孫であった。イギリス政府が植民地の内政には特に干渉せず、自治を享受できた彼らは、イギリス人としてのアイデンティティをもち、複合的なイギリス帝国に属することに安定と利益とを覚えていたのである。逆にいえば、彼らは原則としては特にアメリカ人という自意識はもっておらず、イギリス人か、各植民地人、ヴァジニア人とかマサチュセッツ人として自己を位置づけていたといってよい。それが、七年戦争の終了を契機に、本国政府が対植民地政策を強化し、それに植民地人が反発し、本国に対抗するため諸植民地間の連絡、評議のための機関として、一七七四年八月、大陸会議(Continental Congress)が設けられた。やがて本国との武力衝突が勃発するや、各植民地の枠をこえて大陸軍(Continental Army)が編成され、総司令官としてジョージ・ワシントンが任命される。戦闘が本格化し、和議が不可能と思われ、ついにイギリスよりの分離に踏み切るにいたった時、大陸会議により、主として各植民地人に分離せざるをえない理由を訴え、彼らを説得することを目的とした文章が、一七七六年七月四日に公布されたいわゆる「独立宣言」であった。

ここで留意しておきたいのは、英帝国から分離したのは一三それぞれの植民地であり、それぞれが「自由にして独立の国家《ステイト》」になったことである。事実「独立宣言」公布の前にすでに独立し憲法を制定した植民地もある。そうした各ステイトにおいて、程度の差こそあれ、政治参加の拡大、成文憲法主義、権利の保障の確立、実質的には立法部優位の政治、経済的機会の均等の促進などの面で、アメリカ革命は進行していったのである。ただし、超大国イギリスと戦争を遂行するためには、植民地、いや独立した諸国は当然相互に共同・協力する必要があり、さらにイギリスと宿敵関係にある超大国フランスの財政的、軍事的援助が必要とされ、そのためにもアメリカのまとまりが必要であった。そこで、一三の独立した植民地、今はステイトは、相互に結合して The United States を形成する。

「独立宣言」も、一三の United States の「一致した宣言」として表明されている。ここに、独立当初より、それぞれの独立という個別性を強調し重視する志向と、「一致して」独立したという結合性を重視し強調する志向とが生まれ、この両志向がその後のアメリカ史を流れ、時に激しく争うことになる。言葉をかえていえば、ユナイテッド・ステイツとは何なのかという問題をめぐり、その結合、ユナイテッドを重視する考えと、その部分、ステイツを重視する考えとが、重複し交錯し、そして対立する。

独立後まず、この United States に法的基礎を与えたのが、本書でもしばしば論じられる連合規約(The Articles of Confederation)にほかならない。大陸会議で「独立宣言」の採択とともに起案され、一七七七年一一月に採択されたこの連合規約(全一三のステイトの承認がすむのは一七八一年三月)は、その第一条で、この連合の名称は“The United States of America”であると規定し、その第二条、第三条で「各ステイトは主権、自由、独立を保有する」ことを明記し、相互に「強固な友好同盟」を形成すると定めている。その限りでは、主権ある独立国家のあいだの同盟、国家間連合を意味する。他方、一定の権限は連合の機関である連合会議(Congress)に委託され、ことに対外関係に関する権限は、対外通商規制は別として、戦争・講和、条約締結、外交使節の交換などは、連合会議が専有する権限とされ(第九条)、その限りでは各ステイトの国家性は制限されている。したがって、本訳書でもそうであるが、一般にアメリカ史関係の日本語文献では、連合規約の下のステイトを「邦」と訳し、ユナイテッド・ステイツを「連合諸邦」ないし「諸邦連合」と表現している。

この諸邦連合の中央機関である連合会議は、加盟している諸邦の大小に関係なく、各邦一票の投票権をもつ各邦の代表により構成されていた。また重要案件の決議には九邦の同意が必要とされていた。しかも連合会議の決議は事実上は各邦への勧告であり、法的拘束力をもたなかったのである。たとえば、アメリカ諸邦連合はその財政をどうして賄《まかな》うのか。連合会議は、課税権をもたず、連合の経費は、諸邦がその土地評価額に応じた分担金を供出し、それによって支払われることになっていた。しかし各邦は必ずしもその分担金を払わず、連合の財政は公債の発行、外国からの借入、紙幣の乱発などで賄わざるをえなかった。ただ独立戦争という、それこそアメリカ諸邦の存立にかかわる非常事態は、ともかく諸邦をして協力させていた。事実、連合会議は決議機関であるが、独立戦争遂行のため、最高司令官の下での軍事組織をはじめ、財務総監、外務長官などの職を設定し、実質的に行政機関としての機能をも発揮する。しかし、一七八三年、対英講和条約が成立し、連合諸邦の独立が承認され、対外的危機が一応去るや、一三邦の間の求心的・結集的志向はうすらぎ、遠心的・分散的志向が強まり、連合会議そのものの機能も低下してくる。現にその所在地も各地を転々とし、定数が不足して連合会議が開けなかったこともあった。ここに連合会議はその機能を半ば停止し、今や諸邦連合の事実上の解体を招きかねない。本来自治・独立志向の強い各邦の指導者、人びとにとって、中央機関である連合会議は、戦争のような対外的非常事態には必要であれ、平時には特に必要のない機関と見なされがちであったのである。

しかし、対英独立戦争は終了したが、英仏両大国の世界大の抗争に挟まれた後発のアメリカは、その独立の維持に苦労する。経済的にも、連合会議に対外的通商規制の権限がないためイギリスをはじめ諸外国の製品がなだれ込み、しかも諸邦は相互に関税をかけ合い、アメリカ経済は混乱する。ここに、一部の指導者、ことに独立戦争中、中央機関にあった者を中心に、外にヨーロッパ先進列強の間にあって、政治的にも経済的にも独立国家としての地位を確立・確保し、内に国民経済を形成し、アメリカ全体の利益を増進するような全国的政府の樹立の必要が主張されるようになる。

憲法会議の開催と争点

そのためには、連合規約の改正という手続きをへなければならない。そこで、本書執筆者の一人、マディソンなどを中心に、とりあえず通商規制の問題を議するための会議を呼び掛け、結局五邦の代表だけが参加して、一七八六年九月、アナポリス(メリーランド邦)会議が開かれる。そこには、ニューヨーク邦の代表としてハミルトンも参加していた。しかし、もとより五邦だけでは、有効な改正を実現することはできず、アナポリス会議は、連合規約改正のための特別会議(Convention)を、一七八七年五月に開くことを一三各邦と連合会議とへ勧告して、散会した。連合会議の中には何らかの改正の必要を認めていた者も多く、その勧告を受け入れ、連合規約改正の特別会議(結局、合衆国憲法案を作成した会議であるゆえ、憲法会議と表現される)が五月に、かつて「独立宣言」が採択されたインデペンデンス・ホールで開かれることになった。なお、その間、この会議開催のイニシャティヴをとったヴァジニアでは、審議に基礎となるべき連合規約の改正案の作成がマディソンを中心に進められる。それは、連合規約の部分的な改正ではなく、根本的な改正を意図するものであった。すなわち独立諸邦の連合体、中央機関の決定が構成各邦に対してのみ作用し、個々人には及ばない構造から、それ自体一つの国家、一定の事項に関する限りはその決定が個々人に及ぶ構造へと、ユナイテッド・ステイツの構造を変えることを意図したものである。

会議は、結局五月二五日に開会されたが、ロードアイランド邦は代表を最後まで派遣しない。開会とともに、ワシントンが、独立戦争の総司令官としての彼の権威による尊厳的役割が期待され、議長に選出された。また、元老的存在になっていたフランクリンも出席、調停者として長者の風格を示す。しかし、審議を進める中心となるのは、ヴァジニア邦代表の一人として参加したマディソンなど、比較的若手の法曹であった。ここで重要なことは、憲法会議の代表たちは、だれが主権者であるか、だれが憲法制定権力者であるかを弁《わきま》えていたことである。たとえ、自ら最善の憲法案と思っても、各邦の人びとが同意しなければ、憲法として成立しえないことを心得ていたのである。憲法会議においてマサチュセッツ邦代表の一人エルブリッジ・ゲリイが、一方で「デモクラシーの行きすぎ」を嘆きながら、他方で当然のことながら「何であれば、人びとが承認するかを考える必要がある」とのべているのも、最終的決定者への配慮をうながしたものといえよう。

では、いかなる案なら人びとの承認を得ることができるのか。それは、既存の連合規約の欠陥を説き、その抜本的改正を行うにせよ、同時にアメリカ革命以来の連合規約との継続性をも示す案を作成することであった。つまり、統一国家(consolidation)の形成ではなく国家連合(confederation)の性格を保持し、君主政・貴族政の復活ではなく共和政体を保持することであった。たとえば、会議の初めに上述のヴァジニア邦代表団の改正案、憲法案が提案され、憲法会議は同案を土台に審議してゆくことになるが、「ナショナル」という表現が刺激的であり誤解を招くとして、会議の途中で「ナショナル」という表現は削られる。マディソンが本書第三九篇で結論するように「この憲法案は、厳密にいえば国家的憲法でもなく、さりとて連合的憲法でもなく、両者の結合なのである」。逆に言えば、中央政府はその委託された一定の権限については、直接各個人に及んで作用し、その限りでは国家的であるが、他の権限についてはは各ステイトがこれを保有し、中央政府の権力は及ばない、その限りでは連合的なのである。したがって、「フェデラル」という用語は、訳語としては、国家間の連合を意味して「連合」と訳す場合と、国家的と連合的との結合したものを意味して「連邦」と訳す場合とが出てくる。かくして認識象徴としての用語と組織象徴としての用語が、意識的・無意識的に複雑に絡み合ってくる。それを巧みに利用して、全国的政府の樹立に賛成の者は、自らを「ナショナリスト」ではなく「フェデラリスト」と自称し、結果として憲法案に反対の者、連合を尊重する者は逆に「アンティ・フェデラリスト」と呼ばれることになる。もちろん、The United States of America という名称も、その実質的構造は大きく変わったが続けて用いられる。

この統一国家的と国家連合的との問題に深く絡んでくるのは、共和政体の問題であった。アメリカ革命後、およそ人民が政治権力の源泉であることを否定するものは、まずはいない。しかし、その具体的在《あ》り方、決定への参加の在り方になると、意見はかなり異なってくる。当時アメリカ社会では、文字通りの直接民主政治は不可能であるにしても、代表は時間的にも空間的にも有権者に限りなく近い存在でなければならないという意見が一般に強かった。その意味で共和国とは、ことに当時のように交通・通信手段が限られている時、空間的に自ずから限界があり、本来的に限られた地域のものとされ、一三邦を含む一つの共和国などありえないという意見が、植民地時代の自治の経験からも強かった。また、必要とあれば、ハミルトンも第九篇で嘆いているように、モンテスキューの権威を借りてそれを理論づけることもできたのである。それに対して、マディソンは、権力の源泉はもとより人民であるが、権力の行使は人民より選ばれた代表により、広い視座、公的全体的観点からなされるべきであり、その点広い共和国は可能であるのみならず、その方が派閥の弊害が除去され、公的利益が促進されるという。アメリカ人の政治的信条であった共和政体を代表制を媒介として連邦制と巧みに結び付け、広い連邦共和国としてのアメリカの在り方を示したのである。なお、全く新設の全国的行政首長の設置にあたって、憲法会議内でもそれが選挙による君主政に転化するのではないかとの危惧が表明されていた。したがって、その名称についても慎重であり、結局、連合会議の議長職に使われていたPresident(訳は大統領)がそのまま用いられることになった。

執筆の経緯と三人の筆者

そうした憲法会議の苦心にもかかわらず、ことに、本書『ザ・フェデラリスト』の執筆を企画したハミルトンの属するニューヨーク邦においては、その地方的政治権力を掌握している知事のジョージ・クリントンの勢力を中心に憲法案反対派が強く、憲法案発表直後から広汎な憲法案批判の言論活動が展開されていたのである。さらに、たとえば一七八七年一〇月、ニューヨークの新聞紙上にブルータスという匿名による、憲法案批判の論文がのり、この憲法案の下での政府は中央集権的統一政府に限りなく近く、もし発効したら将来必ずそうなることを強く警告する。このブルータスの論文は翌年四月まで一六篇が新聞紙上に発表され、反対派の強力な理論的武器になる(同論文は、参考文献、Ⅱ(3)、Vol. 2に所収)。憲法会議にはニューヨーク邦からも代表が三名派遣されていたが、ハミルトン以外の二人は憲法案に反対のため中途で欠席し、署名していない。上記の匿名ブルータスの論稿も実はその一人ロバート・イェイツの筆になるものと推測されている。ちなみに、本書巻末の憲法案署名者のリストを見ると、署名者がただ一名(ハミルトン)なのはニューヨーク邦のみとなっている。ニューヨーク邦は、北部と南部をつなぐ中部に存在し、ニューヨーク市は対外通商の中心でもあり、またニューヨーク市には当時連合会議が存在し、言わば首都機能ももっていた(憲法が発効し、一七八九年四月、初代大統領ワシントンが就任式を行うのはニューヨーク市である)。もし、ニューヨーク邦が憲法案を承認せず、新設の合衆国に参加しないとなると、アメリカの将来にとり事は重大である。

そうした政治状況の下で、ハミルトンは憲法案擁護論、あるいは憲法案批判に対する反論を新聞紙上に展開することにし、一七八七年一〇月弁護士の仕事で滞在していたオルバニー市よりの帰途本書第一篇を執筆、その二七日にニューヨーク市の『インデペンデント・ジャーナル』紙上に発表したのである。呼びかけが「ニューヨーク邦の皆さんへ」となっているゆえんである。なお、その第一篇の最初のほうに「今日われわれの当面している危機」という表現があるが、ブルータスのものにも最初の方で「この国のかつてないほどの危機」という表現が認められる。そこには憲法案を採択するか否か、というアメリカの将来を決定する大きな危機に直面しているという認識、そして公けの言論によりその可否を決定するという姿勢が、憲法案賛成派(フェデラリスツ)にも、反対派(アンティ・フェデラリスツ)にも認められよう。ハミルトンは、第一篇の終りの方に記しているように、予め全体の構想をもち、多くを自分自身で執筆する意気込みであったと思われるが、法曹界の先輩であるジョン・ジェイ、また憲法会議の中心的存在であり、連合会議へのヴァジニア邦代表としてニューヨーク市に滞在していたジェイムズ・マディソンにも寄稿を依頼する。他に一、二の人にも依頼したようであるが、印刷はされていない。

三人共通の匿名としてパブリアスが使われて、八五篇が執筆されることになる。なお、匿名を用いたのは特に本名を隠すというよりは、当時の慣行に従ったものであり、当時一般に古典古代の共和政治への憧憬を象徴する名前、ブルータスもそうであるが、カトー、アグリッパなどの匿名を使って論稿が発表されていた。パブリアスは、ローマ王政時代最後の国王を追放し共和政へと転換するのに貢献した人気ある政治家ヴァレリウスのことであり、彼はプルタークの伝記によれば、人びとに「人民の友」と呼ばれたという。なお、匿名ではあるが、当時から筆者三人の名前はほぼ判明していたといわれている。予め三人の間でどれだけ打ち合わせがあり、割り当てが決められていたかは定かではない。おそらく、厳密な分担計画が作成されたとか、またハミルトンなりが他の原稿を見て統一したとかということではなく、適宜相談し各自の責任において執筆、寄稿したものと考えてよいであろう。それらが発表された新聞も、ニューヨーク市の新聞ではあるが、一つの新聞ではなく、いくつかの新聞に分けて発表されている。当時の新聞は週二回の発行であるが、いくつかの新聞に分けて週四篇発表されたこともある。五篇を寄稿しただけのジェイは別として、他の各篇をつぎつぎに寄稿したハミルトン、マディソンの作業は、政治家、弁護士としての本業に加えての仕事だけに大変な力の入れようであったことが想像される。

一七八八年四月、第七七篇で新聞紙上での発表は中断し、その少し前、三月にそれまで発表された三六篇が編纂されて『ザ・フェデラリスト』という書名で刊行される。ここで、初めて書物としての『ザ・フェデラリスト』が登場したことになる。第七八篇以降については、第三七篇以降最終篇である第八五篇までが一括『ザ・フェデラリスト』第二巻として五月末に刊行され、同時に新聞紙上にも分けて発表されている。三人の筆者名は、一八〇二年刊行の新版において確認されたが、どの篇がだれの筆になったものかは明らかではなく、その後も各篇担当の執筆者については論争がたえない。本訳書では、今日最も権威ある版とされているクック版(参考文献、I⑶)によって、各篇の筆者名を記すことにした。いずれにせよ、マディソンはヴァジニア邦での憲法会議に参加するため、一七八八年四月にはニューヨーク市を離れたこともあり、全八五篇のほぼ六割はハミルトンの筆になるものといってよい。

さて、三人の執筆者、アレグザンダー・ハミルトン(Alexander Hamilton, 1755?-1804)、ジョン・ジェイ(John Jay, 1745-1829)、ジェイムズ・マディソン(James Madison, 1751-1836)については、一つの匿名の下に書かれたことにより、三人の一体性が強調されることもあるが、当然のことながら、その年齢も出自も経歴も異なり、考え方も必ずしも同じではない。しかし、三人ともアメリカ革命を通じ、イギリスからの独立遂行という大事をそれぞれの分野で担い、激しい政治の現場を経験している。とともに、本書にも示されるように学識も豊かであり、当面する緊急の課題を追いつつ、それを権力の必要と自由の確保という政治の基本問題の文脈で考えることも忘れない。

ハミルトンは西インド諸島のスコットランド系の商人の家に生まれ、少年の頃より働きに出、知人の好意でニューヨークに渡り、キングズ・カレッジ(後のコロンビア大学)に入る。独立戦争が始まるや直ちに従軍、やがて二〇歳そこそこで総司令官ワシントンの副官に任命され、その有能さを発揮し、重んじられた。前線勤務で活躍した後、大佐で退役する。その間、ニューヨーク邦の古いオランダ系の名門であり、独立戦争には少将として参加したP・J・スカイラーの娘と結婚している。その後、弁護士を本業とし、ニューヨーク邦選出の連合会議代表も務め、連合規約の欠陥を痛感し、その根本的改正の必要を説いていた。当時三〇歳をこえたばかりの才気煥発、少壮気鋭の士である彼は、憲法会議の代表の一人に選ばれ、時に長広舌をもって大胆に自説を展開したこともあったが、会議を欠席することが多く、憲法案の作成そのものにはあまり貢献していない。彼自身は憲法案にはあきたらず、もっと強力な全国的政府の樹立を望んでいたのである。少しく主観的な判断を加えるならば、彼は西インド諸島生まれとして、一三邦のいずれにも故郷はなく、大陸軍総司令官副官として各地に転戦した経験も、彼のアメリカ全体志向、「ナショナリズム」志向と無縁ではないであろう。憲法発効後は、ワシントン大統領の下で初代の財務長官として活躍し、公債政策、国立銀行、通商政策、製造業保護政策などを通し、アメリカ資本主義経済の基礎を固めた政治家として著名になる。政敵アーロン・バーとの決闘に倒れ、その劇的生涯の幕を閉じる。

三人のうち一番年長のジョン・ジェイは、ニューヨークの裕福な商人の家に生まれ、キングズ・カレッジで学んだ後、法曹界で活躍する。当初、独立には消極的ではあったが、やがて独立支持になり、ニューヨーク邦憲法の制定に貢献、同邦の最高裁判所首席裁判官になる。大陸会議の議長を務めた後、スペインへの公使として派遣され、さらにパリにおけるイギリスとの講和条約の交渉使節の一人(他はフランクリンとジョン・アダムズ)となり、帰国後は連合会議の外務長官に選ばれ、対外関係における連合規約の欠陥、強固な中央政府樹立の必要を痛感していた。憲法会議の代表ではないが、憲法発効後、最初の連邦最高裁判所首席裁判官、ニューヨーク州知事などを務めている。ジェイはニューヨークの名門リヴィングストン家の娘と結婚し、典型的なニューヨーク上流社会の一員といえよう。

そしてマディソン、彼は戦場で戦ったわけでもなく、外交交渉で渡り合ったわけでもなく、その点三人の中では目立たない存在といえるかもしれない。事実、風貌も性格も控え目であったらしい。ヴァジニアの地主の息子として生まれ、長老派系のニュージャージー大学(後のプリンストン大学)で学んだ後、ジェファソンなどを助けて、ヴァジニア内の改革につとめ、ヴァジニアの権利の章典、邦憲法、信教の自由法の成立に貢献するなど、邦議会の一員として活動した。後、連合会議への代表に選ばれ、その脆弱《ぜいじゃく》さを体験し、連合規約の抜本的改正の必要を痛感する。しかし、マディソンの特色はその知的学究的側面であろう。彼は、フランス公使としてパリ滞在中のジェファソンに、連合制の歴史上の先例についての書物など多くの書物を注文し、それを咀嚼《そしゃく》していた。憲法会議へのヴァジニア代表の一人に選ばれるが、上にも記したように、会議での討議の土台となるヴァジニア案は、マディソンを中心として起草されている。また、マディソンは憲法会議に毎日欠かさず出席し、論議を進める中心的役割を担ったのみならず、各代表の発言を丁寧に記録していた。マディソンは生前この記録を公表することを拒んでいたが、結局彼の死後、一八四〇年に公表される。憲法会議が秘密会であり、公的な議事録が簡単きわまるものだけに、このマディソンの記録は憲法制定の研究にとり欠くことのできない資料となっている（参考文献、II(1)に所収）。マディソンは、憲法発効後、連邦下院議員に選ばれ、修正一〇カ条（権利の章典）の追加につとめ、ジェファソン大統領の下で国務長官、さらに第四代大統領として二期務める。なお本書とは全く関係ないが、マディソン夫人のドリスは、その豊かな社交性によりホワイト・ハウスの女主人（the First Lady）として歴史上有名である。

おわりに

では、この『ザ・フェデラリスト』が、憲法案の承認を得るのに、どれだけ有効であったかについては、もとより不明である。ただ、その論稿がニューヨーク市のみならず、広く各邦、各地の新聞に転載され、各地で憲法賛成の人びとの参考になり、その議論を強めたことはまちがいない。直接の対象となったニューヨーク邦憲法会議では、一七八八年七月二六日最終投票が行なわれたが、憲法案は賛成三〇票、反対二七票という三票の僅差でようやく承認された。『ザ・フェデラリスト』の効用もあったであろうが、すでにヴァジニア、マサチュセッツなどの大邦を含め、一〇邦が承認していたことの影響も大きかったであろう。なお、憲法案が発効し、ワシントンが初代大統領に就任した一七八九年四月には、実は未だノースカロライナとロードアイランドとは憲法案を承認していなかったのである。「独立宣言」は独立一三州の「一致した」宣言となるが、アメリカ合衆国は一一州の合州国として見切り発車したことになる。ここに、現在ワシントン市の巨大政府、超大国アメリカを目にしているわれわれには、直ちには把握しにくいアメリカ「建国」の実態と思想とがうかがわれよう。

マディソンが第五一篇で説いているように、人間が天使でもないかぎり、権力は、政府は、必要とされる。しかし、権力は、まさにその人間が行使するゆえに、濫用の危険性、自由を侵害する危険性を常に伴う。それゆえ、権力は空間的に分割され(連邦制)、また機能的にも分割され(三権分立制)、さらに、相互に制約しあうように構築されなければならない(抑制均衡制)。そして、それは明文をもって憲法によって規定されなければならない(成文憲法主義)。もとより、そこには権力と自由との緊張が常に伴い、そして現実には分割と均衡とをめぐり曖昧さが避けられず、利害関係がからみ、理論抗争、法廷闘争、そして武力闘争すら起こる。現に、憲法が発効し新政府が樹立されて間もなく、ハミルトンとマディソンとは、憲法解釈をめぐって見解を異《こと》にし、対立する。したがって、この『ザ・フェデラリスト』も、憲法解釈の参考として最も長命のものではあるが、決して最終的なものとはされてこなかった。しかし、人間がこの現実政治の中で、常に当面しなければならない権力と自由との緊張関係について、権力の在り方について考えるとき、その場その時を問わず、参考にされるべき論文集であるといってよいであろう。

斎藤　眞

参考文献（入手しやすい基本的文献のみを記した）

I 『ザ・フェデラリスト』の原典

(1) E. M. Earle, intro., *The Federalist* (New York: Modern Library, n.d.).

(2) Clinton Rossiter, ed., *The Federalist Papers* (New York: Mentor, 1961).

(3) Jacob E. Cooke, ed., *The Federalist* (Middletown, Conn.: Wesleyan University Press, 1961).

(4) Isaac Kramnick, ed., *The Federalist Papers* (New York: Penguin Books, 1987).

(5) *Federalist Papers* (New York: Bantam Books, 1989).

(6) *The Federalist* (New York: Everyman).

(7) 『ザ・フェデラリスト』（斎藤眞・武則忠見訳）（福村出版、一九九一年）

なお、英文の原典を読むうえで便利な用語索引として、Thomas S. Engeman, Edward J. Erler, and Thomas B. Hofeller, eds., *The Federalist Concordance* (Chicago: The University of Chicago Press, 1980) がある。

Ⅱ　憲法会議の議事についての記録および憲法反対派の議論

(1) Max Farrand, ed., *The Records of the Federal Convention of 1787*, rev. ed., 4 vols. (New Haven: Yale University Press, 1937).

(2) Cecilia Kenyon, ed., *The Antifederalists* (Indianapolis, Ind.: Bobbs-Merrill, 1966).

(3) Herbert J. Storing, ed., *The Complete Anti-federalist*, 7 vols. (Chicago: University of Chicago Press, 1981).

(4) Ralph Ketcham, ed., *Anti-Federalist Papers and the Constitutional Convention Debates* (New York: Mentor, 1986).

(5) Heren E. Veit, Kenneth R. Bowling, and Charles Bangs Bickford, eds., *Creating the Bill of Rights* (Baltimore: The Johns Hopkins University Press, 1991).

Ⅲ　『ザ・フェデラリスト』および憲法制定に関する研究書（邦語）

(1) チャールズ・A・ビアード『合衆国憲法の経済的解釈』（池本幸三訳）（研究社、一九七

四年）
(2) メリル・ジェンセン『アメリカ憲法の制定』（斎藤眞・武則忠見・高木誠訳）（南雲堂、一九七六年）
(3) 五十嵐武士『アメリカの建国』（東京大学出版会、一九八四年）
(4) 有賀貞『アメリカ革命』（東京大学出版会、一九八八年）
(5) 斎藤眞『アメリカ革命史研究』（東京大学出版会、一九九二年）
(6) 中野勝郎『アメリカ連邦体制の確立』（東京大学出版会、一九九三年）

Ⅳ 『ザ・フェデラリスト』および憲法制定に関する研究書（英語）

(1) Forrest MacDonald, *We The People: The Economic Origins of the Constitution* (Chicago: The University of Chicago Press, 1958).
(2) Jackson T. Main, *Antifederalists: Critics of the Constitution, 1781-1788* (Chapel Hill, N. C.: University of North Carolina Press, 1961).
(3) Robert A. Rutland, *The Ordeal of the Constitution: The Antifederalists and the Ratification Struggle of 1787-1788* (Norman, Okla.: Oklahoma University Press, 1966).

(4) Gordon S. Wood, *The Creation of the American Republic, 1776-1787* (New York: Norton, 1972).

(5) Douglass Adair, *Fame and the Founding Fathers,* ed. by Trevor Colbourn (New York: Norton, 1974).

(6) George Mace, *Locke, Hobbes, and the Federalist Papers* (Carbondale, Ill.: Douthern Illinois University Press, 1979).

(7) Gerry Wills, *Explaining America: The Federalist* (Garden City, N. Y.: Doubleday, 1981).

(8) David F. Epstein, *The Political Theory of The Federalist* (Chicago: The University of Chicago Press, 1984).

(9) Albert Furtwangler, *The Authority of Publius: A Reading of the Federalist Papers* (Ithaca, N. Y.: Cornell University Press, 1984).

(10) Morton White, *Philosophy, The Federalist, and the Constitution* (New York: Oxford University Press, 1987).

(11) Richard Beeman, Stephen Botein, and Edward C. Cater I, eds., *Beyond Confederation: Origins of the Constitution and American National Identity*

(Chapel Hill, N. C.: University of North Carolina Press, 1987).

(12) Terence Ball and J. G. A. Pocock, eds., *Conceptual Change and the Constitution* (Lawrence, Kansas: University Press of Kansas, 1988).

(13) Sheldon S. Wolin, *The Presence of the Past* (Baltimore: The Johns Hopkins University Press, 1989).

(14) George Carey, *The Federalist: Design for a Constitutional Republic* (Urbana, Ill.: University of Illinois Press, 1989).

(15) Lance Banning, *The Sacred Fire of Liberty: James Madison and the Founding of the Federal Republic* (Ithaca, N. Y.: Cornell University Press, 1995).

(16) Jack N. Rakove, *Original Meaning: Politics and Ideas in the Making of the Constitution* (New York: Vintage, 1996).

ザ・フェデラリスト
A.ハミルトン　J.ジェイ　J.マディソン著

1999年2月16日　第1刷発行

訳　者　斎藤《さいとう》 眞《まこと》　中野《なかの》勝郎《かつろう》

発行者　大塚信一

発行所　株式会社　岩波書店
〒101-8002 東京都千代田区一ツ橋 2-5-5

電　話　案内 03-5210-4000　営業部 03-5210-4111
文庫編集部 03-5210-4051

印刷・理想社　カバー・精興社　製本・中永製本

ISBN4-00-340241-3　Printed in Japan

読書子に寄す

——岩波文庫発刊に際して——

岩波茂雄

真理は万人によって求められることを自ら欲し、芸術は万人によって愛されることを自ら望む。かつては民を愚昧ならしめるために学芸が最も狭き堂宇に閉鎖されたことがあった。今や知識と美とを特権階級の独占より奪い返すことはつねに進取的なる民衆の切実なる要求である。岩波文庫はこの要求に応じそれに励まされて生まれた。それは生命ある不朽の書を少数者の書斎と研究室とより解放して街頭にくまなく立たしめ民衆に伍せしめるであろう。近時大量生産予約出版の流行を見る。その広告宣伝の狂態はしばらくおくも、後代にのこすと誇称する全集がその編集に万全の用意をなしたるか。千古の典籍の翻訳企図に敬虔の態度を欠かざりしか。さらに分売を許さず読者を繋縛して数十冊を強うるがごとき、はたしてその揚言する学芸解放のゆえんなりや。吾人は天下の名士の声に和してこれを推挙するに躊躇するものである。このときにあたって、岩波書店は自己の責務のいよいよ重大なるを思い、従来の方針の徹底を期するため、すでに十数年以前より志して来た計画を慎重審議この際断然実行することにした。吾人は範をかのレクラム文庫にとり、古今東西にわたって文芸・哲学・社会科学・自然科学等種類のいかんを問わず、いやしくも万人の必読すべき真に古典的価値ある書をきわめて簡易なる形式において逐次刊行し、あらゆる人間に須要なる生活向上の資料、生活批判の原理を提供せんと欲する。この文庫は予約出版の方法を排したるがゆえに、読者は自己の欲する時に自己の欲する書物を各個に自由に選択することができる。携帯に便にして価格の低きを最主とするがゆえに、外観を顧みざるも内容に至っては厳選最も力を尽くし、従来の岩波出版物の特色をますます発揮せしめようとする。この計画たるや世間の一時の投機的なるものと異なり、永遠の事業として吾人は微力を傾倒し、あらゆる犠牲を忍んで今後永久に継続発展せしめ、もって文庫の使命を遺憾なく果たさしめることを期する。芸術を愛し知識を求むる士の自ら進んでこの挙に参加し、希望と忠言とを寄せられることは吾人の熱望するところである。その性質上経済的には最も困難多きこの事業にあえて当たらんとする吾人の志を諒として、その達成のため世の読書子とのうるわしき共同を期待する。

昭和二年七月